불처벌

성매매 여성을 처벌하는 사회에 던지는 페미니즘 선언

불처벌

김대현
김주희
남승현
노혜진
민가영
박정미
백소윤
유현미
장다혜
장원아
최 별
황유나

반성매매인권행동 이룸 기획

들어가며

한국사회의 탈성매매를 위한 시작, 불처벌

황유나

어느 잊지 못할 변론

✳

2015년 4월 9일은 내게 잊지 못할 날이다. 그날 '성매매알선 등 행위의 처벌에 관한 법률(이하 성매매처벌법) 제21조 제1항 위헌 제청'의 공개변론이 헌법재판소에서 진행되었다. 한 성매매 여성이 성매매처벌법의 위헌심판을 제청한 사건이었다. 공개변론 전 헌법재판소 앞을 채우던 여성단체 활동가, 기자, 업주와 판매자 들의 웅성거림, 공개변론 과정에서 변론을 펼치던 '전문가들'의 목소리, 그리고 그걸 가만히 듣고 있던 나를 비롯한 방청객과 공개변론이 끝난 뒤 위헌제청을 신청한 '당사자'에게 몰려들던 기자들의 모습을 선명하게 기억한다. 공개변론에 나선 전문가들의 발언은 여러 이유로, 하나같이 인상 깊었다. 나는 어떤 변론을 들으면서는 분노했고, 어떤 대목에선 조용히 한숨을 쉬었다. 그리고 성을 판매하는 행위를 한 자를 처벌해 마땅하다는 여성가족부 관계자의 변론을 들으며 나는 정말 수치스러웠다.

여성가족부를 비롯해 성판매자를 처벌하는 현행 법률이 합헌이라는 주장을 한 자들은 공통적으로 "성매수자만 처벌하고 성판매자를 처벌하지 않으면 형평성에 어긋난다", "성매매는 사회의 건전한 성풍속을 해친다"는 변론을 펼쳤다.[1] 성매매 여성을 보호하기 위해 만들어진 법에 따라 성매매 피해 지원체계를 총괄해야 할 여성가족부가 성매매를 '건전한 성풍속'을 해치는 '불건전한 행위'라고, 즉 '문란한 행위'라고 주장한 것이다. 나는 성을 판매하는 자와 성을 구매하는 자 사이의 기울어진 권력관계를 부정하고 둘 사이의 '형평성' 운운하며 성판매 행위를 처벌해야 한다고 정성껏 설명하는 여성가족부 관계자의 모습을 보면서, 지금까지 여성가족부의 지원체계를 통해 성매매 현장 활동을 해온 것을 비판적으로 돌아볼 수밖에 없었다. 게다가 2003년 성매매특별법 제정 운동부터 지금까지 줄곧 성매매 여성을 처벌하지 말 것을 주장해온 여성단체나 현장지원단체 중 어느 곳도 성판매 여성에 대한 처벌 여부에 있어 전문가로 인정받지 못했는데, 그 상황에 대한 분노와 무기력감은 그 뒤에도 내 안에 깊숙이 스며들었다.

공개변론으로부터 1년이 지난 2016년, 헌법재판소는 합헌 측의 논리에 따라 "사회의 건전한 성풍속"을 유지해야 하고 "성매매 피해자 조항으로 피해자를 보호할 수 있다"며 성판매자를 처벌하는 조항이 합헌이라고 결정했다. 잘못된 결정이 반복되었다.

대체 우리 사회는 어째서 성판매 행위를 처벌할까? 성판매 행위를 처벌해서 얻을 수 있는 사회적 이득은 무엇일까? 이 책의 필자들이 성매매 여성을 처벌해온 역사를 분석하고 그들이 처벌되는 현실을 살펴보며 도달한 결론은 아래와 같다.

첫째, 성판매자의 성별은 압도적으로 여성이 차지한다. 이들을 처벌하는 것은 여성의 성적인 행위를 통제하고 규율하는 가부장 체제를 유지하기 위함이다. 둘째, 성매매를 통해 이익을 얻는 주체들은 성판매 당사자의 직접적인 문제제기를 처벌로서 원천 차단할 수 있기 때문에 성판매자에 대한 처벌을 옹호한다. 그런 점에서 성판매 행위를 처벌함으로써 얻는 사회적 이익은 없다. 다만 이를 통해 성판매 여성의 입에 재갈을 물릴 뿐이다. 다시 말해, 성을 판다는 이유로 성매매 여성을 처벌하는 법은 제정의 의도와 달리 가부장제와 성매매 산업의 공모를 유지하기 위한 수단에 머문다. 그렇기 때문에 성매매 산업은 성판매 행위를 처벌해온 역사 속에서 무섭게 팽창했고 언제나 호황을 누릴 수 있었다.

성판매 행위를 처벌해야 성매매를 근절할 수 있다는 발상은 성매매의 원인과 책임을 여성에게 전가하는 인식을 전제한다.

그런 점에서 선후 관계에 대한 인식도, 성매매의 원인에 대한 진단도 틀렸다. 게다가 성판매 행위를 처벌하는 것과 별개로 성매매 산업은 비대해지기만 했다. 성매매는 여성이 성을 판매해서 발생하는 사회적 현상이 아니라, 여성을 상품으로 거래하고 이윤을 창출하는 행위를 사회문화적으로 용인하기 때문에 지속되는 사회적 현상이다.

우리는 이 책을 통해 헌법재판소의 합헌 판결이 왜 문제적인지, 얼마나 성매매의 현실을 이해하지 못한 결정인지, 왜 성판매자를 처벌하는 조항이 삭제되어야 하는지 힘껏 논쟁해보려 한다. 잘못된 법 조항과 성매매에 대한 사회적 편견으로 인해 무수히 많은 여성이 부당하게 처벌받고 있고, 성매매 산업은 여전히 30~37조 원에 육박하는 규모를 자랑하며 활개를 치고 있기 때문이다.

한국사회 성매매의 현주소는 어디인가

✳

이 책의 주장은 단순하고 명료하다. 성매매 여성은 처벌받아서는 안 된다. 성매매의 원인은 성판매 행위를 한 자, 다시 말해 여성이 아니기 때문이다. 그러나 성매매 여성을 처벌하지 않는 것만으로 성매매 문제를 해결할 수는 없다. 우리는 성매매 여성을 처벌하지 않는 사회를 목표로 삼지만, 그에 만족하지 않는다. 성매매 여성 불처벌은 성매매를 사회구조적인 젠더 문제로 사유하고 개입하기 위한 근본적이고 필수적인 시작점일 뿐이다. 그리고 이는 성매매 산업의 축소와 근절이라는 분명한 목표를 향하고 있다.

한국사회 성매매의 현실을 간단히 살펴보자. 합법과 불법의 경계에 있는 유흥산업을 비롯해 안마시술소, 다방과 같은 합법적인 산업에서 성매매가 알선되는 경우가 전체 성매매의 절반 이상을 차지한다. 정부는 이들 업소에서 성매매를 알선하는 현실을 알고 있지만, 이를 금지하기는커녕 해당 산업에 종사하는 여성의 몸을 관리하는 데 급급하다. 금지주의, 성매매 불법 국가라는 말이 무색하다. 전국 어디에서든 키스방, 휴게텔 등 소위 '자유업종'으로 불리는 성매매 업소 역시 쉽게 찾아볼 수 있다. 채팅 어플리케이션은 성매매 알선으로 이익을 창출하고, 이에 대한 규제는 청소년의 접속을 금지하는 정도에 머물러 있다. 서유럽과 북유럽 국가들은 성구매 남성에 대한 비판이 대중화되어 있고 특정 지역을 제외하면 성매매를 찾아보기 어렵다. 반면 정부가 성매매를 외화벌이 및 관광상품으로 양성해온 한국에서는 성매매 산업이 일상에 깊이 뿌리내렸고 지금도 일정 부분 합법적으로 운영되고 있다. 우리는 이 거대한 산업을 타격해야 하고 멈춰야 한다.

이에 대안으로 거론되는 성매매 전면 비범죄화, 합법화, 노르딕 모델(평등법) 등은 한국 성매매 산업의 특수성을 전혀 반영하지 못한다. 이들 입장은 길거리 성매매와 일대일 성매매가 주를 이루는 해외, 특히 서유럽과 북유럽의 성매매 현장을 기반으로 만들어졌기 때문이다. 서로 다른 현장을 기반으로 만들어진 법률로 유흥업소, 오피스텔 등 고도화가 진행된 한국 성매매 산업을 규율하기는 역부족이다.

성매매 여성 불처벌의 원칙은 언뜻 노르딕 모델과 비슷해 보인다. 그러나 한국 성매매 산업의 현실을 직시하는 데서 출발한다는 점에서 차이가 있다. 노르딕 모델은 성판매 여성의 숫자가 전체 인구 850만 명 중 1,000~2,500명으로 추산되던 북유럽의 성매매 환경에서는 유효했을지도 모른다.[2] 그러나 한국의 성매매 산업은 앞서 밝힌 것처럼 합법과 불법의 경계가 얽힐 대로 얽혀 있는 데다가 30조 원 이상에 육박하는 규모를 자랑한다. 노르딕 모델이 중요하게 다루는 '수요 차단' 전략처럼 개인 간의 수요-공급 과정의 고리를 차단하려는 시도로는 고도로 산업화한 한국 성매매 경제를 타격하기 어렵다. 성매매 산업이 어떻게 수요를 만들어내는지, '정상적인' 시장경제로 포섭된 성매매 과정에서 어떻게 이윤을 창출하지 못하게 만들 수 있을지에 대한 경제적·정치적 개입이 필수적이다. 또한 노르딕 모델은 직접적인 호객행위는 처벌해도 성매매 행위는 애초에 범죄가 아니었던 사회에서 탄생했다. 이와 달리 현재 한국의 성매매는 불법이며 구매자·알선자·판매자를 모두 처벌하고 있다. 이처럼 서로 다른 역사적 맥락 때문에 한국사회에서 여성 불처벌을 현실화하기 위해서는 한국사회의 맥락을 고려한 전략이 필요하다.

한편 전면 비범죄화 모델은 성노동자를 향한 낙인을 없애려면 성노동이 보편노동으로 인정받아야 한다는 입장을 견지한다. 따라서 성매매 산업의 규모 축소나 규제에 대한 방책은 고려하지 않는다.[3] 게다가 한국 성매매 산업의 현실을 반추했을 때, 이와 같은 규모의 산업을 비범죄화해 어떠한 규제도 없이 운영하도록 허가한다는 것은 성매매를 방치하는 것이나 마찬가지다. 이러한 무개입의 원칙은 남성 시민의 건강한 육체를 위해 여성이 성적으로 분할되어 관리·통제되는 것으로 귀결되기 쉽다.

마찬가지로 합법화 모델은 인권 침해적인 다른 산업도 합법적으로 운영되고 있는 만큼 성매매도 합법적으로 관리·감독하자는 주장에 머문다. 여기서 합법화 모델은 자본주의 사회에서 모든 임금노동은 억압적이고 착취적이므로 성노동만 범죄화하는 것은 부당하며, 성노동의 범죄화는 성노동에 대한 낙인 때문이라는 발상에서 정당화된다. 그러나 이는 전 사회가 억압적이니 모든 억압적인 것을 용인하자는 회의론에 그치기 쉽다. 성매매를 합법화하면 낙인이 줄어들 것이라는 기대가 허상임은 이미 정부의 관리·감독하에 성매매 산업을 양성해온 한국사회에서 성노동자를 향한 낙인이 단 한 번도 줄어든 적 없다는 역사적 사실로 증명할 수 있다. 한국의 성매매 산업은 일제시기 공창제에서 시작된 합법화의 유산에서 비롯되었음을 떠올릴 필요가 있다.

우리는 왜 성매매 여성 불처벌을 주장하는가

2016년 위헌제청 결정 이후, 아니 2004년 성매매특별법 제정 이후, 더 거슬러 올라가 해방 이후부터 지금까지 성매매 여성은 타락해 몸을 망친 죄와 '쌍방의 성교행위'라는 죄, 건전한 성풍속을 훼손한다는 죄로 처벌받고 있다. 그렇다면 성매매 여성을 처벌하는 법은 실제로 어떻게 기능하고 있을까? 성판매 행위를 처벌하는 법은 사회적으로 어떤 효과를 불러일으키고 있을까? 성매매 여성 처벌은 역사적 맥락 속에서 어떻게 정당화되고 활용되어왔을까? 이 책의 필자들은 성매매 여성 처벌의 맥락과 효과를 현재와 과거를 넘나들며 성매매라는 사회적 현상의 구조적 속성에 주목해 질문에 답하고자 한다.

1부 '성매매 여성을 처벌하는 현실'은 성판매 행위를 처벌하는 법이 구체적으로 지금, 여기에서 어떤 문제를 빚어내고 있는지를 고발한다. 1부의 필진은 성매매 여성 처벌이야말로 성매매 산업의 활황에 기여하고 있다고 입을 모은다.

김주희는 〈성매매 외에는 생계수단이 없다고 말한 죄〉에서, 성매매 현장 단속을 통해 성판매 여성을 처벌하는 현행 법률과 실천이 성매매를 성차별적 사회의 문제가 아니라 여성 개인의 책임과 의지만을 문제 삼고 있음을 지적한다. 여성에 대한 혐오와 처벌만을 강화하는 작금의 법령에 대한 문제의식은 노혜진의 〈성매매 여성을 처벌하면 정말로 성매매가 근절될까〉로 이어진다. 노혜진은 성매매 여성을 처벌하는 법률이 어떻게 그들을 취약한 위치로 내몰고 있는지 지적한다. 또한 장다혜는 〈성매매특별법 시대의 처벌은 누구를 향하는가〉에서 헌법재판소의 판단과 다르게 성매매 피해자 규정은 사실상 사문화되었고, 법률의 빈틈을 파고들어 성매매 여성의 종속성을 강화하는 업주들의 변화에도 불구하고 수사기관은 이러한 현실에 무지하다는 점을 꼬집는다. 백소윤의 〈성매매 여성은 왜 '성폭력 피해자'가 될 수 없는가〉는 성매매 과정에서의 폭력 범죄 사례를 소개하며 성매매 여성 처벌이 성매매 여성을 대상으로 한 폭력의 가해자를 보호함으로써 오히려 폭력을 양산하는 현실을 낱낱이 밝힌다.

다음으로 2부 '성매매 여성을 처벌해온 역사'는 일제시기부터 지금에 이르기까지 성매매 여성을 관리하는 동시에 처벌해 온 역사를 돌아보며 그것이 어떤 효과를 만들어왔는지를 살펴본다.

성매매 여성 처벌은 지금의 이슈로 보이는데 왜 일제시기까지 거슬러 올라갈까? 성매매를 일상 세계로부터 분리해 관리하려는 목적에서 일제시기에 시행된 공창제는 집결지의 존재와 '사창가'라는 용어의 잔존부터, 성매매 공간과 일상 공간을 끊임없이 구별하고 전자가 후자를 오염시킨다는 발상에 이르기까지 지금까지도 영향을 미치고 있기 때문이다. 장원아는 〈달아나고 싸우는 여자들의 역사로 본 '분리된 세계'〉에서 성매매 공간과 일상 공간을 분리함으로써 성매매 여성과 비성매매 여성을 구별해 전자를 사회적으로 처벌하고 격리해왔던 한국사회의 역사를 돌아본다. 한편 성매매 여성을 처벌하는 행위는 다양한 이름으로 정당화되었다. 김대현은 〈'선도'와 '격리'로 수행된 1960년대의 사회적 처벌〉에서 처벌의 다양한 방식을 1960년대의 즉결심판, 보안처분, 선도대책위원회, 서울시립부녀보호지도소 등을 경유해 분석한다. 이렇게 다양한 방법을 통해 여성은 처벌하되 남성에게는 전반적으로 별다른 제약이 없었던 성매매 정책의 계보 안에서, 성매매는 남성에게는 쾌락으로, 여성에게는 노동이자 범죄로 혹은 공포이자 수치로 의미 지어진다. 〈남성의 쾌락, 여성의 노동/범죄〉에서 박정미는 유흥·접객·윤락에 대한 정책을 두루 검토한 결과 성매매는 성별화된 질서를 구축하는 장치로 자리매김했음을, 일제시기부터 '매춘'은 금지하되 접객부의 '유흥'은 허용한 성매매 법정책은 성을 파는 여성을 합법적인 동시에 불법적인 범죄의 경계에 놓이도록 만들었음을 밝힌다.

마지막으로 3부 '성매매 여성 불처벌을 향한 문화정치'는 성매매를 둘러싼 첨예한 논쟁 사이에서 놓치지 않아야 할 문제의식을 다룬다.

먼저 남승현은 〈'개인의 선택'을 넘어 성매매의 정치경제적 조건을 묻는다〉에서 '떡볶이 화대'를 둘러싸고 벌어진 사회적 논쟁을 살핀다. 그는 암묵적으로 성폭력과 성매매를 폭력과 거래라는 대비 속에 위치시켜왔던 사회적 통념을 짚는다. 성매매와 성폭력의 허구적인 대립 구도를 지적한 남승현의 글에 이어, 최별의 〈'성매매는 성폭력이다' 그러나 그 말만으로는 충분하지 않다〉는 성매매를 성폭력으로 위치시키고자 하는 정치에 대해 질문한다. 최별은 성을 판매하는 여성을 향한 처벌에 반기를 드는 운동이 성매매 여성을 수동적인 위치에 놓거나 또 다른 외부 지대를 형성하는 역효과로 이어지지 않기 위해서는, '동의' 여부로 단순화되기 쉬운 젠더/섹슈얼리티 폭력을 둘러싼 사회의 협소한 인식 전반을 다시 생각해야 한다고 주장한다. 또한 민가영의 〈착취는 어떻게 울타리 없는 여성의 협력을 이끌어내는가〉

는 성매매 여성에게만 강압이냐 자발이냐를 묻는 행태에서 벗어나기 위해 성매매를 알선하고 주도하는 남성들의 착취적 권력 작동방식에 집중한다. 성매매 여성의 연령과 상관없이 "협력은 착취의 일부로서 작동한다". 마지막으로 유현미는 〈성매매 여성을 동시대 시민으로 사유하기 위하여〉를 통해 성매매 여성은 존재하지만 존재하지 않는 것처럼 치부되고 적극적으로 드러나지 않는 선에서 최대한 많이 존재하도록 장려되며, 결과적으로 예외상태에 놓여 있는 현실을 함께 고민하자고 제안한다.

성매매 산업을 타격하는 첫걸음, 성매매 여성 불처벌

✳

《불처벌: 성매매 여성을 처벌하는 사회에 던지는 페미니즘 선언》은 자유주의적인 담론("자발적이니 처벌하지 말라!")과 성매매 여성의 피해자화 담론("성매매 여성은 피해와 착취의 대상일 뿐이다!")의 사이에서, 그리고 한국 성매매 산업의 현실에 기반해 여성주의 정치의 목소리를 내기 위한 시도다. 그런 연유로 '성매매 여성 불처벌'이라는 구호는 매우 중요하다. 우리는 성매매 산업을 규제하고 축소하는 방향 위에 성매매 여성을 처벌하지 말라는 주장을 위치시키고자 한다. 다시 말해 성매매 산업을 타격하는 첫걸음으로서 '성매매 여성 불처벌'을 이야기하고자 한다.

2004년부터 성매매피해지원상담소 이룸을 운영하며 성매매 현장을 마주하고, 성매매 여성을 처벌하는 사회에 단호하게 저항해온 반성매매인권행동 이룸의 활동은 이 책의 뿌리다. 2020년 "성매매 여성 불처벌을 주제로 같이 공부해보자!"라는 이룸의 제안에 선뜻 동행해준 불처벌 팀원들은 이 책을 기획할 용기를 심어줬다. 휴머니스트 출판사, 그리고 기획과 진행 과정에 줄곧 함께한 김주희 님 덕분에 우리의 논의가 휘발되지 않고 책으로 구현될 수 있었다. 마지막으로 이룸의 든든한 울타리인 후원자 분들과 전·현직 이룸 활동가들 그리고 처벌의 위협에도 성매매 산업의 부당한 폭력을 고발해온 성판매(경험) 당사자 분들께 감사의 말을 전하고 싶다.

얼핏 단순해 보이는 '성매매 여성 불처벌'이라는 구호를 현실화하는 과정은 지난하고 복잡한 토론과 논쟁을 수반한다. 이 여정을 포기하지 않을 수 있는 가장 큰 힘은 함께 질문하고 답을 찾아가는 동료에게서 나올 것이다. 이 책을 계기로 성매매 여성을 처벌하지 않는 사회를 지향하는 여러 독자와 다양한 장소에서, 다채로운 방식으로 만날 수 있으리라는 희망을 품어본다.

차례

3부
성매매 여성 불처벌을 향한 문화정치

1부

성매매 여성을 처벌하는 현실

01

성매매 외에는 생계수단이 없다고 말한 죄

김주희

✳

성매매 문제의 해결을 위해서는 매매 당사자만의 문제를 넘어서는 성산업에 대한 인식의 전환이 필요하다. 알선 네트워크와 자본의 문제로 눈을 돌리지 않는다면 성매매는 언제까지나 건전한 성풍속을 해치는 문제로 이해되어 여성에 대한 혐오와 처벌만을 강화할 것이다. '여성도 처벌되는 현실'은 '여성만 처벌되는 효과'를 만들어낸다는 점에서 성매매의 구조에 대한 전 사회적 이해가 절실하다.

"이 법은 성매매, 성매매알선 등 행위 및 성매매 목적의 인신매매를 근절하고, 성매매피해자의 인권을 보호함을 목적으로 한다."

– 성매매알선 등 행위의 처벌에 관한 법률 제1조

지금의 성매매 처벌이 놓치고 있는 것은 무엇인가

✳

한국은 성매매 이슈와 관련해 금지주의를 표방하는 국가다. 성매매는 법적으로 금지되어 있으며 이를 위반할 경우 처벌을 받는다. 약칭 '성매매처벌법'으로 불리는 '성매매알선 등 행위의 처벌에 관한 법률'은 성매매 행위자와 성매매 알선자에 대한 처벌 규정을 명시하고 있다. 다시 말해 성을 매매한 당사자와 매매를 알선·권유·유인·강요하거나 장소를 제공하고, 성매매 사실을 알면서도 자금·토지·건물을 제공한 알선자에 대해서 처벌이 이뤄지는 것이다. 과거의 '윤락행위등방지법'과 2004년 새롭게 제정·시행된 (성매매처벌법과 성매매피해자보호법으로 이뤄진) 성매매 특별법 사이의 가장 큰 차이는 처벌을 통해 성매매 알선 행위를 근절하려는 의지를 명확하게 밝혔다는 데 있다. 성매매처벌법의 정식 명칭에 '알선'이라는 단어가 앞서는 데서 이것이 잘 드러난다.

성매매는 개인 사이의 성적 거래를 넘어 여성의 몸과 성을 상품화해 확대 재생산되는 산업과 자본의 문제다. 금융회사로부터의 대출 등을 통해 합법적 경제 영역과도 얽혀 있는 성매매 산업은, 37조까지 추산되는 사업 규모를 유지하기 위해 더 많은 판매자 여성을 끌어들이려는 알선자와 업주의 적극적인 '노력'을 통해 유지된다. 이런 점에서 이들의 행위는 적극적으로 금지되어야 한다. 성판매 여성이 아니라 알선자와 업주야말로 성매매 사업의 운영을 통해 여성을 포섭하고 상품화함으로써 성시장의 규모를 확대하고 이익을 수취하는, 다시 말해 성매매의 조건 자체를 만들어내는 일차 행위자이기 때문이다.

그런데 성매매처벌법은 현실적으로 구분되는 판매자 여성과 구매자 남성을 동일 행위자로 간주하고 처벌하기에 심각한 문제를 초래하고 있다. 이는 성을 매매하기에 이르는 경로 차이의 성별성을 무시하는 조치다. 한마디로 현행 성매매처벌법은 성매매 문제의 성별관계를 인지하지 못하며, 다시 말해 성인지적 관점을 결여하고 있어 문제적이다.

잘 알려져 있다시피 한국사회에서 성구매는 집단적으로 모색되고 경험되는 남성문화의 일부로, 대문자 '남자들Men'의 관계 맺기 방식과 밀접하게 관련되어 있다.[1] 많은 성매매 업소 광고에서 (심지어 일대일의 성매매가 이뤄지는 '오피방' 광고에서도) '단체 손님 할인'이라는 식의 프로모션이 진행된다. '1차' 술자리와 '2차' 성매매가 한 건물에서 자연스럽게 이어지는 성매매 업소가 즐비하지만, '성교행위'가 이뤄지는 '2차'만이 성매매처벌법의 제한을 받는다. 남성의 성을 중심으로 한 성매매에 대한 협소한 문제의식은 응당 현실에서 구매자에 대한 처벌을 어렵게 만드는 요인으로 작동한다. 왜냐하면 남성중심적 문화에서는 성구매가 자연스럽기 때문이다. 이러한 배경이 바로 '남자들의 방'이라 할 수 있는 합법적 유흥업소에서 제공하는 1차, 이른바 '유흥'을 여성주의 관점에서 문제 삼는 이유일 것이다. 유흥업소 종사자는 식품위생법 시행령에 따라 '부녀婦女'에 한정되는데, 여자가 있어야 '남자들의 방'이 가능해진다는 것이 역설적이다.[2] 이처럼 남성은 동성집단 관계, 문화와 연동하며 작동하는 성시장의 영향을 받아 성구매가 상식화·자연화·정상화되는 경로에서 성매매를 한다. 남성들의 성구매 욕망과 행위에 '자연'이라는 이름이 부여되는 것이다.

무엇이 성적 욕망이며 무엇은 성적 욕망이 아닌지 구분하고 승인하는 기준은 한 사회의 문화와 밀접한 관련을 맺는다. 남성 구매자는 성매매를 통해 성적 욕망을 해소하는 것이 아니라 그저 남성 집단이 용인해온 문화적 상상력 속에서 성적으로 만족했다고 믿는 것이다. '사정 행위'가 언제나 성욕 해소 행위는 아니다. 극단적으로 말하자면, "내 앞에서 사정하라"는 권력자의 명령은 형벌이 될 수도 있다. 무엇이 쾌락인지, 무엇이 형벌인지, 나아가 무엇이 자연스러운 인간의 욕망과 행위인지 철저하게 문화적인 기준이 작동하는 것임에도 성매매의 문화가 자연화되면서 남성들의 지배력을 공고히 해왔다.

반면 여성이 놓인 상황은 다르다. 성을 판매하는 여성은 보통 익명으로 성시장에 진입하는 방식으로 고립되고 개별화된다. 여성으로서의 규범적 삶의 경로를 이탈하도록 만드는, 다시 말해 여성을 탈사회화하고 재여성화하는 성시장과 성문화의 요소가 개입한다. 여성의 상품화 과정은 각 여성이 가진 개별성을 '외모', '키', '몸무게', '가슴 사이즈', '나이', '허용 가능한 서비스' 등 정보의 조합을 통해 분류하는 것에서 시작한다. 이는 '+4(만원)'와 같이 여성 간 가격 차이를 만들어내는 합리적 근거로 작동한다.

또한 성을 판매하는 여성에 대한 사회적 낙인으로 인해 여성은 익명 상태를 '선택'한다. 유흥업소 종사 여성들이 모여 업소 정보를 나누는 온라인 게시판에는 "○○ 업소 함께 가실 언니", "○○ 지역 데려가 주세요"라는 글이 흔하게 발견되는데, 여성들은 안전하게 업소를 옮기기 위해 온라인 세계의 익명 네트워크에 의지한다. 여성에게는 동종업계 여성들의 익명 네트워크가 안전을 담보할 수 있는 장치인 것이다. 이처럼 여성은 성판매가 비규범·비정상으로 취급되는 상황에서 자신을 최대한 노출시키지 않고 성매매를 한다.

성을 매매하는 경로가 성별에 따라 정반대임에도 이들은 현행 성매매처벌법에 따라 동일하게 처벌받는다. 성매매로 처벌받은 남성은 '억울하고' 여성은 '수치스러운' 두 갈래의 사회적 감정은 이와 무관하지 않을 것이다. 다만 성판매를 '강요'당한 이들만 성매매 피해자로 분류되어 처벌을 면하는데, 약칭 '성매매피해자보호법'이라 불리는 '성매매방지 및 피해자보호 등에 관한 법률'을 통해 성매매 피해자의 피해회복 및 자립·자활이 정책적으로 제공되고 있다. 성매매피해자보호법은 성매매 문제와 관련해 국가와 시민사회의 책임·역할을 정교화하는 등 과거 윤락행위등방지법에 비해 진일보했다고 평가받는다.

하지만 성매매처벌법에 여성에 대한 처벌 조항이 남아 있는 한 이 법은 불완전할 수밖에 없다. 피해자 자격에 대한 선별은 사회적·성적 정상성의 기준과 무관하지 않은데, 앞서 성역할 규범이 이원화된 사회에서 성판매의 경로는 비규범·비정상의 회로에 놓여 있음을 지적한 바 있다. 강요를 통해 이 회로에 진입했음을 증명해야 처벌을 면할 수 있다는 관점은 비규범적 여성을 처벌하겠다는 사회적 압력을 반복할 뿐이다. 비규범적 여성에 대한 처벌과 규범적 여성에 대한 보호를 통한 여성 이원화의 반복은 성차별적 사회에서 일어나는 성매매 문제를 해결하기 위해 다시금 성차별의 원리를 동원한다는 점에서 모순이 아닐 수 없다.

성판매를 강요당한 이들 외의 성매매 행위자를 모두 처벌한다는 원칙은 자동으로 '처벌받아 마땅한 자발적 성판매자'라는 범주를 만들어냄으로써 성판매 여성에 대한 낙인을 합리화하고 강화하는 효과를 불러일으켰다. 처벌이 두려워 성매매 현장에서 끊임없이 일어나는 폭력과 범죄를 드러내놓고 이야기하지 못한 여성의 사례는 끝이 없다. 이제 우리는 '성매매를 강요당한 여성'이라는 선별이 누구에 의해, 어떤 기준에 의해 이뤄지는지 물어야 한다. 우리 사회에서 '거부하기 힘든 강요 또는 강제'라는 외적 기준은 '순수한 피해자'라는 예외적 존재를 가정하는 동시에, '왜 제대로 된 거부를 하지 못했느냐'면서 피해자를 비난하는 것으로 귀결되기 마련이었다. 이는 오랜 시간 페미니스트들이 일본군 '위안부' 문제에서 '총칼을 앞세운 강제연행'과 '무력한 소녀 피해자'라는 상상력에 문제를 제기해온 것과도 연관된다. 구체적인 여성의 삶은 강제연행과 소녀 피해자 사이에서 역사 부정론자들의 공격 대상이 되었으며, '위안부' 문제는 대중에게 오랫동안 '여성 문제'로 인식되지 못했다.

결과적으로 성매매처벌법의 여성 처벌 조항은 규범적 경로를 자발적으로 이탈한 여성에 대한 사회적 처벌과 일치하면서 성매매에 대한 남성중심적 태도를 강화한다. 윤락행위등방지법이 작동되던 당시에 금지되었던 윤락행위는 바로 여성의 성판매 행위를 가리키는 것이었다. 심지어 이 법이 제정된 이듬해 윤락 여성의 선도라는 미명으로 그들을 격리·거주시킨 '적선지역'이 특정구역으로 운영되었던 것에서 알 수 있듯이, 성매매는 추락하고 추방된 여성의 몸과 성이 거래 가능하다는 (나아가 그것이 가난한 여성을 '위한' 것이라는) 바로 그 관념을 통해 작동했다. 현행법에서 윤락행위 대신 성매매라는 기술적 표현을 사용한들 '성매매 여성은 불법행위자'라는 낙인은 여전히 여성을 분리·고립시키고 다시금 성매매를 가능하게 하는 요인으로 작동한다. 우리 사회는 비규범적 여성을 처벌하는 일을 멈추고 여성의 일부를 비규범적 인구로 만들어내며 정상화되는 성매매 관행과 문화를 철폐해야 할 것이다.

'현금과 콘돔'은 무엇을 위한 증거인가

✳

성매매 단속 역시 구매자와 판매자에게 다른 의미인데, '업소녀'로서 단속되는 것과 손님으로서 단속되는 것 사이의 차이를 상상해보면 그 의미를 이해할 수 있을 것이다. 조사 과정에서 자신을 죄인 취급하며 몰아세우던 경찰이 손님에게는 친절히 전화를 거는 상황이 서러웠다고 말하는 여성도 있었다. 최근 성매매 현장에서 경찰관이 여성의 알몸 사진을 촬영하고 이 사진을 합동단속팀 단체대화방에까지 올린 반인권적 사건이 발생해 여성·사회단체가 국가인권위원회에 진정을 넣기도 했다. 여성은 경찰의 단속을 통해 처벌을 경험하지만, 남성은 운이 없었다고 생각한다. 온라인 게시판의 성매매 후기를 살펴보면 성매매 처벌법은 남성 구매자를 귀찮게 할 뿐 벌을 주는 것이 아니라고 여겨진다. 많은 성구매자는 '여가부'와 '페미'에 의해 남자들이 자유롭게 성을 사고팔 권리가 박탈된 상황이 문제라고 생각하고 있다. 성구매로 처벌받은 남성은 오히려 희생자가 된다. 반면 여성은 위법행위를 한 자로서 일상적이고 직접적인 감시를 체감한다. 누차 반복하지만 여성에게는 성을 팔지 않는 것, 남성에게는 성을 사는 것이 규범적이라고 여겨지기 때문이다.

업소 형태에 따라 단속 방식은 상이하지만 내가 인터뷰한 여성들은 보통 성매매 현장을 급습한 경찰이 "단속 나왔습니다"라는 말과 함께 (옷을 챙겨입을 시간을 주고) 현금과 콘돔 사진을 찍는 것으로 단속 당시를 기억하고 있었다. 나이가 많은 여성은 단속 경찰을 피해 (옷도 제대로 챙겨입지 못하고) 도주하던 일화를 전해주기도 했다. 여성들은 단속을 인생에서 가장 수치스럽고 당혹스러운 장면으로 기억한다. 경찰은 현장에 있는 여성과 남성 사이에 일어난 위법행위의 증거로 누구나 소지할 수 있는 현금과

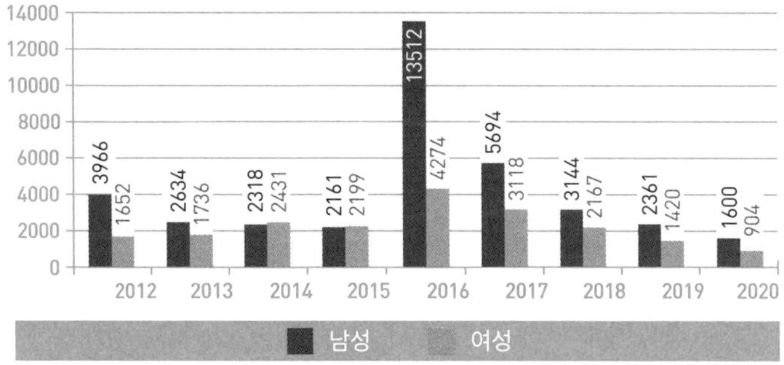

〈그림 1〉 성매매처벌법 위반자 경찰청 통계(범죄 발생 및 검거 현황)

콘돔을 수집한다. 이와 같은 연유로 성매매에서 콘돔 사용이 기피되기도 한다는 점은 널리 알려진 사실이다.[3]

현장에서 검거된 여성과 남성은 이때부터 피의자 신분으로서 수사의 대상이 된다. 위 그래프의 수치는 성매매처벌법 위반으로 인한 검거현황 중 불상검거인원, 법인체를 제외한 개인의 남성과 여성 수를 나타낸다. 이는 성매매 강요, 성매매 광고, 성매매 알선, 아동·청소년, 기타 항목을 제외한 수치다.

〈그림 1〉을 보면 2020년 성매매처벌법 위반으로 경찰이 검거한 여성의 수는 904명이다. 2018년 2,167명, 2019년 1,420명의 여성이 검거되었으니 코로나19의 영향으로 그 수가 대폭 감소한 것이라 예상할 수 있다. 성매매처벌법 위반으로 검거된 남성의 수는 2018년 3,144명, 2019년 2,361명, 2020년 1,600명으로 같은 시기의 여성을 상회한다. 하지만 이러한 경향이 항상 지속

된 것은 아니다. 2014년과 2015년에는 성매매처벌법 위반으로 검거된 여성의 수가 남성을 앞지른다.

성매매로 검거된 여성과 남성의 수가 비등하거나 때로 여성의 수가 남성을 앞지르는 이유는 간단하다. 우리 사회는 성매매 문제를 그저 개인 간 발생하는 위법행위로 취급하면서 안일한 단속을 반복하기 때문이다. '안일한 단속'은 비규범적 측면에서 두드러지는 여성에 대한 단속으로 손쉽게 이어진다는 점에서 문제다. 2011년에서 2015년 사이 100개 이상의 업소가 자리한 수원역 성매매 집결지에서 연평균 6건의 검거가 이뤄졌다는 보도가 있다.[4] 오피방에서는 자체적으로 단속에 대비하기 위해서라도 업소를 이용한 남성 구매자의 핸드폰 번호를 전부 수집하는데, 이러한 데이터베이스에서 발견된 구매자 전체에 대한 소환 조사는 거의 이뤄지지 않는다. 하지만 현장에 있는 한 명의 여성과 한 명의 남성 뒤에는 보이지 않는 수많은 남성'들'이 존재한다.

대표적으로 성매매 후기 사이트는 동시대 남성의 성매매를 권유하는 문화를 만들어온 주요한 공장이다. 성구매자들은 후기 사이트에서 제공하는 다양한 성매매 업소의 리워드나 다른 이용자의 주목을 기대하며 일생일대의 필력을 동원해 성매매 경험기를 써내려간다. 물론 이러한 경험기는 실제 성구매 경험과 다르며 이 과정에서 남성의 성욕이 만들어진다. 남성의 성욕은 이들이 자연적으로 가지고 있는 것이 아니라, 다른 남성의 경험에 대한 끝없는 모방과 전이를 통해 만들어지고 독려되며 팽창된 것이다. 글을 읽는 후발 참여 남성은 후기를 통해 성욕을 갖는데, 이때 성욕은 여성이 아니라 후기 작성자 남성에 의해 생산된 것이다. 이 때문에 현실의 여성을 만나 실망해 모욕을 주는 일도 비일비재하다. 후기 사이트의 악평, 남초 커뮤니티의 끔찍한 여성혐오 글은 텍스트상에서 과장된 남성의 성경험과 실제 경험 사이의 불일치에서 비롯한다. 거듭 강조컨대 성매매 문제는 비규범적 존재로 개별화된 여성이 남성'들'의 정상화된 성구매 실천의 장으로 끌려 들어가는 젠더 문제다.

〈그림 1〉에서 2016년 성매매로 검거된 남성의 숫자가 두드러지는 듯 보이지만 13,512명이라는 숫자는 같은 해 검거된 여성 인원의 3.1배일 뿐이다. 30조에서 37조까지 추산되곤 하는 성산업이 여성 1 대 남성 3의 비율로 운영될 리 만무함에도 우리 사회에서 성매매 문제는 개인 여성과 개인 남성 사이에 놓인 현금과 콘돔의 문제로 축소된다. 하지만 남성은 남성'들'의 네트워크와 연결된 데 비해, 여성은 개별화되어 성산업 네트워크와 연결되어 있다는 것에 주목하자.

현금은 여성의 수입이며 콘돔은 여성을 보호하는 도구이지만, 두 가지 모두 업주나 플랫폼의 독점에서 발생하는 지대rent의 원천이기도 하다. 성판매 여성은 현금 일부를 성산업 네트워크 구성원과 나눠야 하며 대체로 이들로부터 콘돔을 구매해야 한다. 일례로 콘돔 독점 공급, 집결지 상납, 카드깡, 사채업을 통해 청량리 집결지 경제를 좌지우지하던 조직폭력배 '신청량리파'는 유통회사를 설립해 집결지에 콘돔을 독점 공급해 매월 4,000만 원의 부당수익·초과이윤을 실현했다.[5] 이렇게 독점 공급된 콘돔을 사용할 결정권이 온전히 여성에게 있는 것도 아니다. '노콘No Condom' 서비스는 '+5'의 가격이 책정되어 있어 5만 원을 더 받는 경우 합당한 일로 수용된다.

그럼에도 개인 앞에 놓인 현금과 콘돔이 증명하는 것은 그것의 유통경로와 사용방식이 아니라 일탈적 존재로서의 여성일 뿐이다. 일탈적 존재로서의 여성이라는 가정은 성매매를 가능하도록 만드는 요인이면서 여성에 대한 처벌을 실행하는 순환적 전제로 작동한다. 정반대의 의미에서 일본군 '위안소'의 군표와 콘돔이 여성의 강제동원과 일본군의 성폭력의 증거로 이해되는 것을 떠올려보자. 현금과 콘돔이 애초에 남성의 것이라는 전제와, 그러므로 그것을 앞에 둔 여성이 일차적 일탈 행위자라는 전제 없이 어떻게 여성 개인과 남성 개인 사이에 놓인 현금과 콘돔이 문제라고 말할 수 있을까? 다수의 남성과 소수의 여성이라는 구도는 더 많은 수의 남성과 여성에 대한 처벌 요구로 이어질 것이 아니라 남성 일반의 문화와 그것이 만들어내는 경제 규모에 대한 분석과 비판으로 확장되어야 할 것이다.

성매매를 개인 남성과 여성의 일탈적 거래로 간주하는 사고방식은 하층계급 여성을 성매매 시장으로 내몰며 급속한 경제성장을 달성해온 한국사회에서 여성의 성을 도구화한 경로와 역사를 간과한 처사다. 오랜 시간 한국에서 여성은 국가와 가족을 위해 성의 판매를 강요받는 환경에서 살았다. 이러한 환경이 현재의 성산업과 광범위한 경제질서를 구축했음에도 많은 사람은 여전히 성판매자를 '쉽게 돈을 벌길 원하는' 이기적인 여성으로 간주한다. 성매매를 한국 자본주의 시스템에 내재한 정치경제적 문제가 아니라 여성 개인의 심리 문제로 판단하는 것이다. 나아가 성매매를 여전히 쾌락의 문제로 사유하는 전제가 작동한다. 쾌락 행위에 참여한 여성이 피해자라고 말하는 것은 어폐가 있다는 것이다. 여성은 스스로 자신의 성적 욕망과 쾌락을 말할 수 있는 존재지만, 그것은 남성 집단이 만들어내고 성산업을 순환하는 유흥·쾌락과 결코 같지 않다.

이러한 환경과 오해·왜곡된 정보는 다시금 여성을 성판매로 유인하는 제1요인으로 작동한다. 여성의 경험은 충분히 설명되지 못한 채 '업소녀'라는 낙인만이 유지된다. 동시에 성판매를 '강요'당한 이들을 이차적으로 판별하려는 시도는 강요의 시점과 정도를 어떻게 판단할 것인지에 관해 원론적으로 해석 불가능한 지점이 있다. 이러한 판별의 프로세스는 처벌을 피하기 위해 여성으로 하여금 성매매를 강요당했음을 설명해야 하는 상황을 만들어냄으로써, 성매매를 통해 생계를 유지해온 이들의 행위성과 생존전략, 산업 내부인으로서 갖는 문제의식을 간단하게 무시해버리는 결과를 초래한다.

헌법재판소의 합헌 결정은 무엇을 드러내는가

✳

2012년 성매매를 이유로 검거된 여성 1,652명 중 A씨가 있었다. 그는 2012년 7월 7일 서울 동대문구에서 23세 남성으로부터 13만 원을 받고 성교함으로써 성매매를 했다는 이유로 기소되었다. 그해 12월 A씨는 "성매매를 한 사람은 1년 이하의 징역이나 300만 원 이하의 벌금·구류 또는 과료에 처한다"는 성매매처벌법 제21조 제1항에 대해 위헌법률심판을 제청했다.

그의 주장은 크게 세 가지로 압축할 수 있다. 첫째, 해당 법률 조항은 기본권 제한의 목적상 한계를 넘기 때문에 위헌이다. 강요·착취 등이 없는 성인 간 성매매에서 성판매 여성에 대한 처벌 입법이 정당한지 직접적으로 질문한 것이다. 둘째, 성매매 행위를 형사처벌하는 것은 적절하지 않고, 성매매 여성에 대한 형벌은 최소한의 피해를 주는 규제수단이 아니기 때문에 기본권 제한의 피해최소성을 갖추지 못해 위헌이다. 다시 말해 수단의 적절성과 피해최소성 원칙을 준수했는지 물은 것이다. 셋째, 이

사건 법률 조항이 평등권을 침해해 위헌이다. 불특정인을 상대로 한 성매매 행위자만 처벌하고 특정인을 상대로 한 성매매, 이른바 축첩행위나 외국인 상대 현지처 계약 등을 처벌하지 않는다는 점에서 결국 법률 조항이 성매매 여성을 합리적 이유 없이 차별한다는 점을 지적한 것이다.[6]

과거 성매매특별법에 대한 위헌심판제청은 몇 차례 이뤄진 적 있지만 2012년 A씨에 의한 제청은 성판매 여성의 처벌이 적절한지 질문한다는 점에서 특별했다.[7] 하지만 2016년 3월 31일 헌법재판소는 성매매처벌법 제21조 제1항이 헌법에 위반되지 않는다는 결정을 내렸다. 그 결과 위헌법률심판을 제기한 A씨의 성매매 혐의에 대한 형사재판이 재개되었고 2016년 6월 19일 그는 벌금 100만 원을 선고받았다.

2016년 성매매처벌법 위헌심판제청은 헌법재판관 6대 3의 의견으로 합헌 결정되었다. 하지만 위헌심판이 성을 판매하다가 기소된 여성에 의해 신청되었음에도 결정 판결문은 성별화된 성매매의 경로 차이를 면밀하게 고려하지 못한 한계가 있었다. 나는 이 판결에 대해 "빈민 여성 처벌에 대한 사법적 의지표명이나 다름없다"는 의견을 제시했다.[8]

헌법재판소의 합헌 결정은 일차적으로 위헌심판의 대상이 된 성매매처벌법 제21조 1항이 "성매매를 한 사람"과 같이 성매매의 성별성을 인식하지 못하는 방식으로 행위자를 규정한 데서 비롯될 것이다. 나아가 합헌 판결문은 여성에 대한 처벌에 대해서도 "성판매자도 형사처벌의 대상에 포함시킬 필요성이 인정된다"면서 그 이유로 "성매매피해자로 인정되어 형사처벌의 대상에서 제외될 수 있는 가능성도 존재하는 점"을 꼽았다. 같은 맥락에서 결정문은 보호해야 할 공익적 가치로 "사회 전반의 건전한 성풍속과 성도덕"을 앞세웠다.[9] 결국 헌법재판소의 결정은 성매매 여성을 보호의 대상과 처벌의 대상으로 이원화한 구도를 유지하면서 자발적으로 성을 판매하는 비규범적 여성에 대한 처벌 조항을 고수했다. 남성의 정상화된 성적 실천과 여성의 비정상화된 성적 실천이라는 성매매의 성별화된 사회적 경로 차이를 고려했을 때, 이러한 조항은 성을 거래한 개인의 행위에 대한 처벌인 동시에 오직 '불건전한 여성'에 대한 존재론적 처벌 조항임을 알 수 있다.

한편 헌재 결정 직후 재판관 조용호의 전부 위헌의견에 대해, 다시 말해 성매매 처벌 전면 비범죄화 의견에 대해 '보수 재판관의 진보적 의견'이라는 반응이 있었다. 그는 "심판대상조항은 성매매 여성들의 생존을 위협하는 인권유린의 결과를 낳고 있으며, 국민에 대한 최소 보호의무조차 다 하지 못한 국가가 오히려 생계형 자발적 성매매 여성들을 형사처벌하는 것은 또 다른 사회적 폭력이므로 입법목적의 정당성을 인정할 수 없다"고 밝혔다. 그의 퇴임 시기에 맞춰 그가 내린 판결을 조망하며 개인의

자유를 중시하는 소신 있는 "자유주의 발언 화제"라는 기사가 등장하기도 했다.[10]

그런데 조용호 재판관은 2019년 4월 낙태죄 위헌심판에서 "우리 모두 태아였다"며 "태아가 모체의 일부라고 하더라도 임신한 여성에게 생명의 내재적 가치를 소멸시킬 권리, 즉 태아를 적극적으로 죽일 권리가 자기결정권의 내용으로 인정될 수는 없다"고 판시했다. 성매매에서 여성의 자기결정권을 주장한 재판관이 낙태죄 위헌심판에서는 이를 부인하며 임신중지를 선택한 여성에 대한 처벌이 합당하다는 의견을 낸 것이다. 그의 주장은 결국 여성은 남성과의 관계에서 성을 제공하고 태아와의 관계에서 모체를 제공해야 한다는 소신으로 압축된다.

각종 언론에서 다양한 수식어로 그를 기억하지만, 간단하게 말해 그는 성차별주의자로서 성매매에서의 전면 비범죄화 의견을 내놓았다. 그는 "지체장애인, 홀로 된 노인, 독거남 등 성적 소외자의 경우는 심판대상조항 때문에 인간으로서 가장 기본적인 성적 욕구를 충족시킬 수 없는 상황으로 내몰릴 수도" 있음을 지적하며 성매매 처벌에 대한 전부 위헌의견을 개진했다. "건전한 성풍속 및 성도덕이라는 개념 자체가 추상적·관념적"이라는 의견을 밝히고 있지만, 남자라면 노인이든 장애인이든 성적 대상으로서의 여자를 필요로 한다는 성차별적 편견을 중심에 두고 성매매를 허용하자는 주장에 다름 아니다.[11]

자유주의적 가치 판단에서는 이러한 자유가 누구의 자유인지 종종 간과되기 일쑤다. 일찍이 페미니스트 정치학자인 캐롤 페이트먼은 근대 사회의 시민적 자유가 여성의 예속을 기반으로 한 것임을 고찰하면서, 매춘 계약을 이러한 은폐된 성적 계약의 한 부분으로 파악한다.[12] 권리의 문제는 특정 역사와 사회적 맥락에서 경합하는 것이기 때문에 인권 패러다임은 항상 진화 중이라는 사실을 잊어서는 안 된다. 동시에 인권은 언제나 보편적인 것임에도 우리가 구태여 '여성인권'이라는 말을 사용하는 이유는 우리 사회에서 '여성됨'에 대한 구조적이고 비판적인 인식이 견지되지 못하기 때문이다.[13]

정리하자면 성매매처벌법 제21조 제1항에 대한 재판관 6인의 합헌 결정문은 규범적 여성이라는 기준을 앞세우며 성매매 여성에 대한 처벌을 정당화했고, 재판관 조용호의 전부 위헌의견은 규범적 남성이라는 기준을 제시하며 여성에 대한 처벌에 반대했다. 하지만 여성 처벌과 불처벌을 각각 옹호하는 두 가지 해석 모두 '건전한 성풍속과 성도덕'에 대한 남성중심적 사고에서 비롯된 것이 아닐 수 없다. 애초에 현금과 콘돔, 그것에 대한 (불)사용 권리가 남성의 것으로 가정된 사회에 대한 비판적 문제의식이 포함되지 않은 것이다.

A씨는 위헌법률심판 제청 당시 "성매매 외에는 생계수단이 없다"고 말했다. 하지만 그가 호소하는 빈곤은 법원에서 진지

하게 받아들여지지 못했기에 100만 원의 벌금형이 선고되었다. 우리 사회에서 빈민은 여성의 얼굴을 하지 않았다. 빈곤이라는 사회적 삶의 형태는 남성 가장의 임노동 혹은 실업과의 관계 속에서 포착되는 것으로, 자본주의적 임금노동자 집단으로 간주되지 않은 여성은 빈민이라는 사회적 범주로 집단화될 수 없었다. 100만 원의 벌금은 여성이 "성매매 외에는 생계수단이 없다"고 말한 것, 다시 말해 예속을 통해서야 빈곤을 극복할 수 있는 여성이 자신의 생존 조건을 폭로한 것에 대한 처벌이라고 볼 수 있으며 그 자체로 '음란'으로 간주되었음을 드러낸다.

동시에 잊지 말아야 할 것은 성매매 산업이 여성의 개별적 탈빈곤 전략을 시장화하는 빈곤산업이기도 하다는 점이다. 여성이 성매매를 통해 쉽게 돈을 번다고 하지만, 사실 성매매 시장을 순환하는 '쉬운 돈'은 여성이 성매매를 계속할 것이라는 기대 속에서 지급되고 융통되는 것에 불과하다.[14]

코로나 상황에서 성매매 업소의 영업진은 종종 '몰영(몰래 영업)'이 적발되어도 벌금은 고작 10만 원이라며 그곳에서 일하는 여성들을 안심시키곤 했다. 과태료로 10만 원을 내도 조사 이후 벌금이 따로 나오는 상황에 대한 안내를 충분히 하지 않은 것이다. 돈을 벌기 위해 위험을 무릅쓰고 업소에 출근한 여성들에게 벌금 액수는 중요한 문제다. 하지만 업소의 영업진은 벌금 역시 업소를 순환하는 '쉬운 돈'으로 취급하며 여성의 업소 생활을 장기화하도록 만든다. 이는 경찰 단속 시 업소에서 손님들만 먼저 대피시키는 일이 비일비재한 이유와 맞닿는다. "성매매 외에는 생계수단이 없다"고 말한 A씨가 벌금 100만 원을 마련해야 하는 문제는 왜 사법적 판단의 근거가 될 수 없는지 근본적인 고민이 필요하다.

'바람직한 성행동'의 규범성을 넘어

✳

성매매처벌법 제21조 제1항에 대한 헌법재판소의 합헌 결정문이 보여주듯, 우리 사회는 건전한 성풍속과 성도덕을 해치기 때문에 '자발적'으로 성을 판매한 여성을 처벌해야 마땅하다고 간주한다. 성매매 문제에서 보호해야 하는 사회적 법익은 '건전한 성풍속'으로서, 이를 위반한 '바람직하지 않은 성행동'을 처벌하는 조항이 있는 한 판단 기준은 법원에 있다.

사전은 풍속風俗을 "옛날부터 그 사회에 전해 오는 생활 전반에 걸친 습관 따위를 이르는 말"이라고 정의한다. 우리나라에서 '풍속'을 통제하는 '풍속영업의 규제에 관한 법률(약칭 풍속영업규제법)'은 "풍속영업을 하는 장소에서 선량한 풍속을 해치거나 청소년의 건전한 성장을 저해하는 행위 등을 규제하여 미풍

양속을 보존하고 청소년을 유해한 환경으로부터 보호"하기 위한 목적으로 제정되었다. 이때 '풍속영업'은 "흥겹게 놀 수 있는 시설을 갖추고 하는 영업"으로, 일반적으로 유흥업을 의미한다. 그렇다면 유흥업에서 선량한 풍속을 해치는 행위는 무엇일까? 역사적으로 '선량한 풍속'이라는 개념은 (보호할 만한) 여성의 정조를 보호한다는 명목으로 성규범을 통제해온 식민지시기 일본 형법에서 기인한다. 식민지시기 간통죄와 '선량한 풍속'의 의미를 연구한 홍양희는 '선량한 풍속'이 사회의 도덕적인 의미를 넘어서 가제도家制度, 다시 말해 국민통합의 이슈로서 제국 일본을 뒷받침하는 가족제도의 문제였음을 지적했다.[15] 또한 앞서 소개한 '남자들의 방'에 관한 연구는 유흥업소가 남성 손님의 '흥겨움'을 만들어내기 위해 '아가씨노동'을 활용하고 있음을 드러냈다.[16] 이러한 '아가씨노동'이 성교행위와 유사 성교행위를 포함하지 않는다면 필연적으로 보존해야 하는 미풍양속으로 간주될 수 있는 것이다.

현재의 풍속영업규제법에서는 구체적으로 성매매와 성매매 알선 행위를 금지하고 있다. 여기서 '선량한 풍속을 해치는 행위'를 규제하는 데 있어 성의 이중규범에서 출발하는 이성애 가족 중심성이 기준으로 작동하고 있음을 알 수 있다. 이는 사회의 건전한 성풍속이라는 기준에도 마찬가지로 적용된다. 하지만 성매매에 관한 경로의 성별성을 인지한다면 건전한 성풍속은 사회적 법익이 될 수 없다. 그것은 필히 성규범과 관련된 편견을 내포할 수밖에 없기 때문이다. '건전' 개념은 여성을 이분화하는 원리에는 도전하지 않은 채 오히려 여성 일부를 배제하는 방식으로 유지된다. 그렇다면 성매매 산업을 규제하는 보호 법익은 여성에 대한 폭력 방지가 되어야 할 것이다. 특히 여성들이 성매매를 '자발'적으로 결심한 맥락에 더 나은 삶을 살고 싶다는 욕망이 포함되는 것에 주목하자. 이러한 결정을 여성 스스로 내렸다 해서 이들이 모두 성매매를 '괜찮은 일decent job'로 여기는 것은 아니다. 빈곤도 빈곤을 타개할 방식도 성별화되어 있을 뿐이다.

2016년 헌법재판소의 결정에서 김이수 재판관과 강일원 재판관은 일부 위헌의견을 제출했는데, 그들의 의견은 널리 인용될 필요가 있다. 이들은 성구매자와 성판매자를 구분하며 "성구매자에 대한 처벌이 헌법에 위반되지 않는다는 점은 다수의견과 같으나, 성판매자에 대한 형사처벌은 과잉금지원칙에 위배되는 과도한 형벌권 행사로 헌법에 위반"됨을 지적하고 있다. 여성의 성매매는 "절박한 생존 문제 때문이고, 이는 사회구조적인 것으로 개인이 쉽게 해결할 수 있는 것이 아니"라는 점을 명확히 하면서 "성판매자에 대한 형사처벌은 여성의 성이 억압되고 착취되는 상황을 악화"한다고 판시했다. 여성에 대한 벌금이 결코 성매매를 근절하기 위한 수단이 될 수 없다는 것이다. 나아가 "건전한 성풍속 내지 성도덕의 확립이라는 공익은 추상적이고 막연한 반면, 성판매자들이 받게 되는 기본권 침해의 정도는 중대하고 절박"하다는 점 또한 밝히고 있다.[17] 이 의견은 100만 원의 벌금을 마련하기 위해 또다시 열악한 조건에 내몰려 성을 판매해야만 하는 여성의 절박함에 대한 역사적이고 구조적인 이해를 담고 있다.

성판매 여성을 처벌하는 현실은 성매매를 산업과 자본이 결탁한 성차별적 환경의 문제가 아니라 여성 개인의 의지에 따른 문제에 머물게 한다. 자신의 성매매 경험을 책으로 써낸 작가 레이첼 모랜은 "성구매자들에게 소비의 본질은 일시성에 있다"고 말했다. 그는 "구매자들은 성매매 여성을 구할 때 종종 매번 다른 업소에 전화를 한다"는 점을 근거로 들었다.[18] 이러한 일시성은 성구매를 지속적이고 일상적으로 가능케 하는 본질적 속성으로, 업소와 구매자 네트워크가 만들어낸 것이다. 어떤 남성은 화려한 외모의 여성이 있는 업소를 찾아다닌다. 어떤 남성은 '업소녀' 티가 나지 않는 "손이 덜 탄 일반녀"를 찾아다닌다. 여기서 핵심은 이들이 '찾아다닌다'는 점이다. 성매매는 현금과 콘돔을 교환하며 이뤄지는 개별 여성과 남성의 일시적 성교행위가 아니라 무수한 성구매 후기·소개·권유가 만들어낸 네트워크와 비즈니스 속에 존재한다. 우리는 후기·소개·권유가 만들어내는 알선의 네트워크에 보다 주목할 필요가 있다. 구매자야말로 이러한 알선 네트워크의 핵심적 행위자다.

성매매 문제의 해결을 위해서는 매매 당사자만의 문제를 넘어서는 성산업에 대한 인식의 전환이 필요하다. 알선 네트워크와 자본의 문제로 눈을 돌리지 않는다면 성매매는 언제까지나 건전한 성풍속을 해치는 문제로 이해되어 여성에 대한 혐오와 처벌만을 강화할 것이다. '여성도 처벌되는 현실'은 '여성만 처벌되는 효과'를 만들어낸다는 점에서 성매매의 구조에 대한 전사회적 이해가 절실하다.

02

성매매 여성을 처벌하면 정말로 성매매가 근절될까

노혜진

✳

많은 사람이 성매매 여성을 처벌하지 않으면 성매매가 늘어날 것이라고 주장한다. 그러나 성매매의 원인은 성매매 여성에게 있지 않다. 성매매가 지속되는 것은 여성 종속과 지배를 통해 남성성을 실현하고자 하는 한국사회의 남성문화와, 이를 통해 막대한 돈을 벌면서 당연하게 자리 잡은 성매매 산업 때문이다. 그렇기에 '성매매 근절', 즉 성매매 산업의 소멸을 위해 필요한 것은 정의롭지 않은 남성문화의 해소, 성매매 산업에 대한 규제, 모두가 성매매하지 않고도 충분한 삶을 영위할 수 있을 자원의 재분배다. 법이 성매매 근절을 목적으로 한다면 위와 같은 성적·경제적·사회적 자원의 부정의한 배치부터 바로잡아야 한다.

'사치스러워서 성매매 한다'는 착각

한국사회에서 '성매매 여성'이라는 말이 갖는 부정적인 힘은 엄청나다. '성매매 여성'이라면 비난받아 마땅하다는 듯 혐오와 비난이 쏟아진다. 명확한 근거 없는 비난이 대부분이지만, 비난의 내용은 '명품 사고 여행 다니려고, 쉽게 돈 벌고 싶어서 그런 짓을 한다니 더럽다' 정도로 요약해볼 수 있다. 성매매 종사 이유가 '사치'에 있다는 전제를 가지고, 금전을 대가로 불특정 다수와 성적 행위를 하는 것이 '더럽다'고 이야기하는 것이다. 즉 성매매 여성을 향한 혐오는 '사치'스럽고 '성적sexual'인 '여성'을 향한 혐오에 기반하고 있다.

수많은 성매매 여성이 각자의 인생사와 이유를 가지고 성매매에 종사한다는 당연한 사실을 생각해보지 못하고 '사치스러워서 성매매를 한다'고 쉽게 판단해버리는 강력한 믿음과, 금전을 대가로 성적 행위를 한다는 이유만으로 비난받아 마땅하다고 인격모독을 쏟아내는 확신에 찬 잔인함은 마주할 때마다 당황스럽기 그지없다. '적게 일하고 많이 벌자'는 것이 안부인사로 쓰이고 '워라밸work-life balance'이 중요한 직업선택의 가치가 된 이 시대에, 수많은 자본이 이윤을 위해 새로운 욕망을 만들어내며 다양하고 세련된 방식으로 끊임없이 소비를 권장하는 이 시대에, 내가 주어진 조건에서 가급적 많은 돈을 벌고 싶고 남부럽지 않게 소비하고 싶다는 욕망이 비난받아 마땅한 '사치'라면 이 비난에서 자유로울 수 있는 사람이 몇이나 될까?

'사치를 위해 불특정 다수와 성적 행위를 하는 여성은 나쁘다'라는 명제에서 출발하는 성매매 여성을 향한 비난은, 결국 '사치스럽고 성적인 여성'을 비난함으로써 여성의 인격과 성적 행위를 통제하고자 하는 성별화된 규율에서 비롯한다. 그렇기 때문에 문제는 여기에 있지 않으며, 오히려 여성에게 향하는 '사치'와 '성적임'에 대한 부당한 규율을 돌아봐야 한다. 문제는 여성을 통제하고자 하는 성별화된 규율과 사회적 자원의 차이에 있다. '왜 남성의 성과 여성의 성은 다르게 작동하고 규율되는가', '왜 누군가는 많은 돈을 벌고 남부럽지 않게 소비하면서 삶을 영위하는 것이 가능하고, 누군가에게는 충분한 삶을 영위하기 위해 주어지는 조건이 협소한가'를 돌아봐야 하는 것이다.

성매매 여성이 사치스럽다는 믿음은 성매매 여성이 성매매 종사 전-중-후에 성매매 산업 안팎에서 겪는 경제적 어려움을 없는 것으로 만들고, '성적인 여성'에 대한 혐오는 성매매 산업 안에서 여성이 겪는 숱한 폭력을 '그 모든 폭력에 동의한 것 아니냐'며 부정하게 한다. 2019년에는 한 유명 강사가 "열심히 공부하는 후배님들에게 미안하다"며 성매매 여성을 대상으로 경제적 지원을 하는 제도에 분노하는 영상을 올렸다. 그러자 성매매 여성 지원제도는 '열심히 노력하는 사람들을 기만하는 부정의'라는 비난이 이어졌다. 2016년에는 유명 연예인 A씨를 성폭력 혐의로 고소한 피해자가 유흥업소 종업원이라는 사실을 두고, 사람들은 '유흥업소 종업원이 어떻게 성폭력 피해자가 될 수 있냐'며 비난을 쏟아냈다.

성매매와 관련된 사건이 가시화되면 성매매를 둘러싼 모든 문제의 원인이 성매매 여성의 탓인 듯, 성매매 여성을 향한 비난이 이어진다. 대형 성매매 업소가 적발됐을 때에도, 성구매 남성의 행태가 고발되거나 유명인의 성구매 사실이 드러났을 때에도, 성매매 여성을 향한 비난이 어김없이 등장한다. 성매매 여성에게 돌아가는 자원은 사회의 자원분배가 공정하지 않음을 나타내는 예시라며 공격받는다. 성매매 여성을 향해 쏟아지는 이와 같은 비난과 혐오는 성매매 여성의 삶 전반을 위협하는 사회적 처벌로서 기능하고 있다.

우리 사회는 어떻게
'사치스럽고 성적인 여성'을 처벌해왔는가

✳

한국의 법 또한 '사치스럽고 성적인 여성'을 향한 규율을 형사처벌로써 강력하게 실행해왔다. 이는 '어차피 성매매 여성은 범죄자다'라는 식으로 성매매 여성이 겪는 피해와 어려움을 묵살하고 비난을 정당화하는 근거로 작동한다. 1961년 제정된 '윤락행위등방지법'은 "윤락행위를 하거나 상대자가 되어서는 안 된다"며 성매매를 금지했다. 여기서 성매매를 일컫는 '윤락淪落'의 한자는 빠질 윤淪, 떨어질 락落으로, 국어사전은 '여자가 타락하여 몸을 파는 처지에 빠짐'이라고 정의한다. 윤락행위등방지법은 성적 여성을 향한 혐오를 기반으로 성매매의 원인을 여성의 탓으로 돌리고 있었다. 이는 2004년 성매매특별법 제정 전까지 존재했다. 조선시대 법인가 싶을 만큼 시대에 뒤처지는 법이 불과 2004년에서야 사라졌다는 것이 놀랍다가도, 한편으로는 현재 한국사회의 성매매와 성매매 여성을 향한 시선도 이와 크게 다르지 않다는 점에서 여전히 시대를 반영하고 있다는 생각이 든다.

2002년 군산 성매매 집결지 화재 사건을 계기로, 여성단체들의 개입을 통해 2004년 성매매특별법이 제정되었다. "윤락행위를 방지하여 선량한 풍속 도모"를 목적으로 하는 윤락행위등방지법이 "성매매, 성매매알선 등 행위 및 성매매 목적의 인신매매를 근절하고, 성매매피해자의 인권을 보호"를 목적으로 하는 '성매매알선 등 행위의 처벌에 관한 법률'과 "성매매를 방지하고, 성매매피해자 및 성을 파는 행위를 한 사람의 보호, 피해회복 및 자립·자활을 지원하는 것"을 목적으로 하는 '성매매방지 및 피해자보호 등에 관한 법률'로 대체되면서 나름대로 진보했지만, 여전히 한계가 있다. 성매매 여성 또한 구매자·알선자와 마찬가지로 처벌하기 때문이다. 이는 성매매 여성의 삶에 그 자체로 중대한 위협이며, 성매매 산업 안팎에서 성매매 여성의 위치를 더욱 열악하게 만들고, 성매매 여성을 향한 사회적 처벌을 강화하고 있다.

현행법은 판매자·구매자·알선자를 동등한 행위자로 해석하면서 성매매 여성을 처벌한다. 그러나 성매매 여성은 성구매자나 성매매 산업을 구성하는 자본과 동등한 위치에 있는가? 많은 사람이 성매매는 나쁜 것이니까 불법화해야 한다고, 파는 사람도 사는 사람도 잘못이니 모두 처벌하는 것이 '공정'하다고 손쉽게 생각해버린다. 그러나 성판매 여성-성구매 남성-성매매 산업 사이에는 뚜렷한 권력관계가 존재하며, 이들의 위치는 동등하지 않다. 이를 간과한 채 성매매 산업에 개입하면 '성풍속을 해치는 행위'에 대한 개입, 사회적 규율에 의거해 '정상 외의 성적 행위를 통제'하기 위한 개입이 되어버린다. 그러나 우리가 성매매 산업에 문제제기해야 하는 까닭은 위와 같은 구시대적 가부장제의 수호에 있지 않다. 성매매를 구성하는 사회적 권력관계와 그로 인해 성매매 산업 안에서 작동되는 권력관계가 정의롭지 않기 때문이다.

황유나는《남자들의 방》에서 N번방-단톡방-벗방-유흥업소를 이용하는 남성들이 여성에 대한 종속적 지배관계를 확보해 여성을 통제함으로써 '즐거움'을 얻는다고 진단한다. 남성들이 '남자들의 방'을 이용하는 것은 한국사회에서 남성성을 실현하는 '남자-되기'의 과정으로서, 유흥업소와 성매매는 종속적 성별 권력관계로 연결되어 있다.[1] 구매자는 여성에게서 종속성을 확보하기 위해 성구매를 하고, 그 안에서 여성을 통제하며 남성성을 실현한다. 그들의 욕구가 모이며 성매매 산업에는 많은 돈이 흐른다. 성매매 산업은 구매자의 욕구를 실현하면서 막대한 이익을 취하고, 보다 많은 이익을 위해 구매자의 욕구를 새로이 창출한다.

성판매 여성은 경제적 이유로 성산업에 유입된다. 자원이 없을수록, 눈앞에 놓인 선택지가 적을수록 성매매는 매력적인 선택지가 된다. 성매매 산업은 여성을 속이기도 하고 '신속한 여성 전용 대출'과 같은 유인을 활용하기도 하며, 선택지가 적거나 선택지를 늘려나갈 자원과 여유가 부족한 여성을 끌어들이고 붙잡아둔다. 이처럼 성매매 산업은 자본주의와 가부장제가 사이좋게 맞물려 구성되며, 성적·경제적·사회적 권력의 부당한 배치를 통해 작동한다. 그렇기에 이러한 권력관계의 존재를 무시한 채 판매자·구매자·알선자가 '동등하다'고 간주하는 현행법은 전혀 공정하지 않다. 단지 권력관계의 우위를 점하고 있는 사람들과 자본의 손을 들어주는 것일 뿐이다.

성매매 여성을 처벌하고 있는 성매매알선 등 행위의 처벌에 관한 법률은 "성매매, 성매매알선 등 행위 및 성매매 목적의 인신매매 근절"을 목적으로 한다. 많은 사람이 성매매 여성을 처벌하지 않으면 성매매가 늘어날 것이라고 주장한다. 그러나 성매매의 원인은 성매매 여성에게 있지 않다. 성매매가 지속되는 것은 여성 종속과 지배를 통해 남성성을 실현하고자 하는 한국사회의 남성문화와, 이를 통해 막대한 돈을 벌면서 당연하게 자리 잡은 성매매 산업 때문이다. 그렇기에 '성매매 근절', 즉 성매매 산업의 소멸을 위해 필요한 것은 정의롭지 않은 남성문화의 해소, 성매매 산업에 대한 규제, 모두가 성매매하지 않고도 충분한 삶을 영위할 수 있을 자원의 재분배다. 법이 성매매 근절을 목적으로 한다면 위와 같은 성적·경제적·사회적 자원의 부정의한 배치부터 바로잡아야 한다.

기울어진 권력관계로 구성된 성매매 산업

✳

판매자·구매자·알선자를 동등하게 처벌하는 현행 성매매처벌법은 이미 충분히 기울어진 성판매 여성-성구매 남성-성매매 산업의 권력관계를 강화함으로써 성매매 산업 유지에 기여하고 있다. 이어지는 내용은 현재 한국사회에서 이뤄지고 있는 성매매 여성에 대한 형사처벌과 사회적 처벌이 성매매 산업 내 권력관계를 강화하고 있는 상황을 다룬다. 아래 서술되는 사례는 2019년부터 2021년까지 3년 동안 성매매피해지원상담소 이룸의 상담 내용을 가공해 구성한 가상의 사례다.

(1) 성판매 여성-업주의 권력관계

업주를 비롯한 성매매 산업의 목적은 보다 많은 이윤 창출이다. 불균형한 성적·경제적 권력관계를 활용해 성매매 산업의 장을 마련한 업주와, 경제적 이유로 그 안에서 종사하는 성매매 여성의 권력관계는 이미 기울어 있다. 업장의 통제권을 쥔 업주는 업무를 조직하고 규칙을 만들며 종사 여성들을 배치한다. 근무조건과 규칙 등이 업주 혹은 관리인에 의해 만들어지고, 통제에 따르지 않는다면 해당 업장에서 근무하기 어렵다는 점에서 종사 여성은 업주에게 '을'이다.

종사 여성을 관리하고 통제하는 업주에게 성매매 여성이 형사처벌의 대상이라는 점, 성매매 여성이 전 사회적인 비난의 대상이라는 점은 여성에 대한 통제를 보다 용이하게 하고 갑-을 관계를 더욱 공고히 해준다. '불법'이라는 여성의 위치는 업주가 사회적 기준을 따르지 않고 마음대로 규칙을 만들고 종사자를 부릴 수 있게끔 한다. 보다 많은 사회적 자원과 권력을 지니고 업장 내 통제권을 쥐고 있는 업주는 여성의 존재가 불법임에 힘입어 제도적 개입조차 어려운 성매매 산업의 '갑'으로 군림한다.

A는 면접 자리에서 "일을 어떻게 하는지 봐야겠다"며 강간 피해를 입었다. B는 업주와 관리자들과 함께한 술자리에서 업주로부터 강간 피해를 입었다.

C는 유흥업소에서 일하던 중 구매자에게 폭행을 당했다. 업주는 구매자를 말리고 C를 보호하는 것이 아니라 C를 나무라며 폭행했다. 다른 여성들이 업주를 말렸고, 업주가 이를 뿌리치는 과정에서 말리던 여성이 상해 피해를 입기도 했다. 상황이 진정되고 난 뒤 업주는 본인을 말리다가 상해 피해를 입은 여성의 치료비를 C가 부담해야 한다고 했다.

D는 업주로부터 "단골손님이니 옵션 요구를 들어달라, 기존 금액의 절반으로 (성매매를) 해달라"는 요구를 받았다. D가 이를 거부하자 업주는 사전에 합의한 적 없는 결근비[2]를 요구했다. 이에 D가 부당함을 전하며 연락을 끊자 업주는 D의 성매매 사실과 사진, 개인정보를 인터넷에 게시했다.

업주는 폭력을 행사하고 개인정보를 멋대로 공개하며 부당한 조건의 업무를 요구해도 종사 여성들이 신고하기 어렵다는 것을, 종사 여성이 겪는 부당한 대우가 사회적으로 공감받기 어렵다는 것을 잘 알고 있다. 그렇기에 보다 용이하게 업주의 이익을 위한 방향으로 근무 조건과 규칙을 강요할 수 있으며, 자기 멋대로 요구하고 폭력을 휘두를 수 있다. 요구한 대로 움직이지 않으면 성매매 여성을 향한 전 사회적인 비난과 혐오를 그대로 답습하며 모욕하는 것 또한 쉬운 일이다.

A와 B의 사례처럼 업주로부터의 성폭행은 성매매 산업 내에서 흔히 일어난다. C의 업주는 종사 여성을 '손님'의 심기를 거스르면 때려도 되는 존재로 여겼고, D의 사례 속 업주는 종사 여성을 무리한 지시를 해도 이를 이행해야 하는 존재로, 자신의 지시를 따르지 않았을 때 온라인 공간에 성매매 사실을 알리는 '사회적 처벌'을 행해도 되는 존재로 여겼다. 그들에게 성매매 여

성은 성적 폭력을 비롯한 갖은 폭력을 행해도 괜찮은 존재였다. 성폭행, 개인정보 침해 등 범죄로 인해 피해를 입었을 때 합리적인 해결책은 경찰에 신고함으로써 가해행위를 중단시키고 가해자를 처벌하는 것이다. 하지만 성매매 여성이 성매매와 관련된 사건에 대해 신고와 법적 절차를 밟는 것은 '나도 성매매처벌법으로 처벌받을 수 있다'는 위험을 감수한 뒤에야 가능한 일이다. 당연하게도 많은 여성이 업주로부터 피해를 입고 부당한 일을 겪고도 문제를 제도적으로 해결하지 못한다. 이처럼 성매매 여성이 제도를 통해 범죄 피해를 고발하거나 중단시키기 어려우며 사회적 비난의 대상이라는 점은, 성판매 여성-업주 간 권력관계에서 성매매 여성의 위치를 더욱 열악하게 한다. 대표적인 예를 몇 가지 살펴보자.

1) 유흥업소의 탈세를 위한 부당 소득신고 피해

성매매 여성의 존재가 불법이라는 점 외에, 성매매 여성을 향한 사회적 처벌 또한 성매매 업주와 성매매 여성 간의 권력관계에서 성매매 여성의 위치를 보다 열악하게 하며, 업주가 여성들로부터 부당이익을 취하는 데에 이용된다. 합법적으로 일할 수 있는 유흥업소에서도 업주들은 성매매 여성을 향한 사회적 처벌의 도움을 받아 부당이득을 취한다.

유흥업소 종사자 E는 유흥업소에서 E의 개인정보를 도용해 허위로 소득신고를 하는 피해를 입었다. E가 일한 유흥업소는 세금 부담을 줄이기 위해 E가 해당 업소에서 일한 기간보다 훨씬 긴 기간 동안 일했다고 소득신고를 올렸다. 그러자 E에게는 본래 내야 하는 세금보다 훨씬 큰 금액의 세금이 부과되었다.

F가 일했던 유흥업소에서는 "소득신고를 해야 한다, 소득신고를 원치 않으면 출근비[3]를 내라"고 요구했다. 유흥업소에 근무한 사실이 자신의 건강보험에 기록되지 않기를 바랐던 F는 소득신고를 올리지 않는 조건으로 출근비를 냈다. F는 그럼에도 업소에서 소득신고를 했다는 사실을 나중에 알았다.

업소는 탈세를 위해 허위소득신고를 했고, 여성들은 부당하게 세금을 내야 했다. 부당행위에 따른 피해가 명백하지만, 여성들이 이를 바로잡기 위해서는 '유흥업소 종사여성'임을 밝히고 사실을 입증하는 절차를 밟아야 한다. 업주들은 유흥업에 종사하는 여성을 향한 비난과 혐오가 강력한 우리 사회에서 이런 과정이 여성들에게 쉽지 않다는 것을 잘 알고 있다. 그렇기에 위의 사례와 같은 방식으로 탈세를 하고 여성들을 수탈한다. 이와 같이 유흥업에 종사하는 여성을 향한 혐오와 비난을 이용한 업주들의 탈세는 유흥업소 사이에서 빈번할 것으로 예상된다.[4]

2) '벗방'의 불공정계약

'벗방'은 성매매 업소/유흥업소와 더불어 남성이 돈을 대가로 특정 시간과 공간에서 통제권을 가지고 여성에게 성적 행위를 요구할 수 있는 종속적 지배관계를 획득하는 온라인 공간이다. 이곳에서 통제권을 경험하고 행사하는 것이 남성중심적인 '놀이문화'로 자리 잡고 있다. 성구매와 유흥업소를 찾는 남성의 욕구와 벗방을 소비하는 남성의 욕구는 유사하다. 이 새로운 형태의 여성 지배를 통해 성립되는 '남성 놀이'의 장에 주목한 벗방 콘텐츠 회사들은 경제적 동기를 지닌 여성을 끌어들여 콘텐츠를 생산·유통해 남성 소비자의 욕구를 충족시키면서 큰 수익을 벌어들인다. 이런 점에서 벗방은 디지털화된 성매매 산업으로 볼 수 있다. 실제로 벗방 콘텐츠 회사가 유흥업소 종사 여성을 대상으로 BJ를 제안하고 구인공고를 내는 등 벗방은 성매매 산업과 직간접적으로 연결된 채 운영되는 것으로 보인다.

> G는 콘텐츠 회사와 계약을 맺고 벗방 BJ로 일했다. 일이 힘들어 그만두겠다고 하자 업체는 계약서를 들이밀고는 위약금을 요구했다. 계약서는 세 달 동안 정해진 시

간만큼 일하지 않으면 손해배상을 청구한다는 내용, 계약서의 내용을 발설할 시 손해배상을 해야 한다는 내용이 담긴 부당계약서였다.

H는 업체와 계약하고 벗방 BJ로 일했다. H가 일을 그만두려고 하자, 업체는 H가 사무실 월세와 청소비를 부담해야 한다며 몇백만 원가량의 돈을 요구했다. 이는 사진에 이야기된 적 없는 내용이었다.

I는 업체와 실시간 방송 외에 해당 영상을 기록하고 유포하지 않겠다는 조건을 협의하고 실시간으로 벗방을 진행했다. 그러나 방송 종료 후에도 전편을 다시 볼 수 있었다. I가 해당 방송에 대해 '삭제 및 유포금지'를 요구하고 해당 내용에 대해 계약서 작성을 요구하자, 업체는 노출이 없는 방송을 몇 번 더 하면 요구를 들어주겠다며 또 다른 조건을 걸었다.

벗방과 BJ 활동은 불법이 아님에도 여성들은 성매매 산업과 유사한 전략의 불공정계약, 방세·결근비 부당 요구와 같은 사기를 경험한다. 이는 여느 산업과 마찬가지로 영업과 수익구조에 대한 통제권이 업체에게 있어, 업체와 BJ 여성 간의 권력관계가 뚜렷하기에 가능한 일이다. 여성들이 제도적으로 문제를 제기할 수는 있지만 성적 여성을 향한 혐오가 이를 어렵게 한다. 한 텔레비전 탐사보도 프로그램에서는 2020년 3월 21일 〈끝나지 않는 온라인 성착취, 벗방 카르텔의 진실〉이라는 방송을 통해 벗방 콘텐츠 업체들이 사기와 기망으로 여성 BJ를 섭외해왔고, 콘텐츠 제작 및 유통 과정이 착취적이고 불평등하며, 이렇게 생산된 영상이 성차별적 남성문화 속에서 소비되고 있음을 지적했다. 그러자 해당 프로그램의 온라인 게시판이나 동영상 스트리밍 채널의 댓글란에서는 "돈을 쉽게 벌려고 '저런 일'을 한 여자들의 잘못이다"라는 비난과, "강제도 아닌데 '이런 일' 하는 여자들을 피해자로 호명하다니 방송이 편향적이다"라는 식의 반응이 이어졌다. 보이는 그대로 성매매·유흥업 종사 여성을 향한 비난과 다름이 없었다.

여성 BJ들은 성매매 여성을 향하는 것과 동일한 방식의 비난을 받는다. 그리고 벗방 콘텐츠 회사들은 성매매 여성을 향한 사회적 비난을 고스란히 활용한다. 이들 업체는 성적 여성을 향한 한국사회의 뿌리 깊은 혐오와 이로 인해 여성들이 문제를 제기하려 해도 사회적으로 인정받기 어렵다는 것을 잘 알고 있다. 그렇기 때문에 업체들은 이를 적극 활용해 여성 BJ들에게 부당한 조건을 제시하면서 사업을 운영한다.

(2) 성판매 여성-대부업의 권력관계

성매매 산업과 대부업은 긴밀하게 연결되어 있다. 성매매 산업은 이윤을 얻고자 계속해서 여성을 유입시키고 머물게 해야 하며, 이를 위해 대부업을 활용한다. 경제적 이유로 성매매 산업에 유입된 여성은 대부업자에게 있어 많은 수익을 가져다줄 것이 확실한 타겟이다. 성매매특별법 제정 이후 업주가 직접 선불금[5]을 지급하는 방식으로는 채권을 보장받기 어려워지자, 업주들은 그들과 연결된 대부업자를 통해 선불금을 지급하는 방식으로 법망을 피했다.

성매매 여성에게는 수입이 늘어나면 대출금을 금방 갚을 수 있다는 명목으로 각종 대출이 제공된다. 대출을 통해 '사이즈업' 하면 수익을 늘릴 수 있다고 권유하는 성형대출, 당장 살 집이 필요한 여성들에게 방을 내주고 임대료를 매일 갚게 만드는 방일수를 비롯한 각종 일수대출은 성매매 산업을 구성하는 혈관 구실을 한다. 다양한 대출상품이 성매매 산업과 밀접하게 연결되어, 대부업은 여성의 몸을 담보로 한 대출을 권장하며 이자를 챙기고 있다. 그런 점에서 업주와 대부업자는 서로 긴밀하게 협력한다. 더 나아가 업주가 대출사업을 직접 운영하기도 한다. 이처럼 대부업은 성매매 산업의 주요 행위자로 기능하고 있다.

J는 대형 조건 사무실에서 일하는 동안 사무실 실장이

운영하는 일수를 썼다. "이번에 일수사업 시작했는데 우리랑 계속 일하려면 그래도 써줘야지(돈을 빌려야지)"라는 식이었다. 해당 일수대출의 이자율은 법정 최대 이자율을 2~3배가량 상회했다.

경제적 이유로 성매매에 유입되어 대출을 쓰는 채무자 여성과, 이들에게 대출을 제공함으로써 고리의 이자를 취하는 채권자 사이의 권력관계는 명확하다. 성매매 여성의 존재가 불법이기에 성매매 산업 내 대부업의 세계는 그들만의 논리대로 돌아가는 사실상 무법지대다. 미등록 대부업, 법정 최대 이자율을 초과하는 이자율 적용, 선이자 등 불법적인 대부업 운영이 성매매 산업에서는 '일반적인' 것으로 자리 잡고 있다. 특히 업소와 연결된 대부업의 경우 업소와 연을 끊지 않는 이상 고발하는 것이 쉽지 않다. 대부업자는 성매매 여성을 향한 사회적 처벌을 활용해, 돈을 갚지 않으면 성매매 여성임을 주변에 알리겠다며 협박하기 일쑤다. 이와 같이 불법적인 채권추심[6]은 여성에게 커다란 위협인 동시에 대부업자에게는 효과적인 추심 방법이다.

(3) 성판매 여성-성구매 남성의 권력관계

성구매 남성과 성판매 여성의 권력관계는 성매매 현장 안팎에서 너무나 크게 기울어 있다. 성구매 남성은 금전을 대가로 특정한 시간과 공간의 통제권을 갖고 여성에게 성적 행위를 요구함으로써 여성에 대한 종속적 지배관계를 확보하기 때문이다. 성매매 공간의 통제권과 주도권은 구매자에게 주어진다. 종속성을 확보해 여성을 통제하는 것이 구매 남성에게 '유흥'이 될 수 있다는 것, 이와 같은 '놀이 욕구'의 일환으로 여성을 성적으로 통제하길 원한다는 것은 사회적 관념이 남성중심적임을, 한국사회의 성별 권력관계가 충분히 기울어 있음을 의미한다.

종속성이 확보된 구도에서 여성에게 성적 행위를 요구·통제하고자 성구매를 하는 구매자들에게, 성구매와 폭력은 잘 구분되지 않고 쉽게 연결된다. 법적 처벌로 인해 성매매 여성이 제도를 통해 폭력 피해를 고발하고 중단시키기 어려우며 사회적 처벌로 인해 사건이 가시화되면 피해자여도 비난의 대상이 된다는 것은, 구매자에게 기울어 있는 권력관계에 큰 힘을 실어주며 그들의 범죄 행위를 가속시킨다. 2012년 이룸에서 진행한 "성매매 여성, 안전을 말할 수 있는가" 포럼의 발표에 따르면 성매매 여성은 살인, 절도, 폭력, 합의되지 않은 성적서비스 강요, 성폭력, 구매자와 애인 사이의 어딘가에 있으면서 스토커이기도 한 이에게 당하는 괴롭힘 등으로 인해 고통받는다. 그런데도 업주는 여성의 안전을 책임지지 않고 사회 또한 방관하고 있다. 이룸은 구매자들이 '손님'이라는 우월한 위치를 차지하고, 성매매 여성이 일대일 공간에서 아무에게도 도움을 받지 못하며, 성매매가 불법이기 때문에 신고하기도 어려워 범죄의 사각지대가 만들어졌다고 지적했다.[7] 구매자들은 폭력을 행사해도 여성들이 문제를 제기하기 어려움을, 그래서 높은 확률로 문제되지 않을 수 있음을 잘 알고 있다.

돈을 이체했다는 구매자의 거짓말을 믿고 성매매를 한 K는 돈을 받지 못했고 구매자는 성매매 장소에 있던 K의 전자기기를 훔치기까지 했다. K가 경찰에 도난신고를 하자, 경찰은 K와 구매자 모두 성매매로 처벌받을 수 있다고 고지했다.

L은 구매자로부터 약속한 돈을 받지 못했다. 그가 약속한 돈을 요구하자 구매자로부터 폭행을 당했다. 이를 경찰에 신고했으나 경찰은 카카오톡 대화 내용을 기반으로 이를 성매매 사건으로 접수해 L을 피의자로 조사했다.

유흥업소에 종사하던 M은 구매자와 술을 함께 마시고 돈을 받기로 했다. 약속한 시간을 보낸 뒤 구매자에게 돌아가라고 하자, 구매자는 돌변해서 M을 모욕하며 때리고 목을 졸라 큰 상해를 입혔다. M은 생명의 위협을 느껴

필사적으로 도망쳐 경찰에 신고했다. 지원단체와 변호사는 가해자가 성매매 사실을 들고 오며 M의 진술을 거짓이라고 주장할 경우, 피의자로 조사받을 것을 걱정해야 했다.

'2차' 없는 노래방 도우미로 종사하던 N은 한 구매자의 '2차' 요구를 반복적으로 거절하다가 성폭행 피해를 입었다. 성폭행 피해를 입고 바로 경찰에 신고했지만 사건은 '상호 합의 간 성매매를 했는데 성판매자가 자진해서 신고한 성매매' 건으로 접수되었다.

N는 구매자로부터 자신과 데이트해주지 않으면 N의 가족에게 성매매 사실을 알리고 경찰에 신고할 것이라는 협박을 받았다. 경찰에 신고할까 두려워 N는 가해자를 달래며 끌려다니듯이 만남을 지속할 수밖에 없었고, 가해자는 연락이 뜸해질 때마다 알고 있는 개인정보를 문자로 보내며 가족에게 성매매 사실을 알리겠다고 협박했다.

이들은 절도, 상해, 성폭행, 스토킹이라는 명백한 범죄 피해를 입었음에도 성매매 과정에서 있었던 일이라는 이유만으로 성매매 피의자로 신고할 것이라는 협박을 받았고, 실제로 성매매 피의자가 되어 조사를 받거나 입건되었다. 절도, 상해, 성폭행 등의 피해자로 신고를 하더라도 성매매 사실이 드러나면 성매매 사건으로 인지수사가 진행되고 성매매 사건의 피의자로 조사받고 처벌받는 경우가 빈번하다. 그러다 보니 명백한 범죄 피해를 입고도 신고를 하기 위해서는 '나도 처벌받을 수 있음'을 감내해야 하는 모순적인 상황이 발생한다. 형사처벌 기록이 남는다는 것, 특히 성판매로 처벌받았다는 기록이 남는다는 것은 커다란 위협이다. 이로 인해 많은 성판매 여성이 범죄 피해를 겪고도 차마 신고하지 못하고 참고 견딘다. 이러한 '참고 견딤'의 누적은 정신건강의 악화로, 트라우마로 이어지기도 한다.

'성매매 여성의 성폭행 피해'는 특히 불가능한 것으로 여겨지는 영역 중 하나다. 성폭행을 신고해서 진술하다가 성매매 사실이 인지되면, 성폭행 사건은 사라진 채 성매매 사건으로 변모하는 경우가 빈번하다. "성매매 과정에서 성폭행은 성립할 수 없다"는 관념이 자리 잡고 있는 것이다. 이는 성매매에 합의했다면 모든 행위에 동의한 것 아니냐는 성매매 여성 혐오에 기반한 무분별한 동의의 확장, 충분한 '피해자성'이 보이지 않는다면 성폭력 피해자가 아닐 것이라고 의심하는 성적 여성을 향한 혐오, 나아가 성폭력을 '정조' 침해의 죄로 생각하는 낡은 관념에서 비롯된다. 이러한 현실은 성매매 여성이 성폭행 피해를 입고 도 신고하지 못하게 입을 막는다.

O는 성매매 과정에서 구매자로부터 성폭행 피해를 입고 신고하려 했다. 하지만 성매매 피의자로 입건될 위험을 감수해야 했기 때문에 신고를 진행하지 못했다. 가해자는 오히려 O를 무고죄로 신고하겠다고 협박하기까지 했다.

P는 성매매 과정에서 구매자로부터 위압에 의해, 사전에 합의한 바 없는 폭력적인 성적 행위를 강요당했고 상해 피해도 입었으나 돈을 받지 못했다. P는 이를 경찰에 신고했으나 성매매 피의자로 입건되어 조사를 받아야 했다.

이처럼 성매매 현장에서는 합의의 범위를 넘어서는 무수히 많은 성적 침범과 폭력이 발생한다. 이를 법적 성폭력으로 구성하기 위해서는 폭행과 강제를 입증해야 하는데, 이는 성매매의 특성상 어려운 경우가 많다.

(4) 모든 상황을 악화시키는 성매매 여성을 향한 비난과 혐오

> Q는 유흥업소에서 만난 구매자와 연인관계가 되어 큰 액수의 돈을 빌려줬다. 이후 빌려준 돈의 상환을 요구하자 가해자는 "술집 년", "몸 파는 년"이라고 모욕하며, 오히려 Q의 가족에게 연락해서 성매매 사실을 알리고, 성매매 사실을 경찰에 신고하겠다고 협박했다.

가해자는 돈을 빌리고 갚지 않았음에도 성매매 여성이라는 이유로 Q를 모욕하고 성매매 사실을 주위에 알리겠다며 협박했다. 이처럼 성매매 여성을 향한 법적·사회적 처벌은 구매자와 주변인이 성매매 여성을 대상으로 범죄를 행할 수 있도록 승인한다.

> 성매매 경험 여성인 R은 모르는 사람으로부터 메시지를 받았다. "네가 성매매한 것을 알고 있다"며 R이 다니는 대학과 학과 이름을 댔고 성매매 사실을 학교에 알리겠다며 협박했다.

> S는 구매자의 부인으로부터 성매매 사실을 고소하겠다는 협박을 받았다. 구매자의 부인은 SNS에 S의 성매매 사

실을 유추할 수 있는 내용을 올리고 S의 지인들에게 접근해 이를 확인할 수 있게 했다. T는 지인이 T의 성매매 사실을 SNS에 올렸다.

성매매 여성은 "성매매 사실을 알리겠다"는 협박을 구매자, 구매자의 주변인, 자신의 주변인 등에게서 다양하게 경험한다. 성매매 여성에게 성매매 사실이 알려진다는 것은 "공동체로부터 배세"될 수 있다는 공포로 작용한다.[8] 이러한 협박은 중단하지 않으면 법적 조치를 취하겠다고 강경 대응하고, 신고와 법적 절차를 밟음으로써 해결할 수 있다. 그러나 강경하게 대응했다가 상대가 성매매 사실을 주위에 알리기라도 하면 나를 구성하는 관계와 사회적 지위가 모두 무너질 수 있기에 두렵고, 법적 대응을 했다가 혹시라도 처벌을 받을까 두렵다. R, S, T와 같은 사례에서 여성들은 가족, 주변인에게 성매매 사실이 알려져 자신을 둘러싸고 있는 인간관계와 사회적 지위가 흔들리고 무너질 수 있다는 공포로 인해 잘 알지도 못하는 사람에게도 위협감을 느낀다. 성매매 여성을 향한 전 사회적인 비난과 혐오를 생각한다면 그들의 공포에는 분명한 근거가 있다. 성매매 여성을 향한 법적·사회적 처벌은 성매매 여성이 다양한 관계와 양상에서 끊임없이 낮은 지위에 머물게끔 작용하고 있다.

성매매 여성을 처벌할수록 멀어지는 성매매 근절

✳

'성매매 근절'을 목적으로 판매자·구매자·알선자를 모두 동등하게 처벌하는 현재의 성매매처벌법은 성매매 근절에 효과적이지도, 공정하지도 않다. 성판매 여성-성구매 남성-성매매 산업의 권력관계는 성매매 산업 안팎에서 충분히 기울어, 성구매 남성과 성매매 산업이 명백한 우위를 점하고 있다. 여기에 성매매 여성을 향한 형사처벌과 사회적 처벌이 행해지는 현실은 성구매 남성과 성매매 산업 쪽으로 기울어 있는 권력관계를 강화하며 성매매 여성의 상황을 더욱 열악하게 한다. 충분히 기운 권력관계를 동등하게 취급하는 것은 기성의 권력관계를 강화하고 이미 우위를 점하는 쪽에 힘을 실어주는 것으로, 성구매 남성과 성매매 산업의 운영과 발전에 기여하고 있다.

여성을 활용해 이윤을 얻고자 산업을 구축하고 업장을 운영·통제하는 업주와 성매매 산업 내에 흐르는 돈을 성매매 여성들에게서 채권의 이자 형태로 취하는 대부업자는 일종의 자본가로서, 여느 산업과 마찬가지로 피고용인(성매매 여성)과의 관계에 있어 우위를 누리고 있다. 여기에 성매매 여성의 존재가 불법이라는 점, 성매매 여성이 전 사회적인 비난과 혐오의 대상이라는 점으로 인해 업주들은 종사자에게 지켜야 할 최소한의 사회적 기준도 개의치 않은 채 사업을 운영하고 종사 여성을 무시한다. 종속성을 확보한 채 여성들에게 성적 요구를 하고자 하는 성구매 남성들의 성구매 동기는 그 자체로 우리 사회의 성별 권력관계를 증명한다. 성구매 남성과 성매매 산업이 통제권을 쥔 상황에서 성매매 여성을 향한 법적·사회적 처벌은 침범과 폭력에 대해 법적인 문제제기를 어렵게 해 구매자와 업주가 원하는 대로 할 수 있는 '무법지대'를 형성하는 데 일조한다. 또한 성매매 여성이 겪는 어려움에 대한 공감을 차단해, 성매매 여성으로 하여금 성매매 사실이 드러나는 것을 두려워하고 그들의 지위를 열악하게 만드는 데 기여한다.

03

성매매특별법 시대의 처벌은 누구를 향하는가

장다혜

*

윤방법에서 성매매특별법으로의 이행이 불완전하게 끝난 데는 성매매를 여성의 성과 몸을 거래하는 성산업의 착취 문제가 아니라 성을 거래한 여성 개인의 문제로 바라보는 법의 태도가 자리하고 있다. 성매매특별법에서 윤방법의 윤락행위 개념을 거의 그대로 성매매 개념에 재도입한 순간, 처벌의 일차적 대상은 성행위를 한 성매매 여성이 되었던 것이다. 성매매 여성은 자신의 '피해'를 입증해야만 성구매자를 가해자로서, 업주를 해당 행위의 알선자로서 처벌받게 할 수 있어, 사실상 윤방법의 구조와 체계가 성매매특별법하에서도 반복될 뿐이다.

'윤락행위'에서 '성매매'로 법의 관점을 전환하다

2002년 1월 29일 전북 군산시의 일명 '쉬파리 골목'으로 불리는 성매매 집결지 인근 유흥업소에서 발생한 화재사건은 2000년 9월 19일 쉬파리 골목 내 대명동 성매매업소 화재사건의 복사판이었다. 2000년 당시 5명의 성매매 여성이 잠금장치로 잠긴 문과 쇠창살에 가로막힌 창문 때문에 탈출하지 못했던 것과 마찬가지로, 2002년에도 14명의 성매매 여성을 포함한 15명이 감금된 업소에서 탈출하지 못하고 사망했다. 그 뒤 희생된 여성들의 일기나 생존자 증언을 통해 일할수록 빚만 커져가는 착취의 구조가 드러났다. 당시 '윤락행위등방지법(이하 윤방법)'에 따라 성매매는 불법이었음에도 불구하고 업주들은 관할 경찰서와 인근 파출소 경찰관들에게 떡값을 제공하며 검거를 피해왔다.[1]

성매매 여성에 대한 착취와 폭력의 민낯을 드러낸 이 사건들은 2004년 성매매특별법 제정을 이끌어내는 데 중요한 기점이었다. 2000년 화재참사 이후 한국여성단체연합(이하 여연)에서 '성매매알선등 범죄의 처벌 및 방지에 관한 법률안'을 마련해 2001년 11월 입법청원을 시작했다. 이후 조배숙 의원을 포함한 74명의 국회의원은 여연에서 청원한 법률안을 일부 수정해 2002년 7월 25일 법률안을 발의했다. 드디어 2004년 3월 처벌과 예방 및 보호·지원을 분리해 '성매매알선 등 행위의 처벌에 관한 법률(이하 성매매처벌법)'과 '성매매방지 및 피해자보호 등에 관한 법률(이하 성매매피해자보호법)'이 제정되기에 이르렀다(두 법률을 통칭해 '성매매특별법'이라 한다).

2004년 성매매특별법의 제정은 당시 생존권을 주장하는 성매매 업주와 여성들의 집단 시위, 자해 소동부터 일본인 관광객 감소로 인한 수익 저하와 경제성장률 하락에 대한 정부의 우려, 성적 자유에 대한 규제로 행복추구권이 침해된다는 주장까지 다양한 논쟁을 불러일으켰다.[2] 이렇게 사회적으로 논란이 되었던 상황은 성매매특별법 제정을 통해 한국사회의 인식이 성매매를 범죄화하고 그에 관여한 사람들을 처벌하는 방향으로 바뀌었음을 보여준다. 그러나 한국사회의 인식과 달리 성매매는 이미 한국에서 불법이었다.

성매매처벌법의 특징은 무엇이고 '성매매 피해자'란 누구인가

2004년 제정된 성매매처벌법은 여연에서 제안한 법률안을 대부분 수용했다. 성매매처벌법의 주요한 특징은 다음 세 가지다. 첫째, 법적 대상의 개념을 '윤락행위'에서 '성매매'로 전환함으로써 성매매 여성에 대한 도덕적 비난에서 벗어나 성매매를 사회적 문제로 바라볼 토대를 마련했다. 이전 윤방법에서는 '윤락행위를 하거나 할 우려가 있는 여성'을 법의 직접적인 대상으로 설정했다. 여기에서 '몰락해 타향에서 떠돎', '타락해 몸을 버림'이라는 의미를 가진 윤락淪落이라는 단어는 성매매 여성에 대한 가치평가를 담고 있다. '윤락녀', '윤락여성' 등의 용어가 이들 여성을 도덕적으로 타락한 여성으로 취급하는 관점을 제거하기 위해, 새로운 법률에서는 윤락행위 대신 성매매라는 가치중립적인 용어를 사용했다. 동시에 이를 통해 인간의 성이 사고파는 대상이 됨으로써 여성의 몸과 성이 자본주의 사회에서 물건처럼 매매되고 있는 현실을 더욱 잘 드러내고자 했다. 이로써 새로운 법체계는 윤방법에서 도덕성의 문제로 다뤄온 현상을 성매매에 연루된 판매자·구매자·업주 모두의 문제이자 성을 매매하는 사회구조의 문제로 다룰 수 있었다.

둘째, 성매매를 사회적 문제이자 성범죄로 다룸으로써 성매매의 공급과 매개자에 대한 강력한 규제를 도입했다. 성매매처벌법은 성매매를 강요하거나 알선하는 등 성매매의 알선고리를 차단하는 데 중점을 두고 성매매 강요와 알선행위에 대한 형벌을 기존의 윤방법보다 대폭 강화했다. 또한 성매매 매개행위로 인한 불법수익을 몰수·추징하는 규정을 신설해 성매매로 인한 수익구조를 차단하고자 했다. 그 외에 성매매 광고행위나 성매매를 위해 장소를 제공하는 행위까지 성매매를 조장하는 알선행위에 포함해 다양한 성매매 매개행위를 처벌하는 규정을 마련했다.

셋째, 성매매처벌법은 '성매매 피해자' 개념을 도입함으로써 성매매가 여성 폭력의 한 형태임을 일부 수용했다. 이전 윤방법하에서 성매매 여성은 '윤락행위'가 폭행·협박에 의한 것이든 사기로 의한 것이든 법률상 금지행위를 했다는 이유로 선도보호의 대상자 내지 형사처벌의 대상자가 되었다. 그러나 새롭게 제정된 성매매처벌법에서는 성매매 피해자 정의 규정을 둠으로써 폭행·협박 등으로 성매매를 강요당한 여성은 성매매 피해자로 인정받았다. 이로써 성매매 피해자는 성매매 행위로 인한 형사처벌이나 보호처분을 받지 않음으로써 비범죄화되었으며, 성매매 행위로 인한 처벌의 두려움 없이 신고나 고소 등 사법기관에 도움을 요청할 수 있는 여지가 마련되었다. 또한 성매매 피해자 개념을 통해 피해회복과 자립을 위한 지원체계도 구축되었다.

그러나 이 성매매처벌법은 젠더 폭력으로서 성매매에 대한 인식과 근절 정책의 방향을 바로잡지 못했다는 비판을 받고 있다. 핵심적인 쟁점은 성매매 개념 자체 그리고 성판매자와 성매매 피해자를 엄격하게 구분하기 어렵다는 한계에 있다. 이제 성매매처벌법상 성매매 피해규정을 상세히 살펴보자.

성매매처벌법은 성매매를 여성에 대한 인권침해로 보고, 성매매 등을 근절하고 성매매 피해자의 인권을 보호하는 것에 목적을 두고 있다. 이에 따라 성매매처벌법에서는 성매매 피해자의 정의 규정과 피해자에 대한 형사절차상 피해자 보호 및 지원에 대한 규정을 두고 있다. 성매매 피해자에 대한 정의에 따르면, 자신의 의사와 관계없이 성매매를 한 사람이 피해자에 해당한다. 의사와 관계없이 성매매를 한다는 것은 크게 유형력 등의 행사를 통해 성매매를 강요당한 경우와 성매매 여부를 선택할 수 있는 사물변별능력 내지 의사형성능력이 없거나 미약한 사람의 상태를 이용한 행위에 의해 성매매를 하도록 유도된 경우다.

우선 성매매를 강요당하는 것으로 인정되려면, 성매매를 한 경위로 사기 등의 위계나 유무형의 힘인 위력을 이용하거나 이에 준하는 방법이 동원되는 경우와 성매매 목적의 인신매매를 당한 경우에 해당해야 한다. 성매매 목적의 인신매매란 성매매 등을 시킬 목적으로 대상자를 모집·이동·은닉하고, 이들을 지배·관리하면서 제3자에게 인계하거나 인계받는 행위를 의미한다. 성매매처벌법은 이러한 행위에서 대상자에게 위계·위력·기타의 방법을 이용하거나 청소년이나 장애인인 대상자나 그 보호자에게 재산상 이익을 제공하거나 이를 약속하는 방식으로 성매매가 이뤄진 경우를 성매매 목적의 인신매매로 규정한다(제2조 제1항 제3호). 다음으로 의사형성능력이 없거나 미약한 사람은 청소년, 정신적 또는 신체적 장애를 가진 사람, 업무고용 등 보호감독자에 의해 마약 등 항정신성 물질에 중독된 사람으로 연령, 장애 그리고 중독의 기준에 따라 분류될 수 있다.

성매매처벌법은 그 목적에서 성매매를 선량한 풍속을 해하는 행위로 명시하고 있지는 않다. 하지만 윤방법과 마찬가지로 성매매 한 자를 처벌함으로써 '공공의 사회질서'를 처벌의 이유로 제시한다. 즉 성매매처벌법 역시 윤방법과 마찬가지로 '사회적 법익'을 침해하는 행위를 처벌하는 데 목적이 있다는 것이다. 그러나 윤방법과의 차이는 성매매 피해자의 규정에 있는데, 성매매처벌법은 이러한 사회적 법익침해행위를 강요당하거나 유인당한 사람을 피해자로 보고 있다. 즉 위계나 위력 등과 같은 수단을 이용해 성매매를 억지로 시키거나 연령이나 장애, 중독 등으로 취약성을 가진 사람을 이용해 성매매를 시킨 경우만을 피해의 범주에 넣고 있다. 성매매처벌법은 이들 성매매 피해자가 '선량한 사회질서'를 침해하는 행위를 비자발적으로 했다는 이유에서 개인적 법익이 침해된 피해자로 분류하고 보호할 뿐이다.

성매매처벌법의 한계는 어디에서 비롯되는가

(1) 윤방법을 넘어서지 못한 성매매처벌법

이처럼 성매매처벌법은 윤방법의 한계를 극복하고 젠더 폭력으로부터 여성 인권을 보호하는 방향에서 성매매를 다루려는 취지로 마련된 법률로, 이와 같은 성격은 두 법률의 목적을 비교해보면 분명히 나타난다. 윤방법은 그 목적을 "선량한 풍속을 해치는 윤락행위를 방지하고 윤락행위를 하거나 할 우려가 있는 자를 선도함(동법 제1조)"에 두고 있다. 이와 달리 성매매처벌법은 법의 목적을 "성매매, 성매매알선 등 행위 및 성매매 목적의 인신매매를 근절하고, 성매매피해자의 인권을 보호함"에 두고 있다. 이를 바탕으로 성매매처벌법은 용어의 변화, 성매매 피해자 개념의 도입 등 윤방법과 차별화되는 지점이 분명히 존재하며, 이에 대해 입법 당시 정부 역시 "성매매가 불법이라는 것을 재천명하고, 양자관계 관계로 보았던 성매매를 알선행위가 존재하는 3자 관계로 재규정해냄으로써, 성매매로 막대한 이득을 얻는 성매매 알선행위를 중점 처벌함으로써 성산업의 규모를 줄일 수 있는 계기를 마련"했다고 평가한 바 있다.[3] 이처럼 성매매처벌법의 목적과 개념의 변화는 섹슈얼리티에 대한 전통적인 도덕 및 윤리의 기준이 아니라 성의 거래와 관련된 메커니즘의 작동과 이에 따른 개인의 권리 침해라는 기준에 따라 금지행위의 위법성이 인지된다는 인식의 변화와 연관되어 있다.

그러나 성매매처벌법의 법체계를 살펴보면 이러한 목적과 인식이 일관되게 나타나지는 않으며, 윤방법의 주된 체계를 유지하고 있는 것으로 보인다. 현재 성매매처벌법은 성매매한 자와 성매매 피해자를 분리해, 성매매 피해자의 경우 성폭력 범죄 등 특정 범죄 피해자가 형사절차 내에서 누리는 보호와 지원을 받도록 하는 반면 성매매를 한 자에 대해서는 보호처분을 강제적으로 부여한다. 성매매 한 자에 대한 보호처분은 윤방법에서 규정된 선도보호조치보다 신체적 자유에 대한 침해적 성격이 약하다. 하지만 범죄자의 재범을 방지하기 위해 기본권을 강제적으로 제한하는 성격을 가지고 있다는 점에서는 윤방법의 조치와 유사하다. 보호처분을 하지 않는 경우 성매매 한 자에 대해 형사처벌을 규정하는 것은 윤방법과 마찬가지다.

또한 성매매처벌법과 윤방법은 성매매의 개념에 대해 유사한 법적 정의를 취하고 있다.

성매매처벌법 제2조(정의) ① 이 법에서 사용하는 용어의 뜻은 다음과 같다.
1. “성매매”란 불특정인을 상대로 금품이나 그 밖의 재산상의 이익을 수수收受하거나 수수하기로 약속하고 다음 각 목의 어느 하나에 해당하는 행위를 하거나 그 상대방이 되는 것을 말한다.
가. 성교행위
나. 구강, 항문 등 신체의 일부 또는 도구를 이용한 유사 성교행위

윤락행위등방지법[4] 제2조(정의) 이 법에서 사용하는 용어의 정의는 다음과 같다.
1. “윤락행위”라 함은 불특정인을 상대로 하여 금품 기타 재산상의 이익을 받거나 받을 것을 약속하고 성행위를 하는 것을 말한다.

성매매처벌법은 윤방법과 달리 그 목적과 개념에서 ‘선량한 풍속’ 내지 ‘선도’ 등의 개념을 명시하고 있지는 않다. 하지만 동일한 법적 개념인 “불특정인을 상대로”라는 규정을 사용해 각 법률의 핵심개념인 성매매와 윤락행위의 정의를 구성하고 있는데, 그 의미는 법률 규정과의 관계를 체계적으로 해석함으로써 확인할 수 있다.

‘불특정인을 대상으로 성생활을 하는 여성’이라는 개념은 2013년 형법 개정 전 음행매개죄(제242조)[5]의 구성요건인 “음행淫行의 상습 없는 부녀”를 설명하기 위한 이론적인 개념이다. 제정

형법의 음행매개죄는 식민지시기 조선형사령에 의해 의용依用되었던 일본형법 제182조 음행권유죄에서 그 원형을 찾을 수 있다. "영리의 목적으로 음행의 상습 없는 부녀를 권유하여 간음"하게 한 행위를 형사처벌하는 음행권유죄는 성매매를 하지 않는 여성에 대한 알선행위를 규제하기 위한 것이었으며 성매매를 하는 여성에 대한 알선행위는 본 죄에 해당하지 않는다.[6] 제정형법 초안을 작성하면서 의용형법의 음행권유죄는 음행매개죄로 변경되었으며, 음행의 상습 없는 부녀 이외에 미성년인 부녀가 행위 객체에 포함되었다.[7] 형법이론상 음행의 상습이 있는 부녀는 "매춘부 기타 불특정한 남자를 상대로 성생활을 하고 있는 부녀"로 주로 설명되며, 주된 예시로 성판매 여성이 제시된다.[8] 다시 말해 음행매개죄는 음행의 상습 여부를 "불특정인을 대상으로 한 성행위"로 기준을 제시하고 있고, 음행의 상습이라는 개념에 "금품 기타 재산상의 이익을 받거나 받을 것을 약속함"이라는 요소가 추가되면 성매매 또는 윤락행위의 법적 정의가 되는 것이다.

성매매를 "불특정인을 대상으로 성행위를 함으로써 재산상 이득을 취하는 것"으로 정의할 때 행위 주체는 성을 판매한 성매매 여성이 된다. 성매매처벌법은 법의 주된 적용 대상을 성판매 여성으로 두는 윤방법과 차별성을 두고자 했다. 그러나 여전히 핵심 개념인 성매매에 있어서는 성매매 여성을 '선량한 성풍속'이라는 사회적 법익을 침해하는 행위의 주체로 자리매김하고 있다. 성매매 여성을 '요보호자'로 규정하는 윤방법은 이들을 "윤락행위의 상습이 있는 자와 환경 또는 성행으로 보아 윤락행위를 하게 될 현저한 우려가 있는 자"(윤방법 제2조 제2호)로 정의함으로써 성을 파는 계약이나 합의 여부가 아닌 '상습', '성행'이라는 기질로 설명한다. 이러한 윤락행위의 상습 또는 성행 혹은 음행의 상습 등의 개념구성은 성매매 여성을 개선할 대상으로 규정하고 이들에 대한 상담 및 치료, 개인의 정서안정과 인격향상을 위한 교육 등 선도보호를 강제적으로 부과하는 것을 정당화한다. 한편 성매매처벌법은 성매매한 자, 즉 성판매자와 성구매자 모두 보호처분이 가능하도록 규정하고 있다. 하지만 실제 보호처분의 대상은 모두 성매매 여성이며,[9] 보호처분에는 성매매 여성을 성매매피해상담소나 성폭력 피해자 전담의료기구로 위탁상담/위탁치료 보내는 것이 포함되어 있다.

성매매 개념이 성판매 여성을 중심에 놓는 한 성매매 여성과 성매매 피해자를 법적으로 구분하는 것은 필연이다. 법적으로 금지행위가 성매매 여성의 행위를 중심으로 구성되어 있기 때문에, 폭력 등 외부적 압력으로 인해 어쩔 수 없이 성매매를 강요받지 않는 한 성매매 여성은 처벌대상이 되는 것이다. 이러한 태도는 여성의 성을 보호가치가 있는 성과 그렇지 않은 성을 구분하는 사회적 실천과 연결되어 있다. 다시 말해 보호받을 만한 여성과 아닌 여성의 구분은 여성혐오의 실천으로 나타나는 성녀와 창녀의 구분과 연결되어 있다는 것이다.

여성혐오는 가부장제 사회에 뿌리 깊게 박힌 문화적 태도로서, 가부장제에 대한 페미니즘 연구는 성별화된 섹슈얼리티의 구성 속에서 여성이라는 젠더와 여성의 섹슈얼리티가 타자화·대상화되는 방식으로 여성혐오의 실천을 설명한다. 가부장적 남성동성사회의 권력은 타자화된 여성의 섹슈얼리티에 대한 정복과 획득으로 구현되며, 남성은 여성이 아님(타자가 아닌 주체라는 것)을 인정받아야 남성동성사회에 편입될 수 있다. 우에노 지즈코는 남성동성사회에서 남성집단의 유대와 집단 내 권력을 획득하는 방식이 여성멸시, 특히 창녀에 대한 멸시로 나타난다는 점을 지적한다.[10] 성에 대한 이중규범은 여성을 두 종류의 집단으로 구분한다. 여성은 성녀와 창녀, 어머니와 매춘부, 결혼 상대와 놀이 상대 등으로 이분화되며, 쾌락용 여성은 가부장적 사회에서 보호받을 만한 여성으로 간주되지 않는다.

'보호받을 정조'라는 판례상 개념은 앞서 살펴본 형법상 음행매개나 혼인빙자간음죄에서 규정되었던 "음행의 상습 없는"이라는 법적 개념에서 도출된다. 이처럼 개정을 통해 현행 형법에서 사라진 법규정은 성매매와 성폭력 사이의 모호한 구분 속에서 여전히 작동하고 있다.

(2) 불완전한 법적용에 따른 필연적인 한계

여성가족부는 2013년 성매매실태조사를 실시해, 성매매 단속 및 수사업무를 담당하고 있거나 담당한 경험이 있는 경찰 5인과 검사 3인, 성매매 피해자 지원단체 활동가 8인을 대상으로 심층면접을 진행했다.[11] 여기서는 앞서 살펴본 성매매 개념과 성매매 피해자 규정을 중심으로 성매매처벌법 적용의 실태와 문제점을 복기하고자 한다.

1) 성매매처벌법상 성매매 개념으로 인한 수사방식의 한계

성매매 관련 형사사건은 대부분 단속을 통한 인지수사로 진행된다. 이때 단속 현장에서는 범죄 성립을 위한 핵심적인 증거를 제대로 수집하는 것이 중요하다. 성매매 단속의 경우, 성매매처벌법상 처벌의 대상이 되는 성매매 행위의 개념이 '성교행위' 내지 '유사성교행위'로 정의되므로 이에 관한 증거를 수집하는 데 주안점을 둘 수밖에 없다. 그렇기 때문에 성매매 행위의 적발을 위한 단속의 형태는 주로 경찰이 손님으로 가장해 잠입하고 성매매를 하는 것이 확인되면 단속팀이 업소에 들어가 성행위 장면을 사진이나 동영상 기록으로 남기거나 사용된 콘돔을 확보하는 방식으로 이뤄진다.

오락실 단속은 119를 불러서 문을 따고 들어간다고 해도 사람들이나 오락기기 등 숨길 수 없는 증거가 많이 있다. 그렇기 때문에 단속시간이 느려도 괜찮다. 하지만 성매매 단속은 신속해야 한다. 증거인멸이 신속히 이뤄지기 때문이다. 그래서 남자 경찰이 손님으로 위장해 들어간다. 함정수사는 아니다. 왜냐하면 실제 성매매를 하는 상황을 만드는 것이 아니기 때문이다. 남자 경찰이 들어가서 카운터에서 성매매를 할 수 있냐고 묻고 할 수 있다고 하면, 단속팀에게 신호를 보낸다. 단속팀이 들이닥치면 안에서 손님으로 가장했던 경찰이 문을 열어준다. 빨리 문 열고 성행위 사진 찍고 콘돔을 확보하는 것이 단속의 가장 큰 목적이다.

경찰 1과 심층면접

그렇기 때문에 풍속단속을 하는 경찰관은 비디오 카메라를 든 채 현장을 급습하고 재빨리 성행위가 이뤄지고 있는 현장을 찍는다. 성행위 장면이 제대로 촬영되지 않거나 콘돔 등의 증거자료를 확보하지 못한 경우에는 성매매 여성들에게 진술을 요구하기도 한다.

우리(경찰)가 손님으로 가장해서 업주한테 돈을 내고 들어가서 여성을 회유하는 경우도 있다. 자세히 설명하면, 안마[시술소]는 밖에서 버젓이 맹인 한두 명이 안마를 하고, 안마 후 밀실이 열려서 여성이 성매매 도구를 가지고 밀실로 들어가는 식으로 영업을 한다. 그런 밀실은 밖에서는 못 열고 안에서 연락을 해야 열 수 있는데, 손님으로 가장해서 성공적으로 들어간 다음에 들어왔다고 밖에 대기 중인 경찰과 통화를 한다. 그다음 여성한테 협조를 요청하는데 대부분 협조를 하지 않아 감성에 호소하기도 한다.

경찰 5와 심층면접

성매매 관련 공식 통계에서 알 수 있듯이 대부분의 성매매 사건은 단속을 통한 현장검거로 적발된다. 대부분의 성매매 여성은 업주들에 대한 두려움이나 자신도 범죄에 연루되었다는 생각에 업주를 고소하거나 신고하기를 꺼린다. 한 지원단체 활동가에 따르면 이들은 경찰이 단속하는 쪽을 신고하는 것보다 선호하기도 한다. 그러나 성매매 단속을 통한 인지수사는 다음과 같은 문제점을 가진다.

첫째, 단속과 현장검거를 통한 성매매 수사는 성구매자나 성매매 여성을 처벌하는 데에는 효과적일 수 있으나, 실제 알선자를 찾는 데는 한계가 있다. 게다가 경찰의 단속이 강화될수록 실제 알선자는 오히려 깊숙이 숨어버린다.

요즘에는 집창촌이 따로 있는 게 아니라 성매매가 주택가로 들어와서 인터넷이나 광고지를 보고 (성구매) 남성이 연락하면 경찰이 아닌 것을 확인하고 위치를 알려줘서 성매매를 하는 방식이다. 예전보다 단속은 더 어렵다고 봐야 한다. 단속이 심해지니까 영업 방법도 점점 진화한다. 여성에게 돈을 주고받게 해서 알선자는 존재를 드러내지 않는다. 성구매자와 판매자는 있는데 알선자가 없는 것이다. 알선자는 단속이 심한데 이득을 올리려면 안 걸려야 하니까 존재를 드러내지 않는다. 보통 경찰이 손님을 가장해서 단속하는데, 성매매에서 성관계는 찰나라 짧은 시간에 (성관계 장면을) 포착하려니까 힘들다. 그러나 그런 방식으로 단속을 해도 실업주를 찾기 어려우니까 검찰에 사건을 송치하는 데 몇 달씩 걸린다. 실업주가 금방 안 나와서 단속하고 수사하는 데 5~6개월 걸리는 경우도 있다. 심지어 중간관리자, 현장 용어로는 '실장'인데, 이런 중간관리자도 요즘엔 실업주는 모르는 경우도 많다.

경찰 2와 심층면접

둘째, '유흥주점'을 내세워 술을 판매하면서 성매매도 알선하는 업소나 유사성행위를 주로 내세우는 신종·변종 업소는 성매매 행위와 관련된 증거수집이 어렵다. 증거수집에 실패하면 성매매처벌법이 아니라 식품위생법상 위반으로 단속하지만, 이는 성매매 처벌로 진행하기 어렵다.

> 단속이 어렵다. ○○○ 지역의 경우에는 (성매매 업소들이) 일반적으로 일반음식점으로 등록되어 있다. 단속에 들어가면 사람들이 들어가서 옷 입고 이미 문 잠가버리고 언제 그랬냐는 듯이 앉아 있다. 그리고 방석집 같은 경우는 일반유흥주점으로 등록되어 있어서 주류를 판매할 수 있다. 이런 곳은 다른 성매매 업소 단속하듯이 그렇게 단속하기 어렵다. 그래서 식품위생법에 보면 호객행위를 못하게 되어 있어서 그 규정 위반으로 단속을 한 적이 있는데, 그 후에 여론이 안 좋아졌다.
>
> 경찰 5와 심층면접

성매매처벌법상 성매매 개념이 거래를 통해 성교행위 또는 유사성교행위를 하는 것으로 규정되어 있기 때문에, 성매매 단속에서 핵심은 성행위 증거를 확보하는 것이다. 이로 인해 애초에 성매매처벌법이 의도했던 알선업자 등 중간매개자에 대한 처벌은 단속을 중심으로 한 형사사건 처리에서는 이뤄지기 어려우며, 단속이 활발할수록 성매매 여성과 성구매자를 대상으로 한 형사처벌만 더욱 확대되는 모순이 드러난다.

2) 성매매 피해자 규정 적용의 실패

성매매처벌법하에서 성매매 여성에 대한 형사처리는 사회적 약자인 성매매 여성에 대한 인권보호와 성매매 근절을 위한 관련자 처벌이라는 두 가지 형사정책적 목적이 충돌하는 영역이다. 성매매특별법에서 성매매 피해자 개념의 도입은 과거 윤방법의 한계를 극복하기 위한 핵심적인 변화였다. 그러나 성매매 여성과 성매매 피해자를 별도로 처분하는 성매매처벌법은 관련 규정을 형사사법기관의 관련자가 어떻게 해석하고 적용하는지에 따라 해당 여성에 대한 처분이 크게 달라지는 결과를 가져올 수밖에 없다.

① 사실상 사문화된 성매매 피해자 규정

성매매 피해자는 불입건 처리되므로 공식 사법통계에서는 성매매 피해자로 인정된 사례의 정확한 수치를 확인할 수 없다. 하지만 경찰과 검찰의 심층면접 내용을 보면 성매매 사건 처리 중 성매매 피해자로 불입건 처리한 경험은 최근 3년간 거의 없다고 한다. 이들은 입을 모아 성매매 단속을 통해 적발된 성매매 여성 대부분이 자발적으로 돈을 벌려고 들어간 경우라고 이야기한다. 인터뷰에 참여한 경찰과 검사 들은 자발적으로 성매매에 참여한 여성이 업주에게 일당을 받으며 일하기 때문에 성매매 피해자에 해당하지 않는다고 보고 있었다.

성매매 여성들을 피해자로 본 경우는 거의 없다. 여성들 스스로 피해자라고 주장한 바는 있었다. 성매매 여성이 신고한 사례가 2건이 있었는데, 1건은 일하는 과정에서 업주가, 넌 언제 늦게 왔고, 생리해서 일 못하고 해서 그때마다 5만 원 까고 10만 원 까고 해서, 불만을 가진 여성이 항의를 하다가 업주가 뺨을 때려서 신고를 한 경우였다. 또 하나의 경우는 청소년이 성을 파는 경우가 있어서 입건을 시킨 것이 아니라 바로 피해자로 해서 보호조치를 하고 불입건으로 해서 검찰 단계에서 처리를 한 경우가 있었다.

경찰 2와 심층면접

최근 성매매 여성들은 대부분 생계형으로 자신이 직접 전화해서 찾아간다. 특히나 안마시술소 같은 곳에 가는 여성의 경우, 시각 장애인이 운영하는 업소는 광고를 하지 않아도 오히려 본인이 안마시술소에 전화를 하고 직접 찾아가는 경우가 많다. 강요가 없다. 요새는 여성들이 가명으로 일하면서 인적사항도 밝히지 않아 경찰에 와서야 여성의 인적사항을 아는 업주들이 대부분이다. 예전에는 지각벌금, 생리중벌금 등이 있었지만 안마시술소, 오피스텔 성매매가 일당을 받고 일하기 때문에 요새는 별로 없다. (…) 여성들이 한 곳에서 오래 일하면 단속이 된다는 것을 아니까 짧은 기간 일하고 이동한다.

검사 2와 심층면접

최근 성매매 여성들이 금액의 절반 이상을 가져간다. 오히려 포주보다 성매매 여성이 권력이 더 크다. 서울은 거의 일당제다. 시골의 경우 지각비 등 여성이 피해자인 경우가 아직 있어서, 서울과 시골의 차이가 있는 것 같다.

검사 3과 심층면접

성매매처벌법상 피해자 규정[12]에 따라 마약과 관련되거나 성매매 여성이 청소년인 경우는 성매매 피해자로 인정받아 불입건될 수 있다. 그러나 그 외의 성매매 여성이 피해자로 인정받기 위해서는 "위계, 위력 또는 그에 준하는 방법으로 성매매를 강요받은 경우"나 "인신매매된 경우"로 한정되어야 한다. 수사를 담당하는 사람들은 업주와 성매매 여성의 진술을 보고 성매매 피해자인지를 판단하는데, 단속되어 경찰서에 잡혀온 성매매 여성이 스스로 성매매 피해자임을 주장하는 경우는 앞서 심층면접에서 보듯이 거의 없다. 즉 성매매 피해자로 인정받기 위해서는 성매매 여성이 수사 시 자신이 피해자임을 입증해야 한다. 하지만 성매매 여성은 이러한 규정을 알지 못하는 경우가 많으며, 설혹 알더라도 성매매 여성이 이를 체계적으로 주장하기가 쉽지 않다고 지원단체 활동가들은 이야기한다.

> 직업소개소에서 일한 여성을 (그 여성의) 아빠가 데려왔는데, 처음에 여성이 거기서 내가 입은 것이 피해라고 생각하지 않았지만, 불법이고 피해라는 것을 설명해준 다음에 자신이 경험한 것이 피해라는 걸 알게 되었다.
>
> 활동가 6과 심층면접

> 피해자로 인정받으려면 성매매 목적 인신매매를 입증을 해야 하는데 이를 입증하기가 어렵다. 여성들이 진술하다보면, 경찰이 "안 그런 데도 있지 않나"고 질문하면 "그렇네요"라고 대답해버리는 경우가 대부분이다. 게다가 경찰들이 여성들이 경험하는 강요를 강요로 인식하지 못하기도 한다. 생리 때에도 2차를 나가야 하는 경우를 강요로 해석해야 한다는 인식이 생기면서 피해자로 인정되는 경우도 있었긴 하지만, 담당 수사관에게 이런 인식이 없는 경우에, 이를테면 성매매 사건을 민원실에

서 받으면 똑같은 케이스에 똑같은 업소여도 위계위력에 대한 해석을 할 수 없기 때문에 피해자로 인정받지 못하고 입건이 되는 경우도 있다.

활동가 8과 심층면접

실태조사자들은 성매매처벌법 시행 이후 경찰 수사 시 성매매 피해자 규정 중 "위계나 위력 등"을 선불금이 있는 경우 내지 벌금이나 생리 중 2차의 강요, 성폭력 등의 인권침해적 근로조건을 가진 경우로 해석해 적극적으로 적용한다는 수사관(경찰 1)을 만나기도 했다. 하지만 그 역시 다른 수사관이 모두 자신처럼 인식하고 성매매 피해자 규정을 적용하지는 않는다고 이야기한다.

피해자 규정 중 가목인 위계위력을 적용해 대부분의 성매매 여성을 피해자로 인정했다. 선불금이 있는 경우와 성매매 하는 중에 지각 등에 대해 벌금 규정이 있는 경우에는 위계위력이 있는 경우로 보았으며, 성매매 피해자로 인정해 입건하지 않았다. 하지만 다른 지역의 경우에는 성매매 여성을 무조건 입건하는 데도 있다. 수사관의 사고방식이나 인식에 따라 달라진다.

경찰 1과 심층면접

결국 성매매 피해자 규정의 해석이 담당 수사관의 재량에 맡겨지면서, 수사관의 사고방식이나 인식에 따라 피해자 규정의 적용 여부가 달라질 수밖에 없다. 성매매 사건의 단속수사를 전담하는 조직이 있는 경우에는 경찰이 성매매 여성의 현실에 대한 이해를 바탕으로 피해자 규정을 적용시킬 가능성이 있었다. 그러나 경찰의 조직개편으로 경찰서 단위에서 성매매를 전담하는 부서가 없어짐에 따라 피해자 규정이 적용되는 사례는 더욱 줄었다. 또한 성매매 여성이 선불금 사기로 피소당하거나 직접 업주를 고소하는 경우에 성매매처벌법 시행 초반에는 경찰 내 성매매 전담조직이 있어 성매매 피해자로 인정받아 처벌받지 않았다. 그러나 전담조직이 없어지고 민원실을 통해 일반 형사과가 사건을 담당하면서 오히려 성매매 피의자로 입건되는 사례가 다수였다.

> 지방청에서 휴게텔 단속을 했는데 한 여성은 업주에게 성폭행을 당해서 피해자로 인정을 받았고, 나머지 여성은 성폭행 당하지 않고 돈도 벌었기 때문에 피해자로 인정을 받지 못했다. 기준이 애매하다.
>
> 활동가 4와 심층면접

> 성매매 고소사건이 현재는 많지 않다. 여성들의 형사

사건 처리를 지원하는 경우는 주로 사기죄로 피소당한 경우다. 2004년 직후에는 경찰이 여성들을 피해자로 대해서 조사를 해도 처벌을 받지 않았다. 그러나 지금은 쌍방이 처벌을 받기도 하니까, 여성들 대부분이 민사로 해결하려고 한다. 현재는 여성을 피해자로 보지 않기 때문에 힘들다.

활동가 2와 심층면접

민원실에서 받으면 똑같은 케이스에 똑같은 업소여도 성매매 피해자 해석을 할 수 없기 때문에 피의자가 되고 입건이 된다.

활동가 8과 심층면접

② 성매매 피해자 규정을 우회하는 업주와 이에 무지한 경찰

지원단체 활동가에 따르면 성매매처벌법이 시행된 직후 성매매 여성이 피해자로 인정받는 중요한 기준 중의 하나는 '선불금'이었다. 선불금은 경제적 예속상태를 조성해 성매매 행위를 강요하고 업소에서 이탈하는 것을 방지하는 기제였다. 그러나 선불금이 '불법원인으로 인한 채권'으로 인정되어 무효화되면서 최근 업주들은 선불금 지급을 회피하고 있다. 게다가 많은 신종·변종업소가 선불금을 지급하지 않기도 한다. 이로 인해 선

불금 등이 성매매 강요를 인정할 수 있는 지표가 되기 어려워졌다.

> 현재 선불금이 있는 사례들이 없다. 일선에 있을 때는 선불금, 지각금 얘기만 나오면 알선업자에 대해 무조건 영장을 신청했다. 그러나 최근에는 성매매 여성이 이런 점을 미리 알았는지 등 여러 가지를 고려한다. 게다가 요즘에는 선불금사기 치는 여성도 많아서 업소에서 선불금 없이 고용하는 경우가 대부분이다. 우리가 주로 단속하는 변종업소는 여성들이 출퇴근을 수시로 해서 선불금이 아예 없다.
>
> 경찰 2와 심층면접

그러나 이와 같은 사례가 여성이 실제로 선불금을 부담하고 있지 않음을 의미하지는 않는다. 성매매처벌법 시행 이후 선불금이 성매매 목적의 인신매매를 판단하는 기준이 되고 선불금 채권이 불법으로 무효화되면서, 업주가 직접 선불금 계약을 하는 것이 아니라 제3의 금융기관이나 사채업자 등을 이용해 선불금 계약을 하는 방식으로 변화했기 때문이다.

> 형사사건을 하면서 현실적으로 어려운 부분은, 유흥

업소의 경우 업주가 직접 돈을 빌려주지 않는다. 근방에 있는 일수에게 돈을 빌리게 하고, 조금씩 여러 명에게 200만 원씩 1,000만 원을 빌리게 한다. 이런 경우 선불금이더라도 그 사채가 선불금이라고 입증하기 어렵다.

활동가 1과 심층면접

문제는 경제적 예속방식의 변화를 인식하지 못하는 경찰 등 형사사법기관에서 성매매 여성이 과거와 달리 경제적으로 크게 이득을 얻을 뿐 아니라 자발적으로 성매매를 한다고 인식하는 경향을 보인다는 점이다. 활동가들에 따르면 심지어 어떤 경찰은 성매매처벌법으로 고소하는 성매매 여성들에게 당신도 처벌받으니 고소를 취하하고 합의하라고 종용하기까지 한다.

집장촌 지역에서 근무를 해봤는데 옛날과 지금은 많이 달라졌다. (성매매 여성을 보면) 옛날에는 미성년자가 많았는데 지금은 나이도 많고, 그 사람들이 막상 사회에 나와도 지금까지 번만큼의 수입이 안 된다. 많이 버는 여성은 월 2,000만 원, 적은 여성은 500만 원 정도다. 집장촌 여성은 가만히 앉아 있다가 손님이 오면 성을 판다. 어떻게 보면 몸이 축나긴 하지만 힘들게 노동을 하는 것은 아니니까 일한 것에 비해 수익이 크다. 여성들이 사회에서 다른 일을 했을 때 그 정도 수입을 벌기가 힘들다. 오피스텔 같은 곳이 현실적으로 성행된 것이, 회당 13만 원이면 여성이 반을 가져가니까 여성들이 몰려서 그런 거다.

경찰 3과 심층면접

(성구매자나 성판매자) 둘 다 처벌하는데 매수남 처벌은 상향조정해야 하고 매수녀에 대해서는 현 상태로 해야 한다고 생각한다. 여성이 유흥서비스 제외하고 사회적으로 남성과 같은 대우를 받으면서 돈을 벌 수 있는 업종이 별로 없다고 생각한다. 단속해보면 여성들 중에 현재 재학 중인 여대생이 많다. 아빠가 실직해서 집이 어려우면 딸이 나와서 일하는 경우가 많다. (단속수사업무를 담당하기 전) 옛날에는 성매매 업소에서 인신매매되어 일하는 경우가 많은 줄 알았는데, 실제로 성매매 업무를 맡아보니 거의 다 자발적으로 온 여성들이었다. 3년 동안 타의에 의해서 일하게 된 여성을 한 명도 못 봤다.

경찰 2와 심층면접

그러나 일선 경찰의 이러한 인식은 성매매 여성의 현실과 거리가 있다. 성매매 여성을 지원하는 여성단체들에 따르면, 업주들은 고용된 여성들에게 검거 시 진술방식을 교육한다고 한다.

혼자서 자발적으로 성매매를 한다거나 지각금 등 벌금이나 선불금이 없다고 진술하도록 하고, 단순 성매매로 벌금형을 받으면 업주가 벌금을 대신 내준다고 한다는 것이다.

> 성매매 업주들은 경찰 단속에 대한 매뉴얼을 가지고 있다. 그리고 여성들에게 경찰에 걸렸을 때 어떻게 대처해야 하는지 교육을 한다. 매뉴얼대로 "업주가 없고 내가 주인이고 방을 빌려서 한다"고 이야기하는 여성을 보고 경찰은 처벌을 한다. 경찰의 입장에서는 전혀 피해자로 볼 수 없는 상황이다. 그러나 이런 내용은 대부분 여성들이 교육받은 것이다.
>
> 활동가 9와 심층면접

> (성매매) 현장에 가보면 모든 업소의 여성들의 대답이 거의 동일하다. 교육을 받지 않고는 대답이 동일할 수 없다.
>
> 활동가 5와 심층면접

강요에 의해 성매매를 하는 대부분의 여성은 업주에게 큰 공포감을 느낀다. 그들은 자신을 지원하는 단체에 성매매 강요 사실을 이야기하더라도 이를 수사기관에 진술하는 것은 두려워한다. 그때문에 거짓으로 진술하거나 진술을 번복하는 경우도 있다.

성매매 여성들은 증인으로 나서지 않으려고 한다. 성매매 피해자이지만, 업주에게 보복 당할까봐 무서워하는 것이 더 크다.

활동가 8과 심층면접

우리가 지원했던 사례 중에 방석집에서 여성 3명이 나와서 업주를 고소했던 사건이 있었다. 그중 1명이 심하게 맞아서 응급실에 갈 정도로 인권유린이 심각했다. 그런데 경찰에 가니 위축이 많이 되더라. 고소장이 접수되고 진술하고 대질신문까지 하게 되었는데, 결국 그 여성 혼자 몰래 가서 진술을 바꾸고 잠수를 타버렸다. 대부분의 여성들이 업주에 대한 두려움이 크고 빨리 사건이 끝나서 업주를 보지 않기를 원한다.

활동가 7과 심층면접

③ 성매매 여성에 대한 처벌의 문제점

현재 성매매처벌법하에서 성매매 피해자가 아닌 성매매 여성에 대한 처분은 성구매자에 대한 처분과 마찬가지로 벌금형과 기소유예에 집중되어 있다. 초범은 대부분 기소유예 처분을 하며, 재범 이상은 벌금형 부과의 구약식기소를 한다. 벌금액은 주로 재범이면 100만 원, 3범이면 300만 원 이상이다.

성매매 여성은 대부분 기소유예를 한다. 초범이고 부양해야 할 자식이 있고 하면 기소유예를 한다. 그렇지만 두 번 이상은 기소유예 처분을 잘 하진 않는다. 성매매로 두 번 걸리면 벌금 100만 원 정도를 부과한다. 3범이면 300만 원 정도 벌금을 부과한다.

검사 3과 심층면접

성구매자와 성매매 여성 모두 성매매처벌법상 하나의 조문에 의해 처벌받기 때문에 벌금액은 비슷하다. 그러나 성매매 여성은 생계를 위해 일종의 직업으로 성매매를 하는 것이기 때문에 전과 3범 이상도 많다. 이러한 경우 성매매 여성은 성구매자에 비해 훨씬 높은 액수의 벌금형을 부과받는다. 활동가들은 성매매 여성들에게 벌금형을 부과하면 금전적 부담을 해결하기 위해 다시 성매매로 유입될 수밖에 없고, 결국 재범방지라는 목적은 전혀 달성되지 않는다고 입을 모은다.

안마시술소 같이 밀실에서 성매매 하는 곳에서 일하는 여성을 단속한 적이 있다. 그 다음 다른 곳을 단속하다가 같은 여성을 다시 만났는데, 왜 다시 성매매 업소에서 일하냐고 물어보니, 벌금이 400만 원 나와서 그 벌금을 벌기 위해 다른데서 일하게 되었다고 하더라.

경찰 2와 심층면접

이러한 문제를 인식한 검사가 사건을 맡으면 재범 이상인 성매매 여성이라도 벌금형을 부과하지 않고 성매매처벌법상 보호사건 송치를 활용하기도 한다. 하지만 그 역시 처벌적인 처분이라는 한계가 있다.

> 성매매가 처음일 경우 기소유예, 두 번째인 경우에는 벌금을 잘 안 하고 보호송치를 주로 한다. 보호송치를 하려면 기소유예 처분을 받았던 적이 한두 번 있어야 한다. 기소유예가 여러 건 있으면 우리의 경우에는 벌금형을 하지 않고 보호처분을 또 보낸다.
>
> 검사 2와 심층면접

성매매 보호송치를 하는 경우 주로 청구하는 보호처분은 보호관찰과 수강명령이다. 성매매 여성이 청소년이라면 보호송치가 아니라 여성가족부에서 운영하는 40시간 교육을 수강하도록 한다. 성매매 보호송치는 얼핏 성매매 여성에게 벌금형을 부과하는 구약식기소의 문제점을 해결할 수 있는 방안처럼 보인다. 그러나 성매매 여성 지원단체들은 성매매 보호송치 역시 문제가 있다고 지적한다. 성매매 보호처분은 법원이 결정하는데, 법원에 가서 처분을 받는 것 자체가 여성들에게 처벌로 인식된다는 것이다. 보호처분 자체가 강제적인 만큼 일종의 처벌로서 효과를 발휘하며, 성매매 여성에 대한 보호처분은 이들을 갱생과 교화의 대상으로 본다는 점에서도 한계가 있다.

> 여성들은 성매매 보호사건도 벌로 보고 두려워하며 위축된다. 판사에게 가서 처분을 받기 때문이다. 여성들 중에는 형사처분에 대해 집행유예가 더 중한 것인데도 벌금을 더 크게 받아들이는 이들도 있다. 보호처분 역시 강제적인 것이라 일종의 처벌에 가깝다고 생각한다.
>
> 활동가 4와 심층면접

> 우리가 지원하는 성매매 여성이 우리도 모르게 보호처분을 받은 적이 있는데 탄원을 해서 불처분을 받은 적이 있다. 보호처분을 내리는 것 자체가 성매매 여성을 바라보는 사회적 태도나 낙인 문제와 직결될 수 있기 때문에 적극적으로 탄원을 했다.
>
> 활동가 8과 심층면접

법무부는 성매매 보호처분 중 보호관찰이나 수강명령이 대부분 일대일 상담 방식과 직업교육 등 지원의 형태로 진행되기 때문에 성구매자 대상 교육과 큰 차이가 있다고 밝힌다. 또한 성매매 보호처분이 법원의 판결로 부과되고 강제력 있는 처분이기는 하지만, 보호시설 위탁과 같은 인신구속적 성격의 처분보다 보호관찰이나 수강명령에 관련된 처분이 많으며 보호관찰 등은 주로 성매매 여성에 대한 지원 형태로 이뤄진다고 이야기한다. 그러나 이러한 보호처분에서는 성매매특별법하에서 운영되는 성매매 여성 지원단체 및 상담기관으로 상담을 위탁하는 사례가 거의 없어, 체계적인 성매매 피해자 보호·지원체계와 연계되고 있지 않다는 점 역시 확인할 수 있다. 이에 활동가들은 성매매 보호사건 처리 과정에서 성매매 여성의 현실에 대한 이해를 바탕으로 여성들이 상담을 받을 수 있도록 성매매 여성 지원·상담단체와 연결하는 것이 필요하다고 지적한다.

성매매특별법 시대의 처벌이 나가야 할 길은 무엇인가

윤방법 시대를 넘어 성매매특별법 시대로 접어들면서 성구매가 사회적으로 비난받아야 할 행위라는 인식은 분명히 확산되었다. 그러나 성매매특별법의 목적인 성매매 여성의 인권보호와 성매매 및 성착취 근절이 제대로 실현되었다고 보기 어려운 것도 사실이다. 이전까지 분명하게 눈에 띄었던 폭력과 감금, 선불금 등으로 인한 경제적 착취 등은 이제 더 교묘해졌고, 성매매특별법에 도입된 성매매 피해자 규정은 사실상 유명무실한 상황에 놓여 있다. 성매매특별법 제정 당시 성매매 피해자의 비범죄화와 성매매 여성이 형사사법절차에 쉽게 접근할 수 있으리라는 기대는 법이 시행된 약 18여 년이 지난 지금 찾아볼 수 없다. 최근 알려진 원주 유흥업소 성매매 여성에 대한 가혹행위 사건[13]은 성매매특별법 시대의 현실을 고스란히 보여준다.

윤방법에서 성매매특별법으로의 이행이 불완전하게 끝난 데는 성매매를 여성의 성과 몸을 거래하는 성산업의 착취 문제가 아니라 성을 거래한 여성 개인의 문제로 바라보는 법의 태도가 자리하고 있다. 성매매특별법에서 윤방법의 윤락행위 개념을 거의 그대로 성매매 개념에 재도입한 순간, 처벌의 일차적 대상은 성행위를 한 성매매 여성이 되었던 것이다. 성매매 여성은 자신의 '피해'를 입증해야만 성구매자를 가해자로서, 업주를 해당 행위의 알선자로서 처벌받게 할 수 있어, 사실상 윤방법의 구조와 체계가 성매매특별법하에서도 반복될 뿐이다. 성매매 피해자 규정이 있더라도 일차적 처벌 대상인 성매매 여성 중에 피해자를 걸러내는 일은 부차적일 뿐 아니라 어려운 일이다. 수사기관이 적극적인 의지를 가지고 성매매 피해자를 찾아내고 성매매 피해자 면책규정을 적용하지 않는 한, 성매매 피해자는 법문상에 존재하는 문구에 그친다.

스웨덴, 아일랜드 등 유럽 국가들은 이런 문제를 극복하기 위해 성을 사는 사람과 성을 파는 사람의 범죄화를 분리하고 성매매 여성을 피해자로 처벌하지 않는 법정책을 채택했다. 우리나라 역시 반성매매 운동진영에서 성매매 여성의 비범죄화를 강하게 주장하고 있다. 성매매 산업의 구조와 여성에 대한 착취의 특성, 성과 몸에 대한 매수 불가능성의 침해속성, 그리고 단속과 수사 과정에서 성매매 피해자를 분류한 뒤에야 보호하는 현행 법정책의 실패를 유념해야 한다. 현재의 성매매특별법은 '동의'를 통해 성매매에 자발적으로 참여했다는 사실만으로 여성이 놓인 곤궁과 취약성, 성매매 과정에서 발생하는 지속적인 착취와 그로부터 벗어날 수 없는 상황을 무시하고 있다. 이와 같은 상황을 변화시키기 위해 성매매 여성을 피해자로서 비범죄화하는 정책은 하나의 해법이 될 수 있다. 그러나 성매매 여성의 피해자성을 법률로 규정하는 정책은 미성년자 의제강간이 청소년의 성적자기결정권을 부인한다는 비판을 받는 것과 마찬가지로, 성매매 여성의 자발성과 주체성을 본질적으로 부인하는 태도와 연결될 수 있다는 점에서 고민을 남긴다.

여성에 대한 폭력이자 젠더 기반 폭력인 성매매에 대응하기 위해서는 성과 몸을 거래하는 비인격적·착취적 성산업을 범죄화하고 이러한 산업을 뒷받침하는 수요 등의 요인을 처벌의 일차적 대상으로 삼아야 할 것이다. 그와 더불어 성매매 여성을 법적 주체로 인정하되, 자신의 성과 몸을 매매의 대상으로 삼는 계약을 선택하게 만드는 권력 불균형과 취약성을 이해하고 이들의 피해자성을 세심하게 살피는 법정책의 변화도 필요하다. 이것이 성매매특별법 시대의 처벌이 가야 할 방향이다.

04

성매매 여성은 왜 '성폭력 피해자'가 될 수 없는가

백소윤

✳

쉽게 폭력에 노출된다는 것은 그 여성이 '그렇게 당해도 된다'는 우리 사회의 잔인한 전제를 드러내며, 그 여성이 우리의 상상보다 훨씬 더 심각한 상황에 자주 놓인다는 것을 의미한다. 폭행은 상해를 입는 것에서 멈출 수도 있지만, 사망의 결과로 이어지기도 쉽다. 성매매라는 '맥락' 속에서 발생하는 범죄는 가파르게 더욱 위험한 상황으로 미끄러져간다. 누군가는 그들 스스로 자초한 위험이라 말할 수도 있다. 하지만 성매매가 이뤄지는 차단된 공간에서 비슷한 일이 더 쉽게 더 자주 발생한다면 우리 사회에서 성매매 여성을 향한 폭력이 더 쉽게 더 자주 용인된다는 뜻은 아닌지 묻고 싶다.

‘무방비 상태’를 합의할 수 있나

✳

나는 공익활동을 하는 법률가 조직에 속해 사람들을 만나기 시작한 4년차 풋내기 변호사다. 주로 성폭력 사건 피해자를 지원하고, 성소수자 차별 사건도 자주 맡는다. 성매매라는 주제는 20대 초반 파주 용주골 아웃리치에 우연히 함께했다가, 새움터라는 곳에서 방학 때 자원활동을 하면서 고민할 기회를 가졌다. 이후 성매매 업소 화재, 성매매 여성 대상 범죄 등이 언론에 보도되는 것을 지켜봤고, 성매매처벌법 제정을 위한 서명 캠페인에 참여하기도 했다. 성매매 관련 정책의 연구과제나 예방교육 자료 제작에 참여한 적도 있지만 현장과 닿을 기회는 없었다.

한참이 지나 변호사 자격증을 따고 이룸 상담소에 찾아가 필요할 때 활용해달라고 부탁했다. 상담소에서 연락이 오면 수시로 법률자문이나 사건지원을 하며 현장 언저리에서 내가 할 수 있는 일을 찾고 있다. 단순 법률상담부터 성매매처벌법 위반 피의자 변호, 성폭력 피해 고소대리 등 피해자 지원, 형사조정이나 합의대리, 손해배상청구까지 다양한 주제로 사람들과 만나 이런저런 고민을 키우고 있다. 여기서는 성매매가 이뤄지는 공간 내에서 발생하는 각종 폭력과 성폭력, 성매매 여성을 대상으로 한 범죄 피해를 지원하면서 들었던 단편적인 생각을 하나씩 적어본다. 이제부터 언급될 사례는 지원 사례를 각색한 것이다.

S는 평소 1.5룸(방 하나에 작은 거실이 딸린 집)이 작다고 생각했지만, 그날 밤 현관문 도어락에 손이 닿기까지 너무 멀게만 느껴졌다고 이야기했다. 뒤에서 누군가 목을 조르고 있었고 지금 당장 탈출하지 않으면 다시는 저 문 밖으로 나가지 못할 수도 있다는 생각이 들었다고 했다. 다행히 도어락을 열고 복도로 나가 옆집 문을 두드렸다. 누군가 문을 열어줘 안으로 피했고 쫓아오던 가해자는 도망쳤다. 이웃이 대신 신고해준 것 같은데 아직 경찰은 오지 않았고, 스스로 신고를 해야겠다고 생각은 했지만 숫자 112를 누르기가 그렇게 어려웠다고 말했다. 왜 그를 집으로 불렀는지, 함께 술을 마셨는지, 둘 사이에 오고 간 대화는 무슨 내용인지, 돈 거래가 있었는지, 무슨 이유에서 폭행이 시작된 것인지, 왜 신고를 빨리하지 않았는지 등 답해야 할 사항이 너무 많았을 것이다. 다시 그 방으로 들어가야 했을 마음을 짐작하기가

겁난다.

폭행이나 상해가 강간이나 살인보다 피해가 덜하다고 단정할 수는 없다. 언제, 어디서, 누구로부터, 무엇을 하다가, 어떤 이유에서 폭행을 당했는지에 따라 피해자가 느끼는 두려움은 '일진이 사나운 하루' 정도로 끝날 수도 있지만, 정말로 끝이라는 공포로 다가올 수도 있다. "거기서 멈추지 않았다면"이라는 공포는 꽤 오래 남아 공간에, 몸에 머무는 것 같다. 성매매 과정 중 입은 폭력/성폭력 피해를 이야기하는 의뢰인들의 모습은 담담했지만 그날 그 공간의 공기가 사무실을 채워, 순간 한기가 느껴질 때가 있다. S는 죽지 않은 게 다행이라며 신고를 포기했고, 가해자가 다시 찾아올까 두려워 도망치듯 이사했다.

성매매 과정 중 일어난 폭행은 성매매의 상호 익명성, 환경적·관계적 폐쇄성, 합의된 불법성이라는 특수한 '맥락'을 지닌다. 당일 처음 만나 통성명도 생략한 남녀가 단 둘만 남아 외부와 차단된 공간에서 상호 '합의'하에 행하는 은밀하고 내밀한 행위가 용인된다. 가벼운 옷차림, 멀리 놓인 핸드폰…. 거리에서 인사불성의 취객에게 폭행을 당하거나 돈을 뺏으려 달려든 강도를 예상치 못하게 마주하는 것과는 다른 의미의 '무방비 상태'에 놓인다. 단순히 '범죄에 노출될 위험이 높다'는 표현으로는 부족하다. 쉽게 폭력에 노출된다는 것은 그 여성이 '그렇게 당해도 된다'는 우리 사회의 잔인한 전제를 드러내며, 그 여성이 우리의 상상보다 훨씬 자주 심각한 상황에 놓인다는 것을 의미한다. 폭행은 상해를 입는 것에서 멈출 수도 있지만, 사망으로 이어지기도 쉽다. 성매매 여성 대상 살인사건이 '연쇄' 살인 정도는 돼야 외부에 인지되는 끔찍한 현실과도 맞아 떨어진다. 성매매라는 '맥락' 속에서 발생하는 범죄는 가파르게 더욱 위험한 상황으로 미끄러져간다. 누군가는 그들 스스로 자초한 위험이라 말할 수도 있다. 하지만 성매매가 이뤄지는 차단된 공간에서 비슷한 일이 더 쉽게 더 자주 발생한다면 우리 사회에서 성매매 여성을 향한 폭력이 더 쉽게 더 자주 용인된다는 뜻은 아닌지 묻고 싶다.

'무방비 상태'는 차단된 공간을 벗어나도 계속된다. 도움을 기대하고 자신에게 벌어진 일을 경찰에 신고했지만 순식간에 피의자 조사의 대상이 될 수 있는 현실은, 겨우 112에 신고하려고 꺼낸 휴대전화를 집어던지는 가해자의 행동보다 잔인하다. 폭력/성폭력 피해자가 성매매 여성이라는 정체성과 만나자마자 그 지위가 쉽게 피의자로 뒤집힐 수 있다는 건 차단된 공간 밖에서도 성매매 여성을 무방비 상태로 둔다는 뜻이다. 성매매 여성을 대상으로 한 범죄가 계속되는 이유다.

강간 피해자인 Y의 사례도 이를 잘 보여준다. 성폭력 피해 신고로 경찰이 출동했지만, 성매매하려고 만났다는 가해자의 말을 들은 경찰은 폭행 협박의 정황이 보이지 않는다고 단정했다.

Y에게는 성폭력 피해자에 대한 안내사항이 하나도 제공되지 않았다. 경찰은 피해자 조사 한 번 없이 현장을 떠나버리고선 몇 달 뒤 성폭력 피해자를 성매매처벌법 위반혐의로 피의자 조사를 한 것도 모자라, 성폭력 가해자인 성구매 남성과 대질 조사를 진행하기도 했다. 성매매처벌법 위반 혐의와 성폭력 피해는 양립할 수 있는 사안인데도, 성매매 '맥락'만 확인되면 성구매 남성은 강간을 해도 혐의를 벗고 성매매 여성은 강간 피해자로 인정받지 못한다. Y는 성폭력 피해 직후에는 야무지게 일상을 유지했지만, 성폭력 사건을 입건조차 하지 않고 마땅한 답도 내놓지 않는 경찰과의 갈등 이후에는 사건 후유증을 호소했다.

대가를 치르지 않는 남자들

✳

T는 어플리케이션을 통해 가해자로부터 조건 만남을 제안받았다. 가해자는 원래 만나던 여자에게도 매달 몇백만 원씩 지급해 왔다며 당장 만날 수 있냐고 재촉했다. 며칠 뒤 만난 가해자는 자신이 경영 중인 사업체와 비트코인으로 얻은 수익 등을 이야기했고, 돈은 얼마든지 줄 테니 시키는 대로만 하라고 요구했다. T는 가해자를 만나 온갖 요구를 들어줬다. 다음 날 T가 약속한

돈을 요구하자 가해자는 일단 지금은 현금이 없다고 이야기했고 "이따"를 반복했다. T는 느낌이 좋지 않아 가해자를 떠나게 놔주지 않았다. 가해자는 결국 돈을 줄 상황이 아니라며, 10만 원만 받거나 아님 말라는 식으로 말했다.

T는 너무 억울하고 화가 나서 가까운 지구대로 직행해 가해자를 신고했다. 지구대에는 4명 정도의 남자 경찰이 앉거나 서 있었는데, T의 다급한 이야기를 대충 듣고 진정서 양식 한 장을 내밀며 여기에 사실관계를 쓰고 가라고 답했다. T는 지난 밤부터 방금 지구대 앞에서 있었던 일을 꽤 상세하게 적었는데, 지나가던 경찰이 "그렇게 자세하게 적으실 필요 없어요"라는 말을 얹기도 했다. 진정서를 받아본 경찰은 내용을 훑더니 "월 500만 원이면 좀 많지 않아요?"라고 말했다. T는 뭔가 상황이 잘못 돌아가고 있다고 생각했다. 도움을 요청하러 왔건만 경찰들은 분명 수근대고 있었다.

돈 떼인 사기 피해에 그쳤다면 넘어갔을 텐데, T는 경찰로부터 소환을 요구받았다. 당연히 피해자 조사일 거라 생각했는데 '피의자 조사'에 응해야 한다는 설명이었다. 성매매처벌법 위반 혐의였다. 사기 피해를 신고했더니 성매매처벌법 위반죄로 인지수사가 개시된 것이었다. 사기 피해 사실을 적은 진정서는 졸지에 범죄 자백이 됐다. T는 변호사 없이 조사를 받아도 될지 두려웠다. 신고한 지구대에서 자신의 집 근처 경찰서로 사건이 이

관되어 혹시 아는 사람이라도 만날까 걱정됐다. 그는 성매매 여성 지원단체로 연락해서 도와줄 수 없는지 물었고 피의자 조사에 동행할 사람을 찾다 나를 만났다.

성구매자인 가해자 역시 성매매처벌법 위반 혐의로 조사를 받고 있을 테지만, 중년 남성의 변호사 선임이나 성매매 경험 진술이 이렇게 어려운 일은 아닐 것이라고 생각하니 내가 다 화가 치밀었다. 가해자는 심지어 T가 경찰 조사에 가기 전, T에게 연락해 돈을 주고받은 적 없고 "합의하"에 했다고 말하라고 강요했다. 어차피 "너도 처벌받는다"면서. 그리고 서초동에서 법률 자문을 받아보니 "성매매하고 돈 안 줘도 사기죄는 성립 안 된다더라"라고 으름장을 놨다는데, 말도 안 되는 법적 주장은 둘째 치고 나에게는 "처음부터 날로 먹을 생각이었어"라고 자백하는 걸로 들렸다.

성매매 여성 지원단체로 소위 '조건 사기'에 관해 물으니 유사 사례가 수두룩해서 말할 필요도 없는 상황이었다. 관련 판례는 성매매의 대가 미지급은 사기죄 성립이 인정된다는 정도였다.[1] 의견서는 유사 사례가 많다, 성매매는 구조적 문제다, 그런 의미에서 성매매 여성은 피해자다, 구매 남성의 불법성이 더 높다는 등의 내용을 담았다. 하지만 T가 원하는 것은 얼른 수사가 종결되어 피의자 신분에서 벗어나는 것이었다. 경찰에서 검찰로 송치되지 않기를 바랐으나 결국 송치되었다. 추가 의

견서가 제출됐고 담당 검사는 혐의가 인정되나 제반 사정을 참작해 기소유예 결정을 내렸다.[2]

또 유사한 일로 수사 대상이 된다면 같은 결과를 기대하기 어려울 수 있다. T는 피의자 조사를 마치고 내게 질문했다. "변호사님, 기소유예가 나와도 취업할 때 불리해요? 기록에 남아요?" 기소유예 결정은 범죄경력조회로는 발견되지 않지만 수사경력조회 사항으로서 중범죄가 아닌 한 보통 5년간 기록이 보존된다.[3] 5년이 지나면 처벌이력이 아니기 때문에 기록은 사라진다. 하지만 기소유예 결정을 받은 자가 기록이 남아 있는 상태에서 다시 수사를 받으면 그 기록이 당사자에게 유리하게 작용하지 않을 것은 명백하다.

개인 간 약속 또는 '거래'로 이뤄지는 수많은 조건 만남에서 흔하게 발생하는 사기 범죄는 여성이 처벌받는 현행 성매매처벌법하에서 계속되고 있다. 성매매 여성은 본인의 권리가 침해됐을 때 잘잘못을 따질 수 없다는 말인가? 성매매 여성에게서만 피해자의 권리를 박탈한 것은 무엇 때문인가? 성매매 여성은 그저 가벌성이라는 측면에서 가해자와 대등한 단순 대향범[4]인가? 구매자 남성은 성매매의 대가조차 치르지 않는데 왜 성매매 여성만 지나치게 대가를 치러야 한단 말인가?

✳

8명이 넘는 수사관이 함께 쓰는 넓은 공간 저쪽에서, 타인의 신용카드를 도용한 피의자가 문화상품권 사용처를 진술하고 있고, 다른 구석에서는 지문 날인 때문에 소란스러웠다. 악플로 고소당한 피의자의 출석을 요구하는 수사관이 피곤한 듯 전화기를 붙들고 명예훼손을 설명했다. 나란히 앉은 U와 나의 맞은편에 앉은 수사관은 회색 파티션 너머 멀리 앉아 큰 소리로 질문했다.

성매매처벌법 위반 혐의로 조사받는 것 알고 계시죠? 어떻게 상대 남성과 만나게 되었나요? 어플 뭐요? 어떤 게시물을 올렸죠? 어떤 대가를 약속했나요? 모텔로 이동해서 무엇을 하셨죠? 삽입했나요? 사정했나요? 몇 번 사정했나요? 어떤 식의 성관계를 했나요? 다음 날 아침에 또 성관계를 맺었나요? 대가를 수령했나요? … 이 밖에도 성매매처벌법 위반 혐의와 관련된 내용을 꼬치꼬치 캐물었다. U는 "자신이 잘못한 것은 알지만"이라는 전제를 수없이 반복하며 지나칠 만큼 성실하고 자세하게 '그날'의 상황을 진술했다. 수사관이 멀찌감치 앉아 있었기 때문에 큰 소리로 같은 장면을 반복 설명해야 할 때도 있었다. 옆자리 수사관의 키보드 두드리는 소리가 유난히 크게 들릴 정도로 실내는 조용했다.

내가 그 방에서 조사 중인 다른 피의자의 진술을 다 들을 수 있었듯이, 방 안에 있던 7명의 수사관과 3명의 피의자는 U의 말을 '함께' 들었을 것이다. 성매매처벌법 위반 혐의로 조사받는 피의자 U는 가해자가 콘돔을 사용하지 않은 사실, 성관계를 거부하고 방에서 나가겠다고 했지만 거부당한 사실, 가해자가 U의 저항을 제압하고 여러 번 고통스럽게 성기를 삽입한 과정과 횟수를 진술했다. 또 U가 약속된 돈을 요구했더니 되돌아온 모욕적 언사를 또박또박 이야기했다. 변호인인 나는 불필요한 상술이나 추가 정보의 진술을 말렸고, 사건 당시 실제 금원을 수령한 적 없다는 점을 강조했다. 초범이니 선처해달라는 의견을 전달하고 추후 의견서를 제출하겠다고 했다. 조서가 완성되기 전에 수사관에게 U의 실명 이외의 개인정보는 모두 지워달라고 요구했다. U는 조서 말미에 자필로 "반성합니다"를 꾹꾹 눌러 썼다.

나는 성폭력 피해자의 변호사로서 '피해자 조사'에만 참여하다가 피의자 변호인으로 경찰 조사를 받으니 사뭇 느낌이 달라 당황했다. 성폭력 피해자는 개방된 장소에서 진술하지 않는다. 별도의 조사실이나 영상녹화실(영상녹화하지 않더라도 분리된 공간 사용을 위해 필요하다)에서 여성 경찰을 통해 조사받을 수 있다. 그는 자신의 신원을 상술할 필요가 없으며, 신원관리카드를 작성하면 조서에는 가명으로 표기되어 형사절차가 완료될 때까지 해당 가명으로만 불린다.

그런데 내가 U와 함께 앉았던 곳은 조금 다르다. 하지만 진술 내용은 유사점이 많다. 지극히 사적인 경험에 대한 구체적 진술은 피해 경험의 결을 지녔고, 의사에 반하거나 심각한 폭행 협박이 동반된 성관계/성폭력을 진술한다. 분명 성매매처벌법 위반 혐의에 관한 피의자 조사이므로 질의 목적은 성폭력 피해를 확인하는 데 있지 않다. 분명히 피해 진술인데 범죄 혐의를 인정하는 자백의 결을 갖는다. 그렇게 생각하니 머릿속이 복잡해졌다. 어떤 권리를 근거로 삼아야 이 사건 피의자에 대한 조사는 별도 공간에서 여성 경찰관이 진행해야 하고 익명 조사가 필요하며 다른 범죄 피의자와 달리 취급되어야 한다고 주장할 수 있을지 고민했다. 차라리 진술 영상녹화 조사에 응한다고 할 걸, 그렇다면 방 안에서 일대일 조사를 받았을 텐데 하고 자책했다. 조사를 마치고 돌아오는 길 내내 알 수 없는 수치심이 마음 밑바닥에서 올라왔다.

성매매라는 동일한 사실관계를 바탕으로 피해자와 피의자라는 이중적 지위를 겸하는 성매매 여성은 무엇을 믿고, 무엇을 인정받기 위해 형사 절차에 임하는지 묻고 싶을 때가 있다. 짐작컨대 '상식'이다. 범죄 피해자는 수사기관에 도움을 요청할 수 있다는, 도움을 요청하면 내쳐지진 않으리라는 작은 믿음이다. 하지만 기대는 곧 실망으로 바뀐다. 수사기관에서 성매매 여성의 신고를 가볍게 치부하는 것은 가해자에게 면죄부를 주는 것으로 끝나지 않는다. 성매매 여성이 도움을 요청했지만 대가든 배상이든 보상이든 무엇을 받을 권리도, 사기든 폭력이든 피해를 인정받을 권리도 공인받지 못한다는 것을 변호인으로 앉아보니 새삼 깨닫는다. 당사자와 절차를 밟으며 간접 경험하는 것은 성매매 여성에 대한 사회적 낙인과 편견, 수치심과 무력감 그리고 고립감이었다.

성매매 과정에서 발생한 피해를 신고했을 때 수사관이 갖고 있는 편견과 고정관념이 어떻게 인지수사[5]를 개시할 의지를 촉발하는지도 살펴볼 문제다. 수사관 스스로도 모르게 작동하는 성매매 여성에 대한 윤리적 평가는 물론, '피해자다움'에 대한 엄격한 기준이 함께 적용되면서 성매매 여성과 피해자라는 지위가 양립할 수 없다는 결론이 내려지고 이는 기계적 인지수사로 이어진다. 성매매 여성은 피의자로 인지된 이상 피해자가 아니므로 조사 과정에 있어 절차적 권리를 논의할 기회조차 주어지지 않는다.

나는 V와 함께 형사조정실[6]에 앉아 있었다. 형사조정위원은 가해자의 나이가 어리고 당장 마련할 수 있는 합의금이 한정적이라고 말했다. 우리는 형사조정위원에게 해당 범죄는 혐오범죄의 성격을 가지며, 쌍방 폭행 사건이 아니라 살인미수에 근접해 심각하다고 사건의 의미와 정황을 설명했다. 조정위원은 여기는 유무죄를 판단하는 곳이 아니고 당사자 간 적절한 합의지점을 찾는 곳이니 그게 중요한 게 아니라고 했다. V는 가해자로부터 전치 8주 이상의 상해를 입었고, 거의 죽을 뻔했지만 겨우 목숨을 건졌다.

V는 다니던 업소의 영업시간이 제한되자 경제적으로 큰 타격을 입었다. 단골손님이나 지인이 소개한 사람을 집으로 불러 시간을 같이 보내주는 일을 했다. 사건 당일 V는 성관계를 원하지 않았기 때문에 성관계를 요구하는 가해자에게 거부의사를 완강히 표현했다. 하지만 거부의사는 쉽게 묵살됐다. 다툼을 벌이다 가해자가 V의 몸에 올라탔고 V의 어깨와 얼굴을 주먹으로 내리치기 시작했다. 가해자는 도망가려는 V를 붙잡아 다시 쓰러뜨리고 목을 졸랐다. 가까스로 도망친 V는 그날 바로 경찰에 신고했다. 증거가 따로 필요할까. 거뭇한 파란색과 붉은색으로 물든 얼굴이 증거였다. 그런데 며칠 뒤 상대방이 V를 쌍방 폭행으로 고소했으니 피의자 조사를 받으러 오라는 연락을 받았다. 상황을 잘 이해하지 못한 V는 피의자 조사를 피해자 조사라고 오해하고 조사에 임했다. 그러다가 상대방이 진단서를 첨부해 자신을 폭행으로 고소했다는 사실을, 그리고 경찰이 그 말을 믿고 있다는 사실에 더해 자신에겐 경찰이 아니라 변호사가 필요하다는 사실을 알아챘다.

나와 V가 추가 피해에 대한 고소를 검토하던 중, 담당 검사가 당사자들에게 합의 의사가 있는지 물었다. V는 고민했다. 사건이 발생한 그 집으로 다시 갈 수 없어 친구 집에서 신세를 지고 있었고, 트라우마 때문에 밤에 일을 할 수 없어 벌이가 끊겼다. 사건이 발생한 동네에서 계속 지내다 가해자가 해코지를 하러 올까 두려워 서둘러 이사를 가고 싶었다. 사건을 오래 끌고 갈 시간적·경제적 여유도 없었다. 내가 형사조정을 거부할 수 있다고 설명했지만, V는 마무리를 짓고 싶어 했다. V가 합의 의사를 밝히자 검사는 사건을 형사조정에 회부했다. 가해자를 다시 봐야 하는 것도 힘이 드는데, 목숨값을 스스로 '흥정'해야 하는 상황에 처하자 V는 당황했다.

W는 가해자에 의해 기체 형태의 마약을 강제로 흡입하고 강간당했다. 성매매하기로 하고 호텔 방에 들어간 것은 맞지만 W는 그 뒤 자신이 어떤 일을 겪었는지 기억이 흐릿했다. 호텔 직원들이 로비를 헤매는 자신을 발견해 경찰에 신고해줬던 상황만 기억했다. 다행히 곧바로 경찰 조사를 받으면서 병원에서 검사를 통해 강간 피해를 입었다는 것을 확인했다. 성범죄 피해자라는 것이 확인되자 피해자 국선변호사도 선임됐다. 적정한 피해자 지원을 받으며 사건이 빠르게 진행된다고 생각했는데 W는 성매매 여성 지원단체를 통해 알게 된 내게 자주 전화했다. 어떤 부분에 대해서는 공식적으로 "물어볼 수가 없어서"라고 했다. 본인이 성매매를 계속해왔던 사실을, 성매매한 것 때문에

수사받았던 적이 있다는 것을 검사가 알면 자신은 어떻게 되냐는 질문이었다.

마약 관련 범죄 혐의가 더해진 사건이라 가해자는 기소됐고, 대부분의 혐의를 부인하기 어려워 불리한 상황에 이르자 W에게 합의 의사를 물어왔다. W는 합의에 응할 것인지, 합의금액은 적절한지를 고민했다. 가해자는 기소 전까지 W와 있었던 일과 관계에 대해 성매매를 합의한 성관계였고, 충분한 대가도 지급했다고 주장했다. W는 성매매를 하려고 가해자를 만났음을 수사기관이나 변호사에게 말해야 할 때마다 목에 이물감을 느꼈다. 물리적 증거가 다른 사건에 비해 분명한 강간 피해자인데도 합의를 하려니 괜히 눈치가 보이고 누구에게 솔직하게 물어봐도 되는지, 어디까지 말할 수 있고 어디까지가 말해서는 안 될 비밀인지 몰라 걱정이었다. 결국 변호사를 통한 협상은 접고, 피고인이 처음 제안한 합의금액을 수용했다. 그 뒤에도 W는 "법원에서 부르지 않겠죠?"라며 불안해했다. 가해자를 대면하는 데서 오는 두려움보다 숨기고 싶은 여러 사실을 공개해야 할지도 모른다는 불안 때문이었던 것 같다.

"진정한/자격 있는 피해자인가?"라는 질문은 수사기관만 하는 것이 아니다. 성매매 여성 스스로도 끊임없이 자문하고 검열하다 결국 피해자로서의 권리를 제대로 주장하지 못한다. 유리한 합의조건을 얻으려는 전략적 태도도, 유죄 주장을 위한 적극적 진술의견 제출도 가해자와 만난 계기가 성매매라는 이유로 어울리지 않는다고 생각하거나 피하고 싶은 행동이 된다. 피해를 인정받는 것 이후의 단계, 피해 회복을 위한 합의 과정에도 부정적인 영향을 미치는 현실이 어디에서 비롯되었을까?

"그런 일까지 동의한 적은 없다"는 합의가 필요하다

✳

X는 이주여성이다. 예술흥행비자로 한국에 입국했지만, 공연시설이 아닌 경기도의 한 유흥업소에서 일해야 했다.[7] 업주의 요구는 손님들과 대화하고 술을 파는 일에 그치지 않았고, 별도 마련된 공간 내 유사성행위나 업소 밖 '2차'까지 이어졌다. 업주의 요구를 거부하면 욕설과 함께 "성매매했다는 거 말해봤자 너만 추방 당한다"는 협박이 돌아왔다. 우연한 기회로 업소 단속이 이뤄져 이제 여기서 빠져나올 수 있나 싶었지만, 출입국관리법 위반 등 혐의로 강제퇴거 대상[8]이 되어 외국인보호소로 보내졌다. X는 성매매 여성 지원단체와의 접촉으로 법률지원을 받았고, 상담을 통해 업주에 의한 상습적 추행이 추가로 확인되었다. 업주는 X를 통제하기 위해 혹은 통제하고 있는 상황을 이용해 수시로 추행을 일삼았다. 업주의 기분에 따른 성적 비하나 욕

설과 같은 성희롱은 일상이었다. 업주나 손님이 상습적으로 벌인 성희롱과 추행은 X에게 정신적 상흔을 남겼다. 형사고소를 통해 일부 강제추행 혐의가 인정돼 업주는 유죄판결을 받았다.

하지만 정작 X가 성매매 강요, 성착취 목적 인신매매의 피해를 인정받거나 해당 죄목으로 가해자가 처벌받지는 못했다. 상대적으로 열악한 상황에서 위험을 '감수'하는 이주여성, 합법인 듯하지만 검은 속내의 파견업체(실제 성매매 알선업체), 구매자의 요구를 여성에게 강요하는 업주, 예술흥행비자 발급심사를 비롯해 이주민에게 차별적인 체류자격제도의 운용, 피해자 식별과 인신매매 처벌에 소극적인 수사기관과 사법부의 태도 등 총체적 문제를 살피지 않은 채 '상호 합의'를 상징하는 '(파견)근로계약서'가 강요와 착취 부분을 흐릿하게 만들기 때문이다. 성매매라는 주제에서 우리는 쉽게 구조적 문제를 사적 합의로 취급하고, 공적 개입의 필요성도 가능성도 포기한다. 그 결과 성매매처벌법이 보호하려던 '그 피해자' 식별도 제대로 되기 쉽지 않다.

합의나 동의가 항상 공적 개입을 배제하는 근거가 되는 것도 아니다. 이주노동자가 공장이나 농장 등 직장에서 겪는 성희롱과 성추행 피해는 성폭력처벌법은 물론 남녀고용평등법의 적용 대상이다. 최근 내가 지원한 사례에서는 외국인 노동자였던 피해자가 기숙사 내에서 당한 추행 피해 이후 겪는 심리장애를 업무상 관련성이 인정되는 산업재해로 보고 근로복지공단이 요양

급여신청을 받아들였다. 만약 X가 일하던 유흥업소가 근로기준법이나 여타 고용복지 관련 법과 남녀고용평등법의 적용대상이라면, 유흥업 종사자나 성매매 여성을 상대로 한 성적 괴롭힘을 성희롱으로 인정해 규제하고 사업주에게 예방 및 피해자 보호 의무를 부여한다면, 업소 내 발생 사건으로 피해자가 심리장애를 얻은 경우 산업재해로 인정한다면 어떻게 달라질지 상상해 본다. 문제는 사건이 발생한 유흥업소라는 환경을 '공적 개입'이 필요한 '장소' 또는 '일'이라고 보는 데에 아무도 동의하지 않을 것이라는 사실이다. 왜 이 공간은 논외인가?

우리 사회는 성희롱 피해를 예방하고 해결할 중대한 필요 때문에 직장 내에서 업무상 관련성이 인정되는 일로 피해자가 겪은 사건에 대해 조직의 개입을 의무화했다. 관련 법제는 조직과 관리자에게 의무를 부과한 것 이상으로 우리가 함께 해결하겠다는 사회적 합의와 의지를 보여준다. 하지만 어떤 직종과 직업군에는 공공정책의 적용이나 공공기관의 개입 필요성 혹은 가능성이 논의조차 되지 않는다. 직장 내 괴롭힘이나 성희롱·성차별을 뿌리 뽑고, 고용 안정을 높이고 실업 위험을 낮추며, 사업장 내 안전을 보장하는 등의 논의는 일하는 사람 모두를 위한 것일 테다. 자신의 몸에 대한 의사결정과 표현이 가능하다는 것, 눈앞에 벌어지는 상황에 대한 일말의 예측이나 통제 가능성이 담보되는 것, 함부로 시공간을 침해받지 않고 안전을 보장받는 것 등은 다른 직종과 직업군에서는 (실제로 지켜지는 것과는 별개로) 당연한 것으로 받아들여진다.

하지만 존재 자체가 불법인 어떤 직종과 직업군에서는 그 종사자(종업원)를 둘러싼 모든 불법이 한꺼번에 묵인 또는 용인된다. 이는 당사자가 해당 직업을 '선택'했기 때문에 감수해야 할 몫으로 두기엔 지나치다. 우리는 성매매라는 '맥락'에 놓인 모두를 위한 사회적 책임을 실천할 방법을 모색하고 대안을 만들어야 한다. 어떤 상황 속에서도 누구든지 "그런 일을 겪을 것까지 동의한 적은 없다"는 합리적인 판단에 합의한다면 공적 자원의 개입을 통한 문제해결의 단서를 찾을 수 있으리라.

텔레그램 성착취 사건을 계기로 디지털 성범죄가 여론의 관심을 받으며 피해자 지원책도 빠르게 논의됐다. 사건 발생 경위에 대한 일부 언론보도는 피해자들이 '고소득 알바'나 '스폰' 혹은 '조건만남'에 응하다가 피해를 받은 데 주목했다. 그런 일을 당해도 싸다는 식의 2차 가해성 발언과 왜 '자발적으로' 성착취에 가담한 이들을 지원해야 하냐고 불평을 뱉는 부류가 있었고, 그런 이유에서 미성년 피해자에 한해 지원해야 한다는 주장도 있었다. 성매매라는 '맥락'만 드러나면 가해자를 엄벌해야 할 필요는 축소하고 피해자 지원에는 인색해지는 현상을 쉽게 발견할 수 있다.

현행 성매매처벌법상 성매매 여성 처벌규정과 예외적으로 성매매 피해자만 보호하는 규정은 성매매 과정 중 피해를 겪은 여성이 이중의 자격을 갖춰야만 피해자로 인정받는 상황을 초래했다. 성매매 피해자이면서 강간이나 추행 피해자여야지, 성매매 피해자가 아닌 강간 피해자는 없다는 식이다. 그렇기 때문에 성매매 피해자로 인정받지 못하면 강간이나 추행 피해도 인정받지 못한다. 하지만 갈수록 성매매 피해자 식별은 쉽지 않다. 어디까지를 성매매로 볼 것인지, 성매매 피해자를 구별해내는 것이 과연 가능한지 판단하기 어려울 정도로 성매매의 유형과 유입 경로는 다양해지고, 복잡한 맥락 속 성매매는 여러 범죄의 시작과 끝에 닿아 있음을 확인할 수 있다.

피해자와 피해자 아닌 자 사이, 그 공백 속 누군가를 내버려두지 않을 대책이 필요하다. 성매매 여성이 성매매 과정 중에 범죄에 노출될 가능성이 매우 높음에도 피해자로 인정될 수 있는 요건을 어렵게 두는 것은 성매매 문제에 대한 사회적 개입을 회피하는 것이다. 성매매 여성의 취약한 지위로 인한 범죄 피해 노출, 피해를 인정받는 과정 전반, 신고에서 합의로 이어지는 과정 등에서 발생하는 악순환을 멈출 대책이 필요하다.

2부

성매매 여성을 처벌해온 역사

05

달아나고 싸우는 여자들의 역사로 본 '분리된 세계'

장원아

✳

빈곤한 조선 여성이 처한 겹겹의 구조적 종속 속에서 모든 모순이 해결되는 '해방'은 불가능했다. 따라서 당시 성판매 여성은 폭력적인 현실에 대한 개선을 통해 생존과 안정을 추구하는 데 집중했을 가능성이 크다. 이는 성매매에 대한 긍정이나 '자유의지'에 따른 자발적 선택과는 다른 맥락에 있다. 파업 기사 속 여성들은 현실을 긍정하거나 종속을 부정하지 않았지만, 긍정할 수 없는 현실을 문제로 제기하며, 자신들에게 주어진 조건을 인식하고 대응하려 했다. 대우개선을 요구한 파업에는 생존을 위해 상황을 최소한 좀 더 낫게 만들자는 의미가 있었다.

성매매 공간은 어떻게 일상 공간과 분리되었나

요즘 출근길에 청량리역 근처 주상복합 아파트가 올라가는 모습을 본다. 주변을 압도하는 높이라서 일부러 보려 하지 않아도 저절로 멀리서 보인 지 몇 달째다. 아파트가 들어서고 있는 장소는 '국내 최대 성매매 집결지'라 불렸던 이른바 '청량리 588'이 있던 곳이다.[1] 이곳은 지금 새로운 공간으로 변모하고 있다. 이렇게 도시의 확장 및 재개발과 함께 진행된 '밀어내기'의 역사는 몇 번이고 되풀이되었다. 서울을 비롯한 여러 도시에서 그런 모습을 현재진행형으로 발견할 수 있다. 성매매 구역은 도시의 개발 속에서 언급하려 하지 않는, 덮어버리고 싶은 역사로서 사라지고 있다. 서울의 경우 용산 도원동, 중구 묵정동, 서울역 앞 양동 그리고 종로3가 등이 그러하다. 여기서 모든 장소의 역사를 기억하고 그대로 보존해야 한다고 주장하려는 것은 아니다. 그보다 어떤 과거는 기억·기념되고 어떤 과거는 그렇지 않는지, 아니 지워버리려 하는지에 대해 기준은 무엇이며 왜 그러한지에 대해 질문하고 싶다.

성매매 집결지가 사라졌다 해서 성매매가 없어지거나 축소되지 않았음은 명확하다. 집결지에 있던 이들이 어디론가 밀려났을 따름이다. 자본을 필두로 한 도시재개발의 논리 속에서 성매매 집결지가 사라지며 성매매 공간은 변화하고 있다. 현재 합법과 불법의 경계에 있는 유흥산업을 비롯해 안마시술소, 다방과 같은 업소에서의 알선뿐만 아니라 오피스텔 성매매 등으로 성산업의 방식은 다변화되며 확장되었다. 그럼에도 단속과 처벌의 대상인 '성매매의 공간'과 그렇지 않은 공간이라는 분리의 개념, '성을 파는 여자'와 그렇지 않은 여자에 대한 구분은 여전히 존재한다. 그렇다면 애초에 '성매매의 공간', 즉 성매매 집결지라는 공간이 만들어지고 '일상의 공간'과 분리된 것은 언제부터인가? 이 공간 분리는 무엇을 위해 이뤄졌을까? 이 글은 성매매 공간의 분리를 환기하는 것을 시작으로, 성판매 여성에 대한 사회적 분리와 규제를 둘러싼 역사를 식민지시기를 중심으로 살피려 한다.

성매매 집결지가 정책적으로 만들어진 기원을 짚기 위해서는 성매매 관련 법과 정책이 근대적으로 규정되고 시행된 역사를 살펴야 한다. 성매매 집결지는 식민지시기 공창제公娼制 시행과 함께 탄생했다. 일제가 공창제를 시행한 이유는 국가의 시점에서 공창 여성에 대한 관리를 용이하게 하기 위해서였다. 근대 공창제는 군대 위안과 성병 관리를 기축으로 근대국가 건설, 특히 강력한 군대 건설의 이익과 결합해 탄생했다.[2] 근대국가는 군인 그리고 남성 노동자를 성병에서 보호하기 위해 여성을 '공창'으로 등록시키고 정기적으로 성병검진을 시행했는데, 여성들을 체계적으로 관리하기 위해 생겨난 공간이 성매매 집결지였다. 성판매 여성은 성매매 구역에 격리되어 이동을 제한받았고, 사회적 낙인 속에서 성매매하는 여성이라는 사회적 역할로 고정되었다. 이러한 지리적·사회적 격리는 법적으로 제도화되었다. 즉 공창제는 '보통의 여자'와 다른 특수한 집단으로서 성판매 여성을 설정하고 구분하는 법적 장치였으며, 성매매 집결지는 그와 같은 특수한 집단을 모아놓은 곳이었다.

현재 공창제는 사라졌지만 그 유산은 남아 있다. 국가의 허가를 받지 않고 영업하는 성판매 여성을 공창公娼과 구별해 사창私娼이라 했다. 1947년 미군정하 남한 과도입법의원에서 공창제 폐지가 결정되었고, 이것이 1948년 2월 15일에 발효됨으로써 국가의 허가를 받은 '창기娼妓'는 사라졌다. 이렇게 공창제는 법적으로 사라졌지만 현실에서 성매매는 국가의 묵인 속에서 유지되었기에, 공창과 대비되는 의미에서 쓰인 '사창'이라는 용어만 남아 현재에도 '사창가'라는 말이 쓰인다. 즉 지금도 여러 지역에 남아 있는 성매매 집결지라는 공간의 기원, 이를 가리키는 '사창가'와 같은 용어, 그리고 성매매를 일상으로부터 배제하고 격리하는 개념 등은 근대 성매매 제도의 유산으로서 지속되고 있다.

배제와 처벌을 통해 분리된 세계

공간을 분리한 것은 여성에 대한 분리, 그리고 공간을 벗어난 성매매 여성에 대한 처벌로 이어졌다. '성을 파는 여자'와 그렇지 않은 여자를 법적으로 분리한 제도를 먼저 살펴보자. 근대 한국에서는 19세기 말 개항장의 일본인 거류지를 중심으로 공창제가 도입되기 시작했다. 1881년 부산과 원산의 일본인 거류지에서 성매매 및 성병관리규정이 만들어졌고, 한국이 일본의 '보호국'이 된 이후 1908년에는 '창기단속령', '기생단속령' 등이 제정되어 기생이나 창기로 일하는 여자는 경찰에 신고하고 허가증을 받아야 함을 규정했다. '창기단속령'은 허가증 없이 '매음賣淫' 즉 성판매를 하는 자를 구류나 벌금형에 처한다고 정했다. 허가증을 받은 창기만이 성판매를 할 수 있었으며, 그렇지 않은 경우는 '밀매음密賣淫'이라 하여 처벌 대상이 되었다.

이것은 강제병합 이후 1912년의 '경찰범처벌규칙'에서 다시금 규정되어, '밀매음녀'와 매음을 알선하는 자 모두 처벌 대상이었다. 다만 구매자 남성에 대한 처벌규정은 없었다. 밀매음으로 경찰에 단속되었을 경우 여성은 대략 5일에서 10일, 길게는 15일의 구류처분을 받았지만,[3] 남성의 경우 다른 위반행위가 없다면 '엄중한 설유', 즉 훈계를 듣고 풀려나는 경우가 보통이었다. 또한 1914년 조선총독부는 제령 제23호로 '행정집행령'을 공포했다. 행정집행령은 제2조에서 밤에도 밀매음 현행범으로 인정되는 때에는 거주자의 의사와 상관없이 경찰이 저택에 쳐들어갈 수 있음을 보장했다. 제3조에서는 밀매음 범법자로서 상습적으로 밀매음한 자에 대해서는 그 건강을 진단하고 지정한 의사의 검진을 받게 하여, 전염성 질환에 걸려 필요하다고 인정할 때는 병원에 입원시키고 치료를 마치기까지 지정한 장소에서 외출을 못하게 할 수 있고 그 비용은 본인이나 중개자의 부담으로 한다고 정했다.[4] 아래 밀매음 처벌의 사례를 살펴보자.

행정집행령의 적용
풍기문란자에게 벽력

서울 관철동 28번지에 사는 고현옥 스물일곱 살 된 계집은 원래 일정한 남편이 없이 주야로 가만히 매음하기에 골몰할 뿐이라 돈도 많이 흘려들이는 계집인데 지나

> 간 18일 오전 1시에 서울 전동 108번지에서 모물전(毛物廛, 털과 가죽을 활용한 의류 가게) 하는 차규호 서른 살 된 자에게 현금 20원을 받고 몰래 매음하는 것을 눈치 빠른 순사가 알고 쫓아들어가서 남녀 두 명을 잡아가지고 북부경찰서로 가서 사나이는 중히 설유하야 보내였고 계집 고현옥은 과료금 19원에 처한 후 행정집행령에 의지하야 제일로 시곡 검사소로 보내여 검사까지 마치었는데 밀매음녀 검사는 이번 처음으로 실행하는 바이더라.[5]

위 기사에서 나타나듯이 처벌된 것은 여성뿐이었다. 국가의 허가를 받지 않은 '밀매음녀' 고현옥은 벌금처분을 받은 것에 더해 강제로 성병검진을 받았다. 이처럼 '성병 관리'는 공창과 사창을 구분하고 국가의 허락을 받지 않은 성판매 여성을 단속·처벌하는 근거가 되었다. 이처럼 국가는 성을 구매한 남성에게 아무 책임을 묻지 않고 여성만을 성병 감염원으로 간주했다. 그러나 공창제하에서 성병은 날로 만연했다. 식민지시기 내내 지속적으로 성병 감염율이 증가했다는 것은 공창제의 실패를 보여준다.[6]

그럼에도 식민지시기 공창제는 착착 자리를 잡아갔다. 시민의 보건위생 그리고 '일반 여성'의 정조를 보호하기 위함을 근거로, 성판매 여성의 분리와 공간의 분리가 법으로 정해진 것이다. 그 내용은 조선 전역에 공창제를 통일적으로 시행한 1916년 '대좌부창기취체규칙貸座敷娼妓取締規則'을 통해 구체화되었다. 대좌부창기취체규칙은 성매매 영업 구역인 유곽의 지정 및 창기의 외출 금지 등 공간적 분리를 규정했다. 관련 내용을 살펴보자.

먼저 유곽의 지정에 대한 법령을 검토하면, 대좌부영업[7]의 지역, 즉 유곽 설치 지역은 각 도의 경무부장이 결정해 고시했다.[8] 다만 부칙으로 조선인 창기에게는 지정구역이 아니더라도 성매매를 허가했다. 이것은 1916년 공창제 시행 당시 성매매 여성을 모두 유곽에 집결시킬 수 없었기 때문이었다. 개항 이후 조선에 들어온 일본인 업자와 여성 들은 처음부터 특정 구역에 모여 있었기 때문에 이를 집결지로 지정하는 것이 어렵지 않았다. 하지만 조선인은 집결 상태도 느슨했고 공·사창의 구분도 모호해 특정한 지역을 지정하는 것이 쉽지 않았다. 그래서 연구자들은 조선총독부가 일단 서둘러 법령을 구비하고 적극적으로 관리하는 쪽으로 정책 방향을 잡았다고 해석하기도 한다.[9] 일본인의 조선 이주와 도시 인구의 증가를 배경으로 성매매 수요가 늘어났기 때문이다. 조선총독부는 구역 바깥에 있던 조선인 창기에게 일단은 영업을 허가했지만, "관내에 색주가가 많으니 시가의 체면과 풍화(풍속)상 문제가 있다"며 이들에게도 유곽 지역 근처로 옮길 것을 명령했다.[10] 1915년 조선물산공진회가 서울에서 열리며 이곳에 방문하는 인구가 늘어났던 것과 6월 조선에 상주사단이 창설되어 용산에 사령부가 설치되고 남성 인구가 늘어난 것이 급히 성매매 관련 법령을 정비해야 했던 배경으로 지목되기도 한다.[11] 이처럼 '체면과 풍속'을 이유로 성매매 공간의 격리가 시간을 두고 정비되어 갔다.

다음으로 외출을 제한한 법령을 살펴보자. 대좌부창기취체규칙에 따르면 창기는 관할 경찰서장의 허가를 받은 경우를 제외하고는 유곽 밖으로 나갈 수 없었다. 단, 관할 경찰서에 서류를 제출하기 위한 경우만이 예외였다. 또한 계약한 업소 외에서는 기거하거나 숙박할 수 없었고, 치료 등 어쩔 수 없는 사유로 경찰서장의 허가를 받은 경우에만 예외가 인정되었다.[12] 이 같은 외출제한규정은 예기 또는 작부에게도 있어서, 1박 이상의 여행을 하려 할 때는 경찰서장의 허가를 받아야 했다.[13]

법적으로 규정된 격리와 외출제한은 어떤 문제로 이어졌을까? 이는 여성의 신체와 생활 전반을 구속했다. 이동의 자유를 제약당한 여성의 생활이란 필연적으로 업주에게 매인 것이었다. 여성은 계약 당시의 전차금前借金[14]을 갚아야 하는 부채 상태에 있었으며, 구타를 비롯한 폭력에 고스란히 노출되었다. 이를 살피기 위해 1920년대 당사자의 목소리를 들어보자. 다음 인용문은 함경남도 신흥에 있는 김삼순(21)의 편지가 "현 사회를 말하는 일 창기의 수기"라는 제목으로 보도된 것이다.[15]

(…) 나는 철없는 몸이고 어머님은 완고하신 것을 기회로 나의 친척 가운데 어떤 부랑한 사람이 나를 요리점에 450원에 팔았다고 하옵는데 나는 그때부터 고생살이를 하게 되었습니다. 그래서 수원, 연안, 개성, 김천, 안주 등지로 팔리어 다니었는데 그 억울한 말씀을 어찌 다 하오리까. (…) 그리하여 금년 3월에 김천에서 함남 신흥이라는 지방으로 팔리게 되었는데 지금 함남 신흥읍내 안응관 안긔남이라는 사람에게 862원이라는 돈에 팔리어 와 있습니다. (…) 김천에서 740원에 팔리었는데 의복 등 기타 35원가량인데 지금 루주(기생집의 주인)가 매어논 채금이 862원이나 되었습니다. 그나저나 이 800원이 넘는 돈을 언제나 다 갚고 나도 언제나 자유의 몸이 될까요. 생각하오면 기가 막혀 죽겠습니다. 그런데 1개월에 80원가량이나 벌어주는데 불과 20원밖에 차금을 덜고 그리고 영업상에 필한 도구는 주인이 공급한다고 계약에는 명백히 써놓고도 주지 않고 만약 준다하오면 차금으로 올리고 그리고 또는 20원 이하 돈은 원 차금으로 증가하고 그리고 손님에게 술값과 화대를 외상으로 한 것은 우리들의 차금으로 올립니다. 그리하며 내가 이 집에 와서 이와 같은 돈을 벌어준 것이 대략 계산한다면 700원이옵는데 지금 겨우 차금 내린 것이 100여 원밖에 못됩니다.[16]

김삼순은 처음 450원의 전차금에 "어떤 친척이 나를 팔았다"라고 이야기한다. 당시 창기가 되기 위해서는 16세 이상으로 결혼 전이어야 했고 아버지(아버지가 사망한 경우에는 어머니, 부모 모두 없을 때에는 친권자나 후견인 등)의 승낙서가 필요했다. 예기·작부의 경우 나이 관련 규정이 없었으며, 유부녀도 될 수 있었는데 이때는 남편의 승낙서가 필요했다. 목돈인 전차금은 이들 승낙서를 쓴 가족·친족의 몫이 되는 경우가 보통이었으며 여성의 노동으로 이 부채를 갚아야 했다.

처음의 450원은 김천으로 올 때 740원으로, 다시 862원으로 증가했다. 이렇게 부채가 연쇄로 존재하면서 여성은 교환 가능한 대상이 된다.[17] 또한 그가 6년여 간 수원, 연안, 개성, 김천, 안주, 신흥으로 이동한 것을 볼 수 있다. 대략 1년마다 타지로 이동한 것이다. 이처럼 여성들은 지역의 경제 상황이나 '새로운 여자'를 필요로 하는 요구 속에서 끊임없이 다른 지역으로 이동했다.[18] 이를 '전신매매轉身賣買' 또는 '전매轉賣'라고 하는데 합법적인 기한 연장 방법이었다.[19] 전매를 통해 성산업의 여성들은 여러 지역으로 보내졌고 그때마다 부채는 늘어났다.

> 이런 것 저런 것 경찰서에 말한즉 주인이 죽도록 때리고 우선 경찰서에서는 냉정히 우리는 한 층 아래 사람으로 볼 따름이옵나이다. (…) 지난달 13일에는 아무 이

유 없이 나를 때림으로 죽도록 맞았습니다. (…) 처음 맞은 것 같으면 모르겠으나 하도 여러 번 맞고 나니 참을 수 없나이다. 오! 우리는 슬픈 처지에서 나서 슬픈 처지로 세상을 마칠 것입니까? (…) 내가 이 집에 와서 얼마 못 있는 중에 십여 차례 이와 같이 구타를 당하였는데 이 집에 나와 같이 있는 동무들은 얼마나 맞고 얼마나 속이었는지 그 수를 헤아릴 수 없나이다. 그리하여 분을 참지 못하여 당지 공의에게 진단을 요구한즉 화해를 하라는 것도 불구하고 강요한즉 도장도 찍지 않고 내줌으로 할 수 없이 함흥으로 고소를 간즉 그 주인이 도주한다고 고소를 하여 하룻밤 함흥경찰서 유치장 구경도 하였습니다. 그래서 할 수 없이 신흥으로 돌아와 전에 쓴 진단서에 도장 찍어 달라고 요구한즉 그대로 도장을 찍었다가 몇 자 틀린 글자가 있다고 찢어버리고 처음 쓴 것보다 가볍게 써주오니 어찌 억울한 말씀을 다 하겠습니까. 우리는 한 층 아래 사람인가요? (…) 우리는 죽어 마땅합니까? 우리에게는 법률도 없습니까? 도덕도 없습니까?[20]

부채의 존재는 업주와 여성 간 권력위계를 강화했고, 이러한 상황에서 구타가 일어났다는 것을 볼 수 있다. 경찰과 의사는 이 폭력을 외면했다. 경찰은 접객업 여성들에게 허가를 내주고 유곽을 관리·감독하는 권력을 가졌지만, 여성의 폭력 증언을 무시했다. 식민지시기에 지역마다 배치된 의사인 공의公醫는 매주 성병검진을 시행했는데, 기사 속 의사는 포주의 구타로 인한 상해진단서에 도장 찍기를 거부했고 부상의 정도를 가볍게 바꿔서 진단서를 내줬을 뿐이다.

지역의 권력자라 할 수 있을 경찰과 의사는 왜 여성이 당하는 폭력에 눈감았던 것일까? 당시 성산업 제도 운용은 여성의 종속을 전제로 하여, 부채 관계에서 채권자(포주)의 권리가 보호되어야 마땅한 것으로 여겨졌다.[21] 연령미달자를 창기로 삼으려 한 것이 밝혀졌을 때도 경찰은 창기허가를 취소했을 뿐 업주가 여성에게 빚 독촉하는 것을 묵인한 사례에서 드러나듯,[22] 경찰은 포주의 권리를 앞장서 보호했다.

경찰과 포주의 유착에 있어 접객업은 조세 수입의 중요한 재원이었기에 권력이 이를 비호했다는 점을 상기할 수 있다.[23] 접객 여성과 포주는 각각 세금을 납부했다. 총독부와 지방의 행정당국은 다양한 방식으로 영업수입을 조세로 거뒀다. 재정부족에 시달리던 식민권력의 입장에서는 접객업이 번성할수록 조세수입이 풍성해지는 것이었다. 창기의 입장에서는 처음 계약 시의 전차금뿐만 아니라 유곽에서 먹고 자는 비용 모두가 부채로 처리된 데 따른 늘어나는 빚을 상환하는 동시에, 당국에 세금을 낼 의무까지 지닌 셈이다. 영업을 쉬고 돈을 벌 수 없더라도 세금은 내야 했다. 성병이 발견되면 완치될 때까지 영업을 할 수 없었지만 이런 불가피한 사정에 대한 공제규정이 설정되지 않은 경우가 대부분이었다.

위 수기대로라면 김삼순은 폭력을 참지 않고 어떻게든 맞서 싸우려 했다. 경찰과 의사를 찾았으며, 신흥의 경찰이 자신을 무시하자 고소하기 위해 옆 도시인 함흥경찰서를 찾았다. 당시 법령대로라면 창기는 지정구역 밖으로 나갈 수 없었지만, 현실과 법령 사이에는 늘 괴리가 있기에 외출제한의 시행은 경우에 따라 달랐던 것으로 보인다. 동일한 내용의 법령이 존재했던 일본 본국에서도 창기의 외출제한 시행은 지역차가 있었다고 하여, 도시의 유곽일수록 관리가 엄격한 경향이 있었던 것으로 여겨진다.[24] 주목할 점은 주인이 함흥경찰서로 간 김삼순을 도주했다고 신고해 그녀가 유치장에 갇혔다는 대목이다. 성매매 여성의 외출은 신고감이었던 것이다.

도망친 여자들의 다양한 얼굴

통제와 규제가 있었다는 것은 이를 어기는 경우도 있었음을 의미한다. 도주는 공창제하 창기들이 자주 취한 대응책이었다. 다른 방법은 없었을까? 제국 일본의 공창제는 '자유폐업'이란 이름으로 창기의 '그만둘 권리'를 인정했다. 그러나 일을 그만두더라도 빚의 변제 의무는 남아 있었다. 빚을 갚을 방도가 달리 없었던 여자에게 주어진 폐업의 자유란 명목상의 자유에 불과했다.[25]

게다가 '자유폐업' 시도는 일본 본국과 달리 식민지 조선에서는 정책적으로 지지받지 못했다. 일본 본국에서는 1926년에 '창기의 대우 개선'이 내무성 정책으로 나왔다. 이와 같은 정책은 일본이 1925년 여성과 아동에 대한 국제 인신매매 금지조약에 가입한 것과 '폐창' 즉 공창 폐지에 대한 높은 지지 여론에 힘입었는데, 조선과 대만 같은 식민지는 이 국제조약의 적용대상이 아니었다. 하나의 제국 안에서도 식민지의 사람들은 더 취약한 위치에 있었다. 조선에서도 폐창 운동과 비판여론이 좌우 계열을 막론하고 지식인들 사이에서 일어났지만,[26] 업주들의 힘을 무시할 수 없었던 지역 경찰의 이해관계가 존재하는 상황에서 폐창론의 영향력은 미미했다.

창기들의 도주는 이러한 국제적·사회적 상황을 배경으로 살필 수 있다. 일본의 창기 대우개선안 소식이 전해지고 폐창 여론이 고조되던 1926년 10월, 경상북도 김천에서는 세 창기가 도주했다 붙잡히는 사건이 있었다. 당시 기사를 살펴보자.

자유폐업하려고 김천 기생 단발 / 세 명이 의논 후

경북 김천경찰서에서는 지난 10월 25일에 십팔구 세씩 되어 보이는 묘령의 단발미인 세 명을 불러다가 장시간 취조를 하였다는데 그들은 김천 요리점 명월관 창기 이선화(19), 김도향(20)과 장춘관 김록주(19)로 공모하고 13일에 선산으로 놀러간다 하고 각기 돈 10원씩을 그의 주인에게 주고 다음 날 오전 4시 50분 김천역을 떠나는 남행열차를 타고 왜관역에 내려서 각기 주인에게 자유폐업을 하겠다는 의미로 편지를 하였으므로 포주들은 이 편지를 받아보고 즉시 사람을 보내여 그들을 데려갔었는데 그들은 다시 요리점으로 가지 않고 어떤 여관에 들어가서 세 명이 생명보다 중하게 여기는 머리를 깎아버렸다더라.(김천)[27]

김천 요리점 창기 총 맹파盟罷[28]

머리를 벤 우에 단지까지 / 다른 요리점 창기도 맹파

김천에서 창기들이 스스로 깨닫고 폐창운동을 일으켰다 함은 이미 보도하였거니와 그 후 김록주라는 창기는 포주 편에서 김도향, 이화선[29]과 함께 붙들어다가 채금을 내놓으라고 성화같이 독촉함으로 열렬한 반항의 기개를 보이기 위하야 자기의 머리를 끊어 맹세를 하더니 김록주는 또다시 자기 손가락까지 끊었으며 채금에 대해서는 지금 당장에 저축한 돈이 없은즉 우리에게 자유폐업을 하도록 하면 1년 이내에 갚겠다고 하였으나 포주편에서 듣지 않으므로 그들은 입을 모아 우리의 목숨의 죽어 없어지는 것으로나 채금을 갚을 터이니 마음대로 하라고 태도가 더욱 강경한 터인바 이 소문이 김천 시내를 한번 돌자 각 요리집에 있는 다른 창기들도 동요되어 총파업을 단행할 형세가 농후하더라.(김천)[30]

김천의 이선화, 김도향, 김록주가 새벽기차를 타고 김천을 떠나 왜관에 도착해 '자유폐업'을 선언했다는 내용이다. 당시 신문에 실린 일본의 자유폐업 관련 소식에 영향을 받았을까? 후일의 기사에 따르면 이선화와 김도향은 보통학교를 다닌 경력이 있었으며, '사회주의하는 청년'과 교류했다고도 한다.[31] 하지만 세 여자는 바로 붙잡혔다. 규정에 따라 포주는 창기가 도주하면 속히 경찰에 신고해야 했다.[32] 경찰서에서는 주변 지역에 협조를 요청해 창기를 붙잡기도 했고, 주인이 현상공모를 내는 경우도 있었다.

주목할 것은 이들의 '저항'이 붙잡힌 데서 끝나지 않았다는 점이다. 셋은 그만두겠다는 뜻을 굽히지 않고 단발을 했다. 1926년은 단발한 여성이란 '여성의 전형'에서 벗어난 존재로 간주되었던 시기다. 서울에서 허정숙을 비롯한 '세 여자'가 단발하자 신문에 보도되고 길에서 사람들의 구경거리가 되었다는 것이 바로 전 해인 1925년 일이었다.[33] 단발한 '세 여자'의 이야기가 서울의 신여성 중에만 있지는 않았던 것이다. 김천의 '세 여자'는 여성성을 표현하는 긴 머리를 자름으로써 상품으로서의 신체에서 스스로 벗어나고, 당장 돌아갈 길을 차단하며 저항했다. 이런 움직임은 다른 이들에게도 전파되었다. 보도에 따르면 다른 창기들도 이 소식에 연대하며 손님을 사절해 김천의 요리점이 모두 영업을 임시 중지했다고 한다.[34]

함경북도 청진에도 '세 여자'가 있었다. 1927년 8월 청진 망월루의 창기 최수덕(18), 심남이(18), 최봉선(20)은 새벽에 단발을 하고("머리를 끊어버리고") 포주에게 경고문을 쓴 후 아침 차로 북쪽 국경도시인 회령 방면으로 도주했다.[35] 포주는 바로 청진경찰서에 수색원을 제출했고, 여자들은 청진과 회령 중간지점인 고무산역에서 체포되어 그날 저녁 다시 청진경찰서로 호송되었다. 모두 경상남도 출생이고 보통학교를 졸업했다는 세 여자는 유치장에 갇혀 8일간 단식하며 투쟁한 결과, 결국 "처음 몸값에서 반분씩만 상환하되 월부로 갚겠다는 계약으로" 자유폐업을 쟁취했다. 그런데 경찰은 남은 빚을 갚으려 술장사를 시작하려 한 이들에게 "사회주의자의 행동과 거의 같고 다른 여자에게 전염될 위험성이 있다"며 청진 땅을 떠나라고 명령했다.

청진의 '세 여자'가 어떻게 되었는지는 알 수 없다.

달아난 여자들의 이야기가 비극적이기만 했던 것은 아니다. 대담하고 뻔뻔하게 대처한 경우도 많았다. 경남 거제의 창기 빈농선(본명 봉아, 18)은 도주 과정에서 생긴 부상을 걸고 포주를 상해죄로 고소하려 했다. 빚 200원이 4년 만에 700원으로 불어나 도주한 후 붙잡혔지만, 포주에게 맞은 상처로 의사의 진단을 얻어냈던 것이다.[36] 경성 대동권번 기생 홍난월(19)는 거짓 유서를 쓰고 자살을 위장했다. 한강철교에 가서 빠져 죽었다는 소문이 났으나, 사실은 애인과 상해로 도망쳤던 것이다. 홍난월은 출산을 위해 비밀리에 친정으로 돌아오며 채권자인 업주에게 발각되었다.[37]

한편 도주를 전하는 기사들은 포주의 학대를 함께 전하면서, 약자의 탈출을 응원하는 듯한 모습을 보인다. 그러나 성산업 관련 여성이라고 해서 꼭 선량한 희생자인 것만은 아니었다. 전차금이라는 조건을 역이용한 경우도 있었다. 이점순(23)은 2년 반 계약을 맺고 현금 220원을 받아 개성에서 인천으로 향하던 중, 열차가 서울역 앞에 1시간가량 정차한 사이 정거장의 혼잡 속에서 도망쳤다. 이점순은 수차례 같은 수단으로 전차금을 사기 횡령한 상습범으로 경찰이 수사에 나섰다.[38]

전차금을 갚아준 남성에게서 도망친 경우도 있었다. 경성의 여급 장복순(19)의 경우 전차금 170원을 어떤 사내가 결혼하자며 상환해주었는데, 자유를 찾은 후 결혼을 거절했다. 경찰이 사내의 손을 들어 장복순은 사기혐의로 검속되었다.[39] 오산역 앞 음식점의 작부 양춘옥(23)은 여관 고용인 한용갑(33)이라는 "가난한 늙은 총각"에게 호소해 결혼 약속을 하고 60원의 전차금을 갚았는데, 이틀 동안 남자와 함께 지낸 후 자취를 감춰버렸다.[40] 이렇게 사기를 치고 도망친 여자들에 대해서 언론은 "못 믿을 여자의 눈물", "은인을 일축", "뺑소니"라고 비난했다. 사회가 요구한 순수한 피해자상에 들어맞지 않았기 때문이다. 이 같은 '뺑소니' 사례를 일반화할 수는 없지만, '부채를 지고 팔려간 여성'이 반드시 수동적이고 불쌍한 희생자이지도 계급적 정의를 추구하는 단일한 저항주체이지도 않으며, 그 내부에는 다양한 스펙트럼이 있음을 마주할 수 있다.[41]

도망치지 않은 여자들의 파업

✳

모든 여자가 유곽에서 도망치거나 창기를 그만두려 한 것은 아니다. 도망친다 해도 각종의 추적이 따랐으며, 그만둔다 해도 빚을 갚아야 했기 때문이다. 결국 목소리를 내며 싸움을 선택한 여자들이 있었다. 특히 1920년대 후반 이후 노동자·농민의 쟁의가 활발해진 사회적 분위기를 배경으로, 언론에는 창기와 작부의 집단적 저항 사건 보도가 다수 등장했다.[42] 각지에서 일어난 창기·작부의 집단행동에 대한 보도를 살펴보면, 앞서 살핀 사례를 포함해 자유폐업과 '해방'을 요구한 경우, 폐업보다는 대우개선을 요구하며 경찰에 탄원서를 제출한 경우, 대우개선 요구사항을 내걸고 계획적으로 파업한 경우, 파업을 실제 행하지는 않았지만 상황이 알려져 주변 단체가 개입하거나 보도된 경우 등 다양하다. 또한 용정, 하얼빈 등의 파업 소식도 전해지고 있다. 1916년 서울 신정유곽 파업 보도에서 "가끔 창기들의 동맹휴업이 있고 또 본정 경찰서에 수고를 끼치는 일이 있는바"라고 서술된 것처럼, 기사화되지 않은 사건도 있었을 것이다.

파업을 벌인 여자들은 왜 집단행동에 나섰고 무엇을 원했을까? 신문보도는 대부분 포주의 학대를 원인으로 제시했다. 신문에 나타난 '학대'는 생활조건의 문제, 경제적 착취, 규정 혹은 계약사항 무시, 구타와 강간 같은 폭력을 포괄했다. 파업 사례를 살펴보자. 함경북도 청진의 망월루에 있던 11명의 창기는 1931년 4월 포주를 불법감금, 구타, 강간, 사기죄로 고소하고 동맹파업을 벌였다. "파업의 승리를 위하여 단발로써 일치단결을 맹약하고 이어 죽음으로써 항쟁할 각오로 (…) 아사餓死 동맹까지 조직하야 화류계에서 일찍이 보지 못하던 '센세이션'을 일으키고 있는 중"[43]이라는 보도처럼 이들은 단식을 하면서 저항했다. 11

명 창기의 요구는 '무조건 해방'이었다. 파업단은 포주가 음식을 제한하고 구타했으며, 과도한 빚을 지웠고, 유곽 내 방들 사이 통행까지 금지했다고 증언했다. 또한 11명 중 포주에게 "강간을 아니 당한 사람은 하나도 없"었다.[44] 창기들은 강간이 폭력임을 명확하게 인식하고 문제제기했던 것이다. 파업을 벌인 여성들의 목소리는 요구 조건을 내세운 경우에 더 명확하게 드러났다. 요구를 구체적으로 확인할 수 있는 기사를 보자.

> 창기 등 맹파하고 경찰에 탄원
>
> 평양부 내 진정유곽 대범루 창기 정도화 외 3명은 지난 16일 밤 다섯 가지 요구 조건에 연명 날인하여 평양경찰서장에게 발송하는 동시에 맹파를 단행한 일이 있었는데 그 가련한 요구조건이란 것은 다음과 같다.
>
> 요구조건
>
> 一. 창기를 구타하지 말 것
>
> 一. 휴업자에게 영업을 강제하지 말 것
>
> 一. 질병 환자를 간병하라
>
> 一. 회수回收 희망 없는 화대의 결손을 창기에게 부과하지 말 것
>
> 一. 계약위반행위를 없게 하라[45]

북청 창기 10명 대우개선 요구 맹파, 주인은 요구를 들을 듯

지난 11일 밤 함남 북청읍의 을종요정 함신관 창기 10명이 결속하고 단지斷指를 하야 피를 나누어 먹고 단결을 맹세한 후 단식까지 하야 다음과 같은 11개 요구조건을 제출하고 일제히 동맹파업을 단행하였다. 탐문한 바에 의하면 동 요정의 포주 김명제는 기생들과의 계약상의 모든 조문을 이행하지 않을 뿐 아니라 기생들의 대우를 너무 불측하게 하며 기생들의 채금에 대하여도 문서상으로 너무 억울한 것이 지금까지 상당히 많았으나 모든 것을 참고 있던 중, 앞에 쓴 요정의 김수향이라는 기생이 7일부터 병으로 눕게 되었는데 포주는 환자의 간호는 고사하고 밤에 불도 잘 때어주지 않고 전등도 켜지 못하며 더욱이 의사의 진찰조차 잘 들어주지 않음으로 분개한 그들은 참아오던 불평불만을 일일이 제시하야 11일부터 영업시간에 영업도 하지 않았는데 처음 일어나는 종류 다른 파업인 만큼 일반은 금후 사건 전개 여하를 상당히 주목한다고.[46]

위에서 소개한 청진·평양·북청의 파업은 모두 1931년에 일어났다. 1931년은 어떤 해였나? 대공황이 전 세계를 강타한 가

운데 조선의 경제상황도 예외가 아니었다. 1920년대부터 불황이 이어져 빈곤과 실업이 급증했다. 1931년은 '불황의 최저점'이라 부를 만한 해였다.[47] 불황을 배경으로 노동운동이 거세져 도처에서 파업과 투쟁이 일어나고 있었다. 당시의 성매매 여성 역시 이러한 사회 변동과 무관하지 않았다.

계약조건 이행, 구타 금지, 휴식 보장을 내건 창기들의 요구사항은 다른 노동 쟁의에서 '노동자의 권리'라는 이름하에 요구된 항목과 다르지 않았다.[48] 특히 북청 함신관 파업에서 나온 요구조건 중에는 규정·계약 이행, 생활조건, 경제적 요구 외에 청소나 세탁을 시키지 말 것, 창기를 차별 대우하지 말 것, 불친절하게 접객해 고객을 감소시키지 말 것 등이 있었다. 즉 폭력과 학대 같은 사회적으로 '정당성을 인정받기 쉬운 이유'가 아닌 요구사항이 등장했다는 점, 그리고 수익창출에 방해되는 행위를 하지 말 것을 포주에게 요구한 점이 눈에 들어온다.

이러한 움직임은 서로에게 영향을 미쳤을 것이다. 1937년 함경북도 성진 욱정유곽 등견루에서 일어난 파업에서, 창기 천향심은 "아무리 우리가 창부라고 하여도 쉬인 밥을 먹인다는 것은 위생상에 해로울 뿐만 아니라 인도상으로 보아도 용서치 못할 일"이라며 '사람다운 대우'를 요구했다. 또 외출의 자유가 없으며, 같은 요리점에 있는 여자들 간에 차별대우를 받는 것은 묵과할 수 없다면서 "우리가 이번에 이렇게 포주에게 항쟁을 하게 된 것은 나 한 사람의 필요를 위한 것이 아니고 공창제도가 폐지되지 않는 한 금후 나 같은 역경에 굴러떨어질 수많은 가련한 후배들의 이익을 위함"이라 말했다.[49]

'일상의 공간'과 의도적으로 분리된 세계에 있던 창기들은 우리도 '사람'이라고 목소리를 내어 요구했다. 학대를 고발하며 시작한 창기의 파업은 점차 폐업보다 '대우개선' 즉 '인간다운 대우'를 요구하는 경향을 보였다. 불을 때지 않는 방이나 쉰밥에 대한 개선부터 시작해, 노동조건의 완화를 주장한 목소리는 당대의 폐창 운동과 방향이 달랐다. 폐창 운동은 성매매를 죄악시하고 여성을 마굴에서 끌어내는 것을 목표로 제시했다.[50] 그러나 창기들의 파업 실례를 보면 '해방'과 '자유폐업'을 목표로 한 경우도 있었지만, '노동조건 개선'을 내건 경우가 대부분이었다. 이들은 폐창 운동가들이 부르짖은 '해방'과 다른 방향의 변화를 요구했으며, 이들의 구호는 생존을 모색해야 했던 파업 참여 여성들의 현실을 반영했다.

빈곤한 조선 여성이 처한 겹겹의 구조적 종속 속에서 모든 모순이 해결되는 '해방'은 불가능했다. 따라서 당시 성판매 여성은 폭력적인 현실에 대한 개선을 통해 생존과 안정을 추구하는 데 집중했을 가능성이 크다. 이는 성매매에 대한 긍정이나 '자유의지'에 따른 자발적 선택과는 다른 맥락에 있다. 파업 기사 속 여성들은 현실을 긍정하거나 종속을 부정하지는 않았지만, 긍정할 수 없는 현실을 문제로 제기하며 자신들에게 주어진 조건을 인식하고 대응하려 했다. 대우개선을 요구한 파업에는 생존을 위해 상황을 좀 더 낫게 만들자는 의미가 있었다.[51]

지금도 분리된 세계를 마주하기 위하여

✳

파업의 결과는 어떻게 되었을까? 다섯 가지 요구를 내걸었던 평양 대범루 창기들은 파업을 멈추라는 경찰의 권유를 받아들였지만, 하루 만에 2차 파업에 돌입해서 일주일 넘게 파업을 지속했다.[52] 포주가 대우를 개선할 때까지 영업하지 않겠다는 강경한 입장이었는데 그 후 해결 여부는 알 수 없다. 북청 함신관의 창기들은 "죽음을 각오하고" 싸워 포주의 승인을 받아냈다. 10명의 파업단은 계약을 새로 작성하고, 지금까지 빚 관계와 문서상 억울한 점을 모두 정정하며 채금도 다시 계상하라고 요구했다. 포주가 이를 받아들임에 따라 창기들은 일터에 복귀했다.[53] 하지만 그 후 경찰은 창기 중 주모자를 취조하고 선동자를 색출하려 조사를 벌였다.[54] 창기들 스스로 쟁의를 조직할 능력이 없고 배후세력이 있을 것이라 가정했기 때문이다. 즉 경찰은 창기에 대한 학대와 착취를 두고 대체로 "계약대로 이행하라", "규정대로 하라" 명령하는 것 외에 효과적 조치를 취했다고 보기 어렵다. 그리고 그 '계약'과 '규정'이란 성매매 공간과 여성을 특수한 관리 대상으로 구분하고 분리함으로써 낙인의 대상으로 만든 근대국가의 경제논리이자 법제도였다.

이상에서 식민지시기 공창제를 통해 법으로 규정된 성매매 여성의 분리와 공간의 격리, 그러한 격리를 적용받은 여성들의 문제제기, 그리고 법적 분리를 위반한 도주의 경험과 도주하지 않고 맞선 파업의 경험을 살폈다. 성병 관리, 사회의 풍속 윤리 유지, 일반 여성의 보호 등을 내걸고 시행된 공창제는 허가받지 않은 여성의 성매매를 엄격히 처벌했으며, 격리된 유곽 공간에서 공창의 외출을 금지했다. 이러한 분리는 격리된 공간 속 여성에 대한 낙인과 폭력을 정당화했다. 그렇지만 당시 성매매 여성들은 착취에 대항해 '인간'으로서의 대우를 요구하기도 했다. 이는 성매매 구역을 구분한 경계 그리고 '성을 파는 여자'라는 분류와 위계화, 낙인이라는 사회적 처벌에 대한 문제제기였다.

식민지시기 공창제는 해방 이후에 폐지되었다고 보통 이야기되지만, 창기 관련 규칙이 사라졌을 뿐 예기·작부 단속 관계 규칙은 그대로 유지되었다. 창기의 생존권에 대한 무시가 지속되면서 오직 성판매를 하는 여성 주체의 윤리성에 책임을 묻는 규범이 확립되어갔다.[55] 현실에 존재하는 성매매를 묵인하면서 관리하는 체제가 한국 성매매 정책의 근간이 된 것이다.[56] 성매매의 공간을 구분하고 '유해한 환경'으로 관리하고 때로 '정화'하며, 성을 파는 여성을 일반 여성에게서 분리해 '정숙한 여성'을 '보호'한다는 구실로 섹슈얼리티를 규율하는 근대적 인식은 견고하게 강화되어왔다. 성매매 여성에 대한 관리와 처벌·규제의 역사는 현재의 법과 제도뿐만 아니라 우리의 인식체계에도 영향을 미치고 있다. '분리된 세계'가 숨기고 있는 것은 무엇인가, '분리된 세계'를 유지시키고 있는 사고방식 그리고 사회 시스템은 무엇인가에 대한 질문과 모색이 필요하다.

06

'선도'와 '격리'로 수행된 1960년대의 사회적 처벌

김대현

*

성매매 여성 처벌에 대한 사회적 책임은 성매매 여성을 직접적으로 속이고 가두고 폭행한 가해자에게 부과될 '죄'와는 다르다. 누군가를 잡아넣어도 '될 것 같은' 여론이야말로 성매매 여성을 둘러싼 사회적 처벌 가운데 하나였고, 그런 여론을 통해 구축된 사회구조에는 국가나 시설 관리자뿐만 아니라 더 많은 사람이 연결되어 있기 때문이다. 그처럼 사회적 약자·소수자에게 피해를 입히는 사회구조가 있을 때, 피해를 반복적으로 일으키는 구조가 있음을 인정하고 도무지 나와 연결하고 싶지 않더라도 그것과 내가 이어져 있음을 상기하는 것은 중요하다. 그것이 한 성매매 여성의 피해와 나의 삶 모두를 팔자의 세계에 방치하지 않고 보다 인간답게 만드는 첫걸음일 것이다.

* 이 글은 필자의 다음 두 논문 가운데 일부를 단행본의 형식에 맞게 다듬은 것이다. 김대현, 〈1950~60년대 '요보호'의 재구성과 '윤락여성선도사업'의 전개〉, 《사회와 역사》 129권, 한국사회사학회, 2021, 7~59쪽; 김대현, 〈치안유지를 넘어선 '치료'와 '복지'의 시대: 1970~80년대 보안처분제도의 운영실태를 중심으로〉, 《역사문제연구》 통권 45호, 역사문제연구소, 2021, 91~131쪽.

성매매 여성을 향한 사회적 처벌은 어떻게 실현되는가

보통 '처벌'이라 하면 형법에 의거한 형사처벌, 즉 경찰이 검거해 검찰이 기소하고 법원이 형을 선고해 징역을 살거나 벌금을 무는 등의 형벌이 먼저 떠오른다. 전과자에 대한 사회적 낙인이 여전한 만큼 형벌 또한 당연히 사회적 처벌과 무관할 수 없지만, 한편으로 사회적 처벌은 비단 형벌에만 국한되는 것은 아니다. 좁게는 형벌(형법상 사형·징역·금고·자격상실·자격정지·벌금)이 아닌 형사처분도 사회적 처벌로 기능할 수 있고, 넓게는 앞서 말한 사회적 낙인을 낳는 사회구조와 억압으로 인한 피해 또한 사회적 처벌이 될 수 있다. 즉 국가가 나서서 사람의 몸을 구속하고 가두는 조치와 더불어, 그런 직접적인 폭력이 아닌 형태의 억압 또한 사회적 처벌에 포함된다.

사회가 없고 구조적 차별이 없다는 소리가 여전히 나도는 시대이지만, 사회가 있고 그 속에 구조와 위계가 있으며 그 가운데 직접적인 폭력과 간접적인 억압이 존재한다는 사실은 많은 학자가 이야기해온 바다.[1] 각각의 사회학 고전은 다음과 같은 일을 해냈는데, 사회를 발견해 그것을 분석·측정하는 방법을 만들고,[2] 그 사회에 잘사는 자와 못 사는 자 사이의 계급구조가 있음을 입증했으며,[3] 가진 자의 이익을 정당화하는 이데올로기는 국가가 구사하는 직접적인 폭력 외에도 여러 사회적 장치에 의해 다양한 형태로 재생산된다는 것을 제시했다.[4]

나아가 일일이 열거하기 힘들 만큼 많은 페미니즘 고전은, 소위 공적 영역으로 간주되던 곳은 물론이고 가족·사생활·무의식·상징체계 등 실로 다양한 영역에서 남성성과 여성성의 젠더 위계가 존재함을 밝혀냈다. 또한 탈식민·인종·소수자·퀴어페미니즘 등 연구를 통해 사회에는 계급, 젠더와 더불어 제국·식민, 인종, 장애·비장애, 이성애·비이성애 등 다양한 구조와 위계가 있고, 이들은 하나의 몸 안에 서로 교차된 형태로 작동한다는 것이 실증되었다.[5] 그리고 그 모든 사회구조는 일견 변하지 않는 것처럼 보여도, 실은 역사 속에서 매번 새롭게 만들어지고 재구성되는 것이다.[6]

이 글은 그렇게 재구성되고 만들어진 역사 가운데, 1960년대를 전후해 한국의 성매매 여성이 어떤 사회적 처벌에 내몰렸고,

성매매 여성을 향한 사회적 처벌이 구체적으로 어떤 장치를 거쳤으며, 성매매 여성은 어떤 방식으로 사회에 비쳤는지를 간략히 살펴보고자 한다.

즉결심판과 보안처분이라는 위험관리

네이버 뉴스라이브러리나 여러 신문 아카이브 검색창에서 과거 성매매 여성을 뜻하는 비칭인 '윤락녀' 등을 검색하면 가장 많이 딸려오는 것이 바로 '즉심'이라는 단어다. 과거 성매매 여성과 관련된 대부분의 기사는 경찰에 의한 검거를 주로 다루고 있는데, 경찰은 검거된 여성을 높은 확률로 즉심에 회부했다. 즉심은 '즉결심판'의 줄임말로, 검찰의 조서 없이 경찰이 이를 청구하면 판사가 벌금이나 구류를 부과하는, 전과도 수사기록도 남지 않는 형태의 사법절차를 가리킨다.[7] 앞서 보았듯 형벌도 사회적 처벌과 무관하지 않으므로, 형벌은 아니지만 약식으로라도 판사를 거쳐 진행된 성매매 여성에 대한 즉결심판을 먼저 살펴본다.

1961년 5.16군사정변 직후부터 이듬해인 1962년 8월 30일까지, 서울지방법원 즉결과 앞 공터는 서울시내 11개 경찰서와 가평·안양경찰서에서 회부된 즉결처분 대상자로 북적였다. 이 기간 동안 즉결심판에 회부된 사람은 도합 367,800여 명으로, 단속 상황에 따라 하루에 적게는 600명에서 많게는 1,700명의 사람이 이곳으로 붙들려왔다. 당시 즉결심판은 서울지방법원 최만행 부장판사가 담당했는데, 그는 "세계 재판사상 나보다 재판을 많이 한 사람도 드물 것 같다"며, "조서 기록을 피의자가 시인하면 일정한 기준형량대로 언도하면 끝나는" 식이었기에 어떤 때는 건당 처리시간이 18초에 불과했다고 회고했다. 그야말로 속전속결 심판이었다. 더불어 1972년을 전후해 그가 연평균 즉심으로 선고한 벌금형의 액수는 당시 돈으로 7억 원에 달했다.[8]

즉심에 회부된 이들이 주로 어긴 법은 '도로교통법'이 많았고, 그다음으로 '경범죄처벌법'과 '윤락행위등방지법' 등이 열거되었다.[9] 최만행 판사는 1961년 4월부터 무려 12년간 즉결심판을 담당했는데, 퇴임 직전인 1972년의 기사에서는 즉결심판에 회부되는 성매매 여성의 실태를 알기 위해 서울시내 양동·창신동·청계천 일대의 성매매 집결지를 직접 시찰하기도 했다고 언급했다.[10] 이렇게 즉결심판에 회부된 성매매 여성은 구류나 벌금 등의 약식처벌을 받았고, 실제로 그 시기에 성매매 여성이 윤락행위등방지법 위반으로 검찰에 의해 기소되거나 재판을 거쳐 교도소에 복역하는 경우는 아주 드물었다.[11]

어째서 그럴 수 있었을까. 그 원인 중 하나는 1961년 제정된 윤락행위등방지법이 사실상 유명무실했기 때문이다. 명목상 성매매를 금지하는 법이었지만 위반 시 형량이 그리 크지 않았을 뿐더러, 비슷한 시기에 보건사회부·법무부·내무부 합동으로 지정된 '특정지역'을 통해 그곳에서의 성매매는 공인된 것이나 마찬가지였다. 또한 성매매를 금지하는 법이 있음에도 '식품위생법시행령'과 '식품위생법시행규칙' 등에는 사실상 성매매에 노출되기 쉬운, 그것도 '부녀자'로 특정해놓은 '유흥접객원', '유흥종사자' 등이 법문에 버젓이 명시되어 있었다. 이렇듯 위로는 성매매를 금지하면서, 아래로는 하위법령을 통해 성매매 여성을 명시적으로 관리해나간 것이 당대 한국 성매매 정책의 특징이었다.[12] 그러니 성매매 여성 처벌이 검찰의 기소 등과 같은 공식적인 루트가 아닌 다른 방식으로 가해진 것도, 어쩌면 성매매를 금지하기보다는 묵인하고 관리하기를 원한 국가의 방침에서 비롯된 하나의 결과로 볼 수 있다.

그렇다면 당시 성매매 여성에 대한 처벌은 그저 사소한 정도로만 그쳤던 것일까. 슬프게도 그렇지는 않다. 그 시절 성매매 여성이 정말로 두려워하던 것은 다른 데에 있었다.

앞에서 본 즉결심판에 의한 구류, 재판을 통해 교도소에 수감하는 형벌 외에도 성매매 여성을 잡아 가두는 방법은 많았다. 그 중 하나가 윤락행위등방지법 제7조에 의거한 '보호지도소' 수용이었다. 보호지도소 수용은 재판과정 없이 주로 경찰에 의해 결정되었다. 1962년 당시 성매매 여성의 상당수는 수용소에 '보호'되는 것보다 즉결심판을 통한 처벌을 원했다. 이들의 이야기를 담은 기자는 "선도를 위한 보호"보다 차라리 형벌을 받기를 원하는 까닭을 모르겠다고 했는데,[13] 실제로 성매매 여성들은 이곳에 수용되는 것을 "죽기보다 싫"어했다.[14] 그렇다면 경찰은 사법부의 재판도 없이 무슨 근거로 성매매 여성을 이곳에 잡아가둔 것일까.

형벌이 아닌 형태로 부과되는 형사처분을 소위 '보안처분'이라 일컫는다. 형벌 이외의 보안처분은 대체로 다음 세 가지 까닭으로 합리화되었다. 첫째로 형사적 책임을 부과할 수 없는 이들에 대해 별도의 형사제재가 필요하다는 것이다. 예를 들어 만 14세 미만의 형사미성년자 또는 행위에 대한 책임능력을 따져 묻기 곤란한 정신질환자가 범죄를 저지를 경우 이를 대비하는 제도가 요구된다는 논리였다.[15] 둘째로 이미 일어난 범죄를 넘어 범죄를 미리 예방해, 그를 통해 "사회"를 "방위"하기 위한 처분이 필요하다는 것이다.[16] 셋째로 그렇게 범죄를 저지를 개연성이 있는 자들은 형벌로 다룰 것이 아니라 일정한 '보호'가 필요하다는 것이었다.[17] 성매매 여성의 보호지도소 수용은 이러한 세 가지 이유를 통해 느슨하게 정당화되었다.

여기서 특히 중요한 것은, 앞에서 보았듯 보안처분의 법리하에 범죄를 저지를 개연성만 있어도 누군가를 가두는 것이 가능했다는 점이다. 실제로 윤락행위등방지법 제7조에 명시된 보호지도소 수용의 대상은 '요보호여자'였는데, 이 요보호여자는 실제 성매매 여성뿐 아니라 성매매를 할 "현저한 우려가 있는 여자"까지 포괄하는 개념이었다.[18] 실제로 1967년에는 당대의 성매매 집결지인 서울역 앞 양동·도동 인근에 사는 2명의 가정주부가 성매매 여성으로 오인되어 서울시립부녀보호지도소에 수용되는 일이 발생했다.[19]

나아가 이렇게 개연성만으로 사람의 신체를 구속하는 일은 성매매뿐만 아니라 다른 행위와 법에도 적용되었는데, 그중 하나가 다름 아닌 '국가보안법'이었다. 냉전과 군사독재의 영향을 강하게 받은 국가보안법은 국가를 위태롭게 할 경향성과 개연성만 있어도 동법에 따라 처벌하는 것이 당시의 관례였고,[20] 이에 따라 다양한 형태의 국가폭력이 야기되었다.[21] 더불어 이러한 국가폭력은 다음 두 가지 논리로 합리화되었는데, 첫 번째 논리는 소위 "사상범"이 몰고 올 위험을 예방한다는 명분이었고, 두 번째 논리는 "좌익수형자"의 존재가 마치 "어머니의 품 안을 모르고 자라난 고아"이자 "철없는 자식"과 같아서 그들의 "왜곡된 심정을 바로잡"기 위해서는 그들에 대한 각별한 "애정", 즉 "보호"가 필요하다는 것이었다.[22]

이뿐만 아니라 '소년법' 제4조에 명시된 보호처분 또한, 실제로 죄를 범한 소년뿐 아니라 "죄를 범할 염려가 있는", 소위 '우범소년'까지 그 대상에 포함했다.[23] 이들은 식민지시기 이래 전국 각지의 감화원에 수감되었고, 그곳에서 다양한 형태의 인권 침해가 발생했다.[24] 이렇듯 이 시기 재판을 거치지 않고, 심지어 실제 범죄행위의 발생 없이도 경찰에 의해 시설에 수용되는 사례는 비단 성매매 여성에게만 해당되는 것이 아니었다.[25]

1980년 10월 기준 보안처분으로 분류된 형사처분과 그에 대한 근거법을 열거하면 아래와 같다.

1. 소년법 제30조, 감화원·소년원 수용 (1958)
2. 윤락행위등방지법 제7조, 보호지도소 수용 (1961)
3. 마약법 제50조, 약물중독자 강제수용 (1957)
4. 전염병예방법 제29~33조, 격리수용 (1957)
5. 모자보건법 제9조, 유전·전염질환자 강제불임수술 (1973)
6. 국가보안법 제16조, 감시·보도 (1959)
7. 사회안전법 제1조, 보안감호 (1975)[26]

인권운동단체별 피해사례가 열거된 듯한 목록에서 알 수 있듯이, 무엇을 '할 것 같은' 이들까지 재판 없이 잡아 가두는 행위는 위험한 '것 같은' 사람들, 나아가 '보호'가 필요할 만큼 미숙하다고 여겨진 사람들에게 집중되었다. 성매매 '할 것 같은' 여성을 포함한 요보호여자의 수용조치는, 얼핏 성매매와 연결고리가 적어 보이는 우범소년 및 국사범 등 다른 사회적 약자·소수자를 가로지르는 보안처분의 체계 속에서 비슷한 방식으로 합리화되고 있었다.

선도와 보호라는 이름으로 처벌받는 몸들

여기까지가 과거 성매매 여성 처벌의 법적 구조였다면, 실제로 당시 성매매 여성에게 가해진 사회적 처벌의 장치에는 무엇이 있었을까. 윤락행위등방지법을 통한 성매매 금지가 사실상 허울에 불과했고, 실상은 특정지역 설치 등을 통해 기존 성매매 집결지를 묵인·관리한 것이 한국 성매매 정책의 특징임은 앞에서 보았다. 이 특정지역의 다른 말이 바로 '선도지역'이었다. 즉 특정지역 내의 성매매는 '선도'하고, 그곳 밖에서 행해지는 성매매는 단속하는 것이 당대 성매매 정책의 골자였다. 단속에 대해서는 앞에서 살펴보았으므로, 다음으로 이 선도가 과연 무엇을 뜻했는지를 확인해보기로 한다.

특정지역 혹은 선도지역의 설치와 더불어 1962년에는 각 지역에 '윤락여성선도대책위원회'가 설립되었고, 이후 보건사회부에서 윤락여성선도대책위원회의 근거 법령을 만들어 이들의 활동을 공식적으로 뒷받침했다. 서울에서는 동 위원회의 위원장으로 아동문제 전문가인 김낙중이 선임되었는데, 그는 저서에서 '부랑아'를 수용한 전남 목포의 고하도 감화원을 방문한 경험을 언급하고 그 운영에 찬사를 보내는 글을 남겼다. 심지어 그는 이곳 감화원에 "인상이 나빠서" 왔거나 "하는 짓이 미워 이리로 밀려온" 소년들이 있음을 스스로 밝혔는데, 이는 그가 성매매 여성뿐만 아니라 앞서 살펴본 대로 범죄를 행할 개연성이 있는 사람들에 대한 수용조치를 당연하게 여겼다는 증거다.[27]

더불어 윤락여성선도대책위원회는 5.16군사정변 이후 우후죽순격으로 생긴 반관반민 혹은 관민합동 조직이었다. 이 위원회가 어떤 곳이었는지를 알아보려면 비슷한 시기에 비슷한 성격으로 만들어진 대표적인 반관반민 단체 '재건국민운동본부'를 참고하는 것이 좋다. 재건국민운동본부가 결성되었을 때는 본부장과 각 대표에 당대의 사회명사들이 선임되었고 일정한 예산도 배분받는 등 거창하게 시작했다. 그러나 머지않아 예산의 유용·횡령과 이곳을 통한 선거개입 등의 문제가 불거지면서 곧 유명무실한 조직으로 전락했다.[28]

이는 윤락여성선도대책위원회도 마찬가지였는데, 1963년에 이미 동 위원회에서 성매매 여성에게서 부당하게 회비를 징수하거나,[29] 20년 기한의 장기 생명보험에 성매매 여성을 강제로 집단 가입시킨 사실 등이 적발되었다.[30] 나아가 원칙적으로 특정지역, 즉 선도지역 내에는 성매매 업소의 포주 행위가 금지되어 있었음에도,[31] 1962년에는 선도지역 내 선도대책위원장으로 그 지역 포주가 임명된 사례로 미루어볼 때 이러한 원칙은 별반 지켜지지 않았다.[32]

나아가 1966년이 되면 서울시내 주요 성매매 집결지 중 한 곳인 창신동에서 그 지역 포주가 경찰과 선도대책위원회에 대한 상납 관행을 폭로해 기사화되었다. 기사에 따르면 본래 선도위원회는 "윤락여성을 등쳐먹는 펨프, 기둥서방, 폭력배 등을 일소하고 윤락여성으로 하여금 저축케 하고 자활기술을 익히도록" 하는 단체였다. 하지만 점차 "선도비"와 "영업감찰비"를 명목으로 돈을 거두러 다니기 시작했고, 경찰에 단속된 포주나 성매매 여성이 즉결심판에 회부되기 전 경찰에 "협조비"를 상납해 그들을 "빼내는" 것이 중요 임무가 되었으며, 이러한 권한을 바탕으로 선도위원회는 마치 성매매 집결지의 "군주"처럼 행세했다고 한다.[33] 이러한 구조에 대해 당시 언론은 "창녀-포주-선도위원회-경찰의 4각"관계라 이름 붙였는데, 이는 성매매 여성을 둘러싼 경찰과 포주의 억압에 더해, 윤락여성선도대책위원회 또한 성매매 집결지 안팎에서 그 억압을 한 겹 더하는 역할에 지나지 않았음을 말해준다.[34]

끝으로 명목상 성매매 여성 '선도'를 위해 설치된 특정지역에 대해 그곳 인근 주민의 여론은 좋지 않았다. 1962년 서울시 성동구 흥인동 소재의 특정지역을 둘러싸고 인근 지역 주민이 특정지역 설정에 반발해 소위 '창녀정화반'을 조직했다. 그들은 7월 13일부터 4일간 자신들이 경찰이라도 되는 것처럼 성매매 여성을 단속한다며 가택을 침입해 검문을 실시했고, 이 과정에서 포주와 성매매 여성들이 크게 반발해 일부는 자살을 기도했다.[35] 같은 해 11월 21~22일에는 서울시 종로구 묘동의 선도구역에서 성매매 여성과 지역 주민 간에 폭력 시비가 발생해 경찰이 개입했다.[36] 이렇듯 선도구역을 둘러싸고 지역 주민이 반감을 드러내는 이유로는 "자녀교육에 막대한 지장을 초래하며 집값이 떨어"진다는 것 등이 열거되었다.[37] 이러한 여론은 당시 군사정부와 언론이 천명한 "매음지대와 일반주택가 격리"라는 원칙과 공교롭게도 맞물리는 것이었다.[38]

결국 그들에게서 성매매 여성에 대한 '선도'란 곧 '격리'였고, 그것도 내가 사는 공간이 아니어야 마땅할 어떤 '특정'한 '지역'으로의 격리였다. 이는 자연히 지역사회에서 성매매 여성에게 찍는 낙인이자 사회적 처벌로 연결되었다. 나아가 처벌의 양상은 이미 격리장소로 지정된 '시설' 내부의 문제를 넘어 그곳 바깥의 사회와도 연결된 문제였다. 지역에서 함께 지내고 싶지 않고 마땅히 시설에 있어야 할 존재를 선별하고, 그들이 격리되어야 할 이유를 그곳에 격리된 사람들 내부의 속성에서 찾아 그것을 합리화하는 과정을 '시설화'라고 한다.[39] 그렇다면 특정지역을 둘러싼 지역사회의 여론 속에서 그곳의 성매매 여성은 그곳 외 다른 시설로 격리되기 이전부터 이미 일정 부분 시설화되어 있었던 셈이다.

여기까지가 시설 바깥의 상황이었다면, 성매매 여성이 아예 격리수용되었던 시설 속의 사정은 어땠을까. 앞에서 보았듯 성매매 여성에 대한 '선도'가 곧 격리이자 처벌이었다면, 성매매 여성 수용시설 중 하나로 1961년에 세워진 서울시립부녀보호지도소의 '보호'란 대체 무엇을 의미했는지 살펴보기로 한다.

우선 여타의 보안처분과 마찬가지로 윤락행위등방지법상 보호지도소 수용 또한 그 대상을 성매매 여성과 성매매를 '할 것 같은 자' 모두를 아우르는 '요보호여자'로 둔 것은 앞에서 확인했다. 그런데 법조문을 넘어 실제 시설에서 시행된 입·퇴원 규정 또한 수용 대상으로 "윤락될 우려가 있다고 인정되는 자"까지를 포괄하고 있었다.[40] 더불어 이들에 대한 격리수용은 성매매 행위의 "사후치료"적 성격을 넘어 성매매를 미연에 방지하는 "윤락예방사업"으로 인지되었다.[41]

나아가 1961년 개소 당시부터 1972년까지 서울시립부녀보호지도소의 소장으로 재직한 김용아는 이곳을 "교정시설"과 "부녀복지시설"의 의미를 동시에 갖는 "새로운 복지사업의 시도"라 평했다.[42] 즉 교도소와 복지시설의 기능을 겸하는 곳이라는 뜻인데, 이 중에서 '복지'란 수용된 여성들을 '직업보호지도(직업보도)'하기 위한 교육을 뜻했다.[43] 그러나 수용된 여성에 대한 교육 내용은 양재·편물·수예·이용·미용 등 주로 당대의 여성이 할 법한 일로 제한되었고, 실제 취업으로 이어지기는 어려웠다.[44] 이에 대해 대구 지역의 성매매 여성 직업보도시설 신생원의 원장은, 수용된 여성을 대상으로 한 직업보도가 그 종목이 제한되고 여성의 적성이 고려되지 않으며, 이에 따라 직업보도에 성공하는 경우는 10%에도 못 미친다고 평가했다.[45]

그 밖에 서울시립부녀보호지도소에서 시행된 프로그램은 주로 종교적 교화 또는 사회사업에 입각한 과학적인 개인 상담 및 집단 경험 제공 등이었는데, 거창한 명분과는 달리 실제 프로그램의 운영은 군대식 '교련'에 불과할 때가 많았다. 1969년 서울시립부녀보호지도소의 사업 목표는 '선도교육의 강화'였고, 세부 목표는 "1) 정신교도의 강화, 2) 왜곡된 성격의 교정, 3) 바른 예절과 고운말 쓰기 훈련 강화, 4) 신생활운동, 정신앙양 고취, 5) 초보적 군사 정훈교육 결집교련의 실시로 해이된 성격 교정"이었다.[46] 이렇듯 규칙적인 생활과 강제된 육체노동을 견디지 못해 시설을 탈출하는 여성의 사례는 1960년대 내내 끊이지 않고 기사화되었다.[47] 이는 '선도'가 곧 격리이자 처벌이었던 사실을 재확인시켜주는 실례였다.

'보호'가 곧 처벌이 되었던 까닭은 또 있다. 시설에 격리수용된 여성의 경우, 이곳에서 보호받아 마땅할 문제적 자질이 이들 속에서 끊임없이 입증되어야 했다. 그 과정에서 성매매 피해를 입은 여성 개인의 특성에서 성매매 유입의 원인을 찾으려는 노력이 지속되었다. 서울시립부녀보호지도소 소장 김용아는 행정대학원 재학 시절 배운 사회심리학을 활용해, 성매매의 원인을 "성장과정에서의 욕구 불만" 혹은 "사회의 유혹을 용이하게 받는" 여성 개인의 심리적 특성에서 찾았다.[48] 나아가 서울시 윤락여성선도대책위원회 위원 이충우는 성매매의 원인 가운데 "생리적 요인"이 있으며, "숙명적으로 자신의 성을 자제하지 못하는" "이상체질자"가 성매매로 유입되기 쉽다고 언급했다.[49] 따라서 이들은 "인격상의 결함"을 가진 "미숙"하고 "병적인 사람", "신경질적"이고 "정신병적"으로 성적 쾌감을 추구하는 사람으로 자리매김되었고, 그들의 성매매 행위는 "변태적"인 "동성애"나 "수음" 혹은 "정신이상자"의 그것과 비교되었다.[50]

이렇게 성매매의 원인을 '윤락'이라는 말 그대로 여성 개인의 타락에서 찾고 성매매를 일으키는 사회적·구조적 원인을 놔둔 채 여성 개인의 '왜곡된 성격 교정'을 목표로 삼을 때, 그것이 성공을 거두지 못할 것은 불을 보듯 뻔한 일이었다. 1970년 보건사회부 부녀과장 이옥순은 '요보호여자에 대한 보호 및 선도 사업'을 두고 "사업의 대상이 인간의 가장 심오한 정신지도에 있기 때문에 사업실적평가가 극히 어려"우며, "해결이 될 것 같으면서도 언제나 미해결의 장으로 남아 돌아가는 것이 윤락여성의 선도업무"라고 평가했다.[51] 김용아 또한 "이 시설이 졸작이 될 우려가 많"고, "그것은 이 시설의 관리책임자인 필자의 무능부덕"이 원인이라 스스로를 탓했는데,[52] 이는 성매매의 원인을 잘못 지목한 데 따른, 잘못된 문제설정으로 인한 잘못된 결과에 다름 아니었다.

어떤 여성이 인신매매를 통해, 생계를 이을 길이 없거나 가족을 부양하기 위해, 단순한 호기심으로 성매매에 유입되었다고 하자. 그 여성이 어느 날 재판 절차도 없이 경찰에 의해 연행되어 부녀보호지도소에 감금되고 그곳에서 군대와 같은 생활을 경험하면서 적성에 맞지도 않는 직업교육을 받는다고 해보자. 그곳의 상담사와 간부 들에게서 자신이 성매매에 유입된 이유가 바로 심리와 정신상태의 이상 때문이라는 말을 끊임없이 듣는다면, 과연 그 여성의 마음은 어땠을까. 이것이 바로 시혜적인 '복지'의 이면에서 성매매 여성이 실제로 당한 일이었을 것이다.[53] 위험하고 미숙하기에 어떤 낌새만 있어도 예방적으로 가둬야 마땅한 자들이 있고, 그 일환으로 시설에 수용된 여성들이 성매매 유입의 이유를 온전히 그들이 '윤락'한 탓으로 덤터기를 쓴다는 것, 이것이야말로 당대의 성매매 여성이 겪은 '보호'라는 이름의 사회적 처벌이었다.

여성의 광기를 생산하는 사회를 생각한다

지금까지 사회적 처벌 가운데 '처벌'의 내용을 보았다면, 사회적 처벌에서의 '사회'는 과연 무엇을 가리킬까. 처벌의 원인·과정·결과 가운데 처벌을 당한 사람의 몫이 아닌 말 그대로 사회의 몫이 있다는 뜻이다. 앞서 보았듯 성매매 여성에 대한 사회적 처벌에는 국가와 지역사회, 시설 관리자, 법체계 등 다양한 층위의 사회가 개입했다. 과거 윤락이라 불리던 것을 오늘날 성매매로 바꿔 부르는 이유는, 그 현상과 피해를 온전히 개인의 몫으로 돌리지 않고 그중 일부를 앞에서 본 사회의 몫으로 돌리기 위함이다.

더불어 개인의 입장에서 처음에는 잘 와닿지 않을 사회와 구조에 대한 이야기가 필요한 까닭은 살면서 자기가 겪은 모든 부당함을 팔자로 체념하는 것을 막고, 내가 다 질 필요가 없는 짐을 다른 큰 것에 돌려 보다 공정한 무게로 짊어지기 위함이다.[54] 그런 시각으로 아래의 대중오락잡지 기사를 읽으면, 그 짐을 좀처럼 사회와 나눠 갖기 힘들었을, 주로 남성 독자의 재미를 위해 희화화된 그 시절 '윤락여성'과 서울시립부녀보호지도소의 풍경도 사뭇 다른 맥락으로 읽을 수 있을 것이다.

강제로 수용된 여인들은 거의 자포자기적이어서 유행가나 부르고 웃음찌거리나 하고 잠이나 자고 하지 좀체 기술을 배우려고 하지 않는다는 것이었다. 기술이나 공부를 강제로 가르칠 수가 없으니까 그런 것이지 '부녀보호소'의 본의는 아니겠지만 기자가 보기에도 그들은 한데 몰려서 수심가나 부르고 뛰어다니며 놀 뿐 차분하게 생활설계를 세울 의욕은 조금도 없는 것 같이 보이는 것이었다. 이들은 육체적으로나 타락이 된 것이 아니라 정신이나 마음마저도 타락이 되어버린 것이라고 자기 자신들이 단정을 하고 있는 것이었다. 그리고 사회나 고향 같은 데 대하여 아주 정을 잃고 있는 것이었다. (…) 인원파악을 한 다음 사복 경찰은 사무실로 인계하기 위하여 올라가는데 강제 수용된 여인들은 자기들 친구가 늘어 신난다는 듯이 환성을 올리고 있었다. 그들 8명 중에는 세 번 네 번 들어오는 사람도 있어 잘들 있었느냐고 안부도 하는 것이었다. 여기서 어느 정도 선도를 하여 친지에게 인계를 시켜주었는데도 계속 윤락의 길을 걸어 이 '부녀보호지도소'의 신세를 강제로 지고 있는 것이다. 그래서 한 번 들어온 사람은 1학년, 두 번 들어온 사람은 2학년, 다섯 번 들어온 사람은 5학년이라고 통칭되고 있는

데 이 소내에는 1학년보다는 3학년이나 6학년, 7학년이 많으며 25학년도 있다는 것이다.[55]

또한 과거 성매매 여성이 실제로 육체적·정신적 곤경을 겪었을 가능성도 존재한다. 가능성이 있는 정도가 아니라 그들이 처한 조건을 고려했을 때, 실제로 많은 여성이 다양한 고통을 겪었을 것은 분명하다. 물론 그들의 고통이 그 시절 그렇게 합리화되었듯이 재판도 없이 보호지도소에 수용되는 근거가 되어도 좋다는 뜻은 전혀 아니다. 나아가 그러한 정신적 곤경은 비단 성매매 여성뿐만 아니라 과거 다른 여성들도 경험하던 것이었다.

정신분석학이 만들어지던 시절부터 많은 '정신질환자' 여성의 사례가 수집되었는데, 악의적인 분석과 기술임을 고려하더라도 실제로 과거에 신경증과 정신질환을 앓은 여성이 존재한 것은 얼마간 사실이었던 것으로 보인다. 문제는 그 현상을 해석하는 방식이다. 초창기 정신분석학은 대부분 그 현상의 원인을 여성에게 특유한 심리적 특징 또는 정신분석 과정에서 드러난 소위 '여성적' 특질에서 찾았다.[56]

이러한 여성의 정신적 불안에 대해 페미니스트들은 다른 대답을 내놓았다. 가령 정신분석가 베티 프리단은 그 원인을 고학력 여성의 경력 단절로 해석했고,[57] 케이트 밀렛은 여성을 정신적으로 괴롭힌 것은 '남근 선망'이 아니라 남성 지배 문화라고 지적했다.[58] 뤼스 이리가레는 프로이트의 남성중심적 상징체계에서 여성이 기댈 만한 기표가 아예 결여돼 있기 때문이라고 설명했다.[59] 캐럴 길리건은 임신중단 전후의 여성이 실제로 겪는 심리적 문제의 해결을 위해 당사자에게 부합하는 새로운 심리발달 이론을 제시했고,[60] 필리스 체슬러는 "자유와 정의"야말로 "여성의 정신건강에 기적을 행한다"고 말했다.[61] 여성을 실제로 '미치게' 만들었던 요인 가운데 상당수는 결국 이전부터 존재했거나 새롭게 만들어진 젠더위계와 그것을 포함한 사회구조였다.

마찬가지로 아래에 기술된 한 시설수용 여성의 쓸쓸하고 황폐한 정서는, 이 여성이 애초에 지녔던 정신적 문제의 징후이거나 이곳에 있어야만 했던 이유가 아니라, 이 여성이 겪었을 모든 사회적 처벌이 그의 삶에 개입한 끝에 마침내 생겨난 결과에 가까웠을 것이다.

1. 기술원의 첫 인상?
   - 외딴 섬에 온 것 같이 쓸쓸했다.
2. 내가 만약 장관이 된다면 제일 먼저 어떤 일을……?
   - 별루 할 것이 없을 것 같아요.
3. 나이를 묶을 수 있다면 몇 살? 왜?
   - 십칠 세 왜냐면 그때가 좋았으니까

4. 소원이 이루어진다면 어떤 소원?

– 깊은 산속에서 나 혼자 살고 싶어요.

5. 자기를 무엇과 비교하고 싶습니까?

– 양에게 비교하고 싶어요. 그것이 좋아서…… (가발과 최기자)[62]

끝으로 성매매 여성의 슬픔이 사회적 처벌의 결과이고 그것에 기여한 사회구조가 있다고 했을 때, 그 사회구조는 과연 어떻게 바꿀 수 있을까. 아무리 굳건해 보이는 젠더위계라도, 실은 역사 속에서 그때그때 구체적인 장치를 거쳐 구성되고 강화된다. 1960년대의 윤락행위등방지법 제정, 특정지역 설치, 성매매 여성을 포함한 '요보호여자'에 대한 보안처분 적용, 보호지도소 강제수용 등은 모두 그 시기에 새롭게 만들어지거나 재구성된 장치다. 더불어 그것이 어느 시점에 만들어졌다는 것은, 어느 시점에는 곧 해체될 수도 있음을 암시한다.[63] 이 책의 다른 글이 여실히 설명해주듯이, 여성을 비롯한 사회적 약자·소수자를 둘러싼 사회와 구조는 언젠가 반드시 변화한다.

그리고 그것을 바꿀 책임은 비단 국가나 시설 운영자뿐 아니라 보다 많은 사람에게 존재한다. 성매매 여성 처벌에 대한 사회적 책임은 성매매 여성을 직접적으로 속이고 가두고 폭행한 가해자에게 부과될 '죄'와는 다르다. 누군가를 잡아넣어도 '될 것 같은' 여론이야말로 성매매 여성을 둘러싼 사회적 처벌 가운데 하나였고, 그런 여론을 통해 구축된 사회구조에는 국가나 시설 관리자뿐만 아니라 더 많은 사람이 연결되어 있기 때문이다.[64] 이처럼 사회적 약자·소수자에게 피해를 입히는 사회구조가 있을 때, 피해를 반복적으로 일으키는 구조가 있음을 인정하고 도무지 나와 연결하고 싶지 않더라도 그것과 내가 이어져 있음을 상기하는 것은 중요하다. 그것이 한 성매매 여성의 피해와 나의 삶 모두를 팔자의 세계에 방치하지 않고 보다 인간답게 만드는 첫걸음일 것이다.

07

남성의 쾌락, 여성의 노동/범죄

박정미

✳

한국에서 성을 파는 여성은 노동자로서 합법적 행위자(유흥영업종사자, 접객부, 위안부)와 범죄자로서 불법적 행위자(윤락행위자, 요보호여자)라는 두 얼굴을 가진 야누스적 존재였다. 그러나 이러한 속성은 성을 파는 행위 그 자체에서 비롯된 것이 아니다. 그것은 바로 치밀하면서도 모순된 법령의 효과였다. 그렇다면 두 개의 얼굴과 네다섯 개의 이름을 가진 이 여성들의 접객 노동을 구매한 유흥 남성은 어떤 운명에 처했는가? 우리가 이미 알고 있듯, 국가는 이들에게 사실상 아무런 제약도 부과하지 않았다.

사라진 소녀에 관한 기억

✳

내가 여전히 어렵고 버겁게 느끼는 주제인 성매매를 연구하기로 한 이유를 돌이켜보면, 몇 가지 기억이 떠오른다. 그중 하나가 초등학교 같은 반 친구였던 진아(가명)에 관한 것이다. 늦게 입학한 나머지 나보다 키가 훌쩍 컸던 진아는 소풍 때 영악한 아이들이 무거운 짐을 맡겨도 흔쾌히 들어주던 아이였다. 같은 중학교에 진학한 후 언젠가부터 진아가 학교에서 보이지 않았다. 진아의 소식을 궁금해하던 내게 누군가 진아가 학교를 그만두고 '포푸라(뽀뿌라)마치'에 있다는 소식을 전해주었다. 포푸라마치는 1980~90년대 부산의 대표적인 성매매 집결지였다. 그때 비로소 나는 그런 장소와 사람들이 있다는 사실을 처음 알았다. 소문이 과연 사실인지 확인할 길은 없었지만, 한동안 진아를 깊이 연민했던 기억이 난다. 이후 성매매 집결지는 내가 속한 세계에서 사라진 소녀의 목적지로 각인되었다. '마치'가 일본어로 '마을町'인지 몰랐던 나는 진아가 속한 세계를 포플러나무가 줄지어 행진하는march 기이한 곳으로 상상하곤 했다.

성매매에 관한 언론보도를 유심히 살피기 시작한 것은 아마도 진아가 사라진 후부터인 듯하다. 텔레비전에서 경찰의 '윤락' 단속 뉴스가 종종 등장했는데, 그때마다 윤락이라는 낯설고 불편한 단어와 함께 얼굴을 가린 채 경찰에 연행되는 여성들의 모습을 보며 두려움에 휩싸이곤 했다. 그런데 그 와중에도 억누를 수 없는 궁금증이 하나 있었다. 바로 경찰이 '식품위생법 위반'을 근거로 이들을 단속했다는 사실이다. 여자가 음식도 아닌데, 도대체 왜 식품위생법일까? 더욱 두렵고 궁금한 사건은 대학교 1학년 때 일어났다. 여름방학이 끝날 무렵이었던 1995년 8월 21일 저녁 9시, MBC 뉴스데스크는 경기여자기술학원 방화사건을 보도했다. 엄기영 앵커의 긴박한 목소리, 검게 그을린 벽, 쇠창살로 막힌 창문, 어지럽게 방치된 신발들……. 20여 년도 더 지난 일이지만 아직도 그날의 장면이 생생하다. 그 참사로 내 또래이거나 나보다 어린 여성 40명이 숨졌다. 그들은 어쩌다 그곳에 갔고, 왜 그처럼 비참한 죽음을 맞이한 것일까? 바로 이런 질문이 나를 성매매 연구로 인도한 거대한 의문의 일부이자 이 글의 주제다.

이 글에서 해명하고자 하는 마지막 질문은 내가 박사논문을 완성한 후 조우한 것이다. 논문을 쓰는 과정에서 나는 '윤락'의 한자가 倫落이 아니라 淪落임을 알았다. 내 뒤늦은 지식이 부끄럽지만 변명의 여지가 없지는 않다. 최근 나는 1960년대부터 1990년대 초까지 성매매에 관한 사회과학 연구 88편을 분석했는데, 나보다 한자에 능통했을 많은 선배 연구자가 윤락을 倫落으로 표기했음을 알았다.[1] 그렇다면 종종 倫落으로 오인되는 淪落은 무슨 뜻인가? 그것은 '빠지고(몰락하고) 떨어진다(타락한다)', 곧 더 이상 떨어질 나락이 없는 상태, 여성이 처할 수 있는 가장 밑바닥이라는 뜻이다. 따라서 그것은 윤리의 타락을 뜻하는 倫落보다 어쩌면 더욱 심각한 낙인을 내포한다고 볼 수 있다.

현재 관점에서 보자면 언어폭력으로 여겨질 만한 용어가 버젓이 법률의 제목이 될 만큼, 우리는 야만의 시대를 통과했다. 나는 박사논문을 쓴 후 학술대회에서 윤락의 의미를 설명할 기회가 몇 번 있었다. 그때 몇몇 남성 연구자가 윤락의 '락'이 여태 '즐거울 락樂'인 줄 알았다고 고백했고, 나는 그 사실에 상당한 충격을 받았다. 어렸을 적부터 내게 막연한 공포와 수치를 불러일으켰던 그 말이 누군가에게는 쾌락의 뜻으로 여겨졌다니, 한국에서 여성과 남성은 대체 얼마나 다른 세계에서 살아온 것일까? 이 글에서 나는 성매매를 젠더에 따라 이토록 전혀 다른 의미와 질서로 구축된 장치 중 하나로 보고 성매매 정책의 계보,

그중에서도 핵심 법률 용어인 '윤락', '유흥', '접객'의 의미를 탐색하고자 한다.

'유흥'과 '접객': 노는 남자, 일하는 여자

✳

윤락이 성매매를 지칭하는 한국 정부의 공식 용어로 확립된 것은 1961년 11월 '윤락행위등방지법(이하 윤락방지법)'이 제정되면서부터다. 그러나 엄밀히 말하자면 윤락은 성매매가 아니다. 윤락은 "불특정인으로부터 금전 기타 재산상의 이익" 또는 "기타 영리의 목적으로 성행위를 하는 것", 곧 성을 '파는' 행위로 정의되었기 때문이다. 윤락방지법 이전에는 '공창제도등폐지령'(1948~1961)에 따라 '매춘賣春'이 법적 용어였다. 성매매가 공인된 일제시기에 '창기娼妓'가 성을 파는 행위는 "창기의 영업(또는 창기의 돈벌이, 창기가娼妓稼)"으로 불렸다.[2]

그렇다면 성을 '사는' 행위는 무엇으로 지칭되었는가? 법률은 "윤락행위"와 "매춘의 행위"는 명시했지만, 성구매에는 명확한 이름을 부여하지 않았다. 법조문을 꿰맞춰보자면 그것은 "윤락행위"의 "상대자"가 되는 행위, "매춘의 행위"를 한 자를 "상대로 한 자"의 행위 정도가 되겠다.[3] 이처럼 복잡하고 모호한 규정이 암시하듯, 남성의 성구매는 명확한 이름을 붙이기에 껄끄럽고 곤란하며 저어되는 무엇이었다. 한마디로 성을 파는 행위(賣春)는 존재했지만 성을 사는 행위(買春)는 부재했고, 윤락이라는 언어폭력은 오직 여성에게만 적용되었다.

반면 성매매가 합법이었던 일제시기에는 성구매를 지칭하는 용어가 있었다. '유흥遊興'이 바로 그것이다. 식민 경찰은 1916년 제정된 법령을 통해 창기가 "통행인에게 유흥을 권유"하는 것을 금지했다.[4] 창기를 고용한 업주 역시 "통행인에게 유흥을 권유"하거나 "학생"에게 유흥을 제공할 수 없었다.[5] 다시 말해 학생이 아닌 성인 남성은 원한다면 언제든 자유롭게 성을 구매할 수 있는 권리를 보장받았던 것이다.

유흥은 창기와의 상업적 성관계에만 한정되지 않았다. '예기藝妓', 곧 일본인 게이샤藝者와 조선인 기생妓生의 접대도 유흥으로 불렸기 때문이다.[6] 예기의 접대가 넓은 의미의 성적 서비스이고 또 일부 예기가 성을 팔기도 했으므로, 일제시기 경찰은 창기와 예기의 서비스를 엄밀히 구분하는 대신 유흥이라는 상위 범주로 포괄한 것이다. 비록 법령에 유흥으로 명시되지는 않았지만 실상 유흥과 다름없다고 여겨진 것이 바로 '작부酌婦'의 서비스였다. 작부는 문자 그대로 술을 따라주는 여자로, 예기와 달리 객석에서 춤을 추거나 음곡을 연주하는 것이 금지되었다.[7] 그러나 예기와 작부를 동일한 법령으로 규제했다는 점에서, 작부 역시 넓은 의미의 유흥 제공자로 여겨졌음을 확인할 수 있다.

유흥의 사전적 정의는 '흥겹게 놂'이다. 따라서 원칙적으로 남녀노소 누구나 유흥의 주체가 될 수 있다. 그러나 식민권력은 유흥을 성인 남성의 쾌락으로 정의했다. 반면 '창기의 영업'을 비롯해 남성에게 유흥을 제공하는 여성의 노동은 '접객업'으로 분류되었다. '접객업 종사자'는 조선총독부가 1930년 실시한 국세조사國勢調査의 직업 항목 중 하나로, 예기, 창기 그리고 이들을 고용한 업주 등이 포함되었다.[8] 접객업에는 또한 "여관, 하숙옥, 요리점, 음식점 등의 하녀"와 같은 여성 직군도 포함되었는데, 이들에게는 여관, 요리점과 음식점에 관한 규칙이 적용되었다.[9] 1930년대부터는 대도시를 중심으로 서양식 장식을 갖추고 술을 파는 카페가 등장하자, 카페에 고용된 '여급女給'도 증가했다. 이에 1934년 경찰은 카페를 단속하는 별도의 규칙을 제정해서 카페와 여급을 통제했다.[10] 경찰은 오직 창기에게만 성판매를 허가했고 그 밖의 성판매는 '밀매음密賣淫'으로서 금지했지만, 접객업에 종사하는 여성 중 상당수가 전업 또는 부업으로 성을 팔았다.[11]

이렇듯 식민지시기 여성의 접객 노동은 서비스의 성격과 위계에 따라 세분화되었다. 위계의 최상에는 예기가, 그 아래에는 여급이, 그 아래에는 창기·작부·하녀가 배치되었다. 반면 성구매 남성은 '객客'이라는 단일하고 추상적인 이름으로 불렸다.

객, 곧 남성 손님의 유흥 세계는 이처럼 다채로운 여성의 다채로운 노동으로 구성되었다. 이로써 남성은 소비할 수 있는 화폐량과 취향 그리고 그날의 기분에 따라 다양한 장소에서 다양한 여성의 성적 서비스를 구매할 수 있었다.

이와 같은 유흥산업의 정교한 위계와 그것을 뒷받침하는 일련의 법령을 통해 일제시기 남성은 '유흥의 주체' 곧 '노는 자'로, 여성 중 일부는 '접객의 주체' 곧 '일하는 자'로 생산되었다. 성매매가 가장 오래된 직업이라는 속설을 수용하지 않더라도 일제시기 '창기' 또는 '창녀'는 일하는 여자, 영업하는 여자였던 것이다. 그런데 역설적이게도 '창娼'이라는 한자는 '노는 여자'라는 뜻이다. 여성이 남성의 욕망을 투사하는 거울로 존재해왔다는 뤼스 이리가레의 통찰에 기대면,[12] '창기' 또는 '창녀'가 '노는 여자'로 불린 것은 일하는 여자가 (자신과 마찬가지로) 노는 여자이기를 바란 남성의 무의식적 욕망의 표현일지도 모르겠다.

유흥의 주체와 접객의 주체는 각각 남성과 여성, 화폐를 소유한 자와 화폐가 필요한 자로서 양자 간 권력 차이가 현격했다. 식민지 법령은 그러한 격차를 더욱 극대화했다. 노는 남자에게는 아무런 제약도 부과되지 않은 반면, 일하는 여자에게는 가혹한 규율이 적용되었기 때문이다. 경찰은 여성 접객업 종사자를 성병의 원천으로 파악하고 이들에게 정기 성병검진을 강제했다. 창기는 월 평균 4.5회(주 1회), 작부는 3.9회, 예기는 1.4회 성병검진을 받았다.[13] 일부 지방 경찰은 카페 여급, 음식점과 요리옥에 고용된 기타 접객 여성에 대해서도 성병검진을 실시하기도 했다.[14] 성병검진은 생식기 검사로, 많은 여성이 치욕스러워했다.

경찰은 또한 접객 여성의 신체의 자유도 제한했다. 경찰은 예기와 작부의 거주지역을 제한할 수 있었고, 예기와 작부는 1박 이상의 여행을 가거나 10일 이상 휴업할 때 미리 경찰서장에게 신고해야 했다.[15] 창기에 대한 통제는 더욱 엄격했다. 창기는 경찰서장의 허가를 받지 않고서는 지정된 지역 외부로 나갈 수조차 없었다.[16]

이런 점에서 일제시기 성매매 관련 법령은 단지 성매매를 합법적 서비스 노동으로 허가한 것에 그치지 않고, 대단히 비대칭적인 젠더질서를 구축했다. 식민권력은 남성의 유흥을 자연적 권리로 인정했지만, 여성의 접객은 '공중위생', '풍속' 그리고 '공익'에 대한 잠재적 위협으로 규정하고 세밀하게 통제했기 때문이다.[17] 한마디로 노는 남자는 자유로운 소비자로, 일하는 여자는 사회적 천민으로 구성된 것이다.

합법적 '유흥'과 불법적 '매춘'

식민권력이 이식한 공창제는 해방 후 폐지되었다. 1947년 11월 남조선과도입법의원은 식민 잔재를 청산하고 새로운 국가를 건설하려는 열망으로 '공창제도등폐지령(이하 공창제폐지령)'을 통과했다. 공창제폐지령은 4개 조로 이뤄진 매우 간단한 법률이었다. 제1조는 "일정日政 이래의 악습을 배제하고 인도를 창명하기 위하야 남녀평등의 민주주의적 견지에서 공창제도를 폐지하고 일체의 매춘행위를 금지"하는 것을 목적으로 제시했다. 제2조는 식민지 공창제 법령이었던 창기규칙을 폐지함으로써 관련 영업이 효력을 상실함을 명시했고, 제3조는 유곽을 운영하거나 매춘의 행위를 하거나 매춘의 행위를 매개 또는 그 장소를 제공하거나 이들을 상대로 한 자에게 모두 2년 이하의 징역, 5만원 이하의 벌금을 부과토록 했다. 마지막 제4조는 3개월 후에 법령이 효력을 발휘한다고 밝혔다. 그 결과, 공창제폐지령은 1948년 2월부터 시행되었다.

그런데 공창제 폐지로 공창, 곧 '창기'라는 법적 범주는 사라졌지만 '접객부'는 유지되었다. 법령은 창기에 관한 규칙만을 폐지했을 뿐, 예기·작부·여급과 관련된 규칙에 관해서는 아무런 언급도 하지 않았기 때문이다. 또한 공창제폐지령이 시행되기 약 열흘 전인 1948년 2월 3일, 보건후생부(현 보건복지부)는 '접객부(기생, 작부, 여급)영업규례'를 공포했다. 이 예규는 일제시기 관련 법령을 계승해 기생·작부·여급을 접객부로 허가하고 이들에게 정기 성병검진을 강제할 수 있도록 했다. 이렇듯 '매춘의 행위'와 '매춘의 행위를 상대로 한 행위'는 금지되었지만, 접객부가 제공하는 '유흥'은 허용되었다.

그러나 애초에 유흥/접객이 매춘의 상위 범주였음을 감안하면, 다시 말해 매춘이 유흥/접객에 통합된 일부였음을 고려하면 유흥/접객과 매춘을 엄격히 구별하는 일은 매우 까다로웠다. 이 문제를 해결하는 가장 손쉬운 방법은 남성과 여성을 차별하는 것이었다. 한마디로 매춘買春을 포함한 '남성의 유흥'은 처벌하지 않은 반면, 매춘賣春을 포함한 '여성의 접객'은 감시하고 처벌한 것이다. 다음 신문 기사는 공창제가 폐지된 지 약 2년 후 경찰의 성매매 단속이 어떤 식으로 이뤄졌는지 보여준다.

> 본 도(경상남도—인용자) 경찰국에서는 지난 3일 (…) 동일 10시부터 12시까지 밀매음 소굴을 급습하여 달콤한 꿈에 잠겨 있던 현행범 20쌍을 검거하여 여인부대는 즉 여서(여자경찰서—인용자) 유치장으로 보내고 상대남 20명 중 5명은 현장에서 설유하여 돌려보내고 악질 상습자 15명은 여서까지 연행하여 엄중 설유한 후 돌려보

냈는데, 당국에서는 금후 수시로 취체를 강행할 것이라 한다.[18]

이처럼 공창제폐지령을 위반한 현행범 20쌍 중 "여인부대"만 유치장에 갇힌 반면, "상대남"은 현장 또는 경찰서에서 훈계를 들었을 뿐 아무런 처벌을 받지 않았다. 결국 공창제 폐지는 '일제의 악습'을 청산하지도, '남녀평등의 민주주의'를 확립하지도 못했다. 법률은 매춘의 행위뿐만 아니라 관련된 모든 행위를 금지했지만, 성을 구매한 남성에 대한 처벌은 제대로 이뤄지지 않았다. 남성이 유흥할 권리는 그대로 유지되었고, 접객 여성의 사회적 천민이라는 지위 역시 크게 달라지지 않았다. 오히려 성을 파는 행위가 처벌됨으로써, 일하는 여자에게 범죄자라는 낙인이 추가로 부착되었다.

그런데 예외적으로 남성이 유흥할 권리를 정부가 임시정지할 때가 있었는데, 바로 국가가 심각한 위기에 처했을 때였다. 1948년 12월 사회부와 내무부는 공동으로 '유흥영업 임시정지에 관한 건'을 공포했다.[19] 당시 신문 기사를 살펴보면, 정부 수립 후에도 지속된 혼란과 극심한 빈부격차, 부패한 정부에 대한 비판 여론 그리고 무엇보다 여수와 순천에서 발생한 군인들의 반역이라는 긴급사태가 유흥영업 임시정지의 결정적 이유였음을 확인할 수 있다.

시국이 다단하고 민생고가 심한 이때 어떤 사람은 고급요정에 미기美技를 끌어안고 주지육림을 이룬 가운데 흥청거리고 생을 즐기는 모습은 확실히 좋지 못한 사회상이요, 따라서 이러한 것을 그림의 떡같이 그리고 물 건너 불같이 바라다만 보고 있는 세궁민의 눈살을 찌푸리게 했던 것이다. 이에 우리들의 선량은 지난번 여순사건 때 21차 본회의에서 고급요정의 폐쇄를 결의하여 지금에 이르도록 실시해 내려왔던 것이다.[20]

이 신문 기사는 당시 유흥의 지배적 관념이 "고급요정에 미기를 끌어안고 주지육림을 이룬" 것이었음을 보여준다. 한국 고위층 남성의 유흥을 향한 의지는 한국전쟁이라는 동족상잔의 비극도 꺾지 못했다. 서울이 두 번이나 점령, 탈환되는 등 격렬한 전투와 극심한 가뭄까지 겪은 1951년 초가을, 한 신문 기사는 다음과 같이 전했다.

유사 이래의 대 한재旱災로 애타는 가슴과 주린 창자를 움켜지고(움켜쥐고—인용자) 고투하는 이 땅 농민들의 피눈물 겨운 한소旱騷는 어디에서 풍겨오는 가을바람이냐 하는 듯이 고관대작의 매끈한 차와 지프차는 협착한 거리마다 점심을 먹기 위하여 장사진을 치고 있으며 (…)

> 주류 판매금지란 버젓한 표식은 공염불화하여 붉은 얼굴들과 요염한 접대부들의 가무소리와 더불어 난무하는 꼴은 뜻있는 사람들로 하여금 개탄을 불금케 하고 있다.[21]

정부도 '고관대작'의 이러한 작태가 국민 여론과 전쟁 수행에 미칠 악영향을 우려했다. 이에 한국전쟁이 발발한 지 1년 3개월이 지난 1951년 10월 12일, 국무회의는 '고급요정 및 유흥영업 임시 조치의 건'을 의결했다.[22] 이 건은 요리점, 카페, 바를 대중음식점으로 전업하게 하고, 음식과 영업시간을 제한하며, 접객부가 "단순한 음식물 운반에 종사하는 외, 객을 상대로 권주, 가무, 음곡, 유희를" 하는 것을 금지했다.

흥미로운 점은 이 조치가 "외빈 상대 업태", 곧 "외국 빈객 접대상 필요한 특수요정 및 유흥영업"은 여전히 허가했다는 데 있다. 약 2개월 후인 1951년 12월 18일 보건부는 다시금 "국내적으로는 고급요정 및 유흥영업을 폐지한 것이나 대외적으로는 목하 우리 한국은 민주 우방 각국이 참전 또는 물심양면의 원조를 하고 있는 차제 거국적으로 최선의 환영과 접대를 요망할 단계에 있음으로" 고급요정 폐지와 외국 빈객 접대가 모순되지 않음을 역설했다.[23] 이렇듯 정부는 우방에게 한국 여성의 성적 서비스를 제공함으로써 혈맹을 강화하고 군사적·경제적 지원을 확보하고자 했다.

'외국 빈객'에게 "최선의 환영과 접대"를 제공한 여성은 다양했다. 외교관과 유엔군 고위 장교를 위한 파티에는 여성지도자 김활란과 모윤숙이 여자 대학생들을 동원했다.[24] 유엔군 병사는 '위안부'가 '위안'했다. 보건부는 1951년 10월 '청소 및 접객영업 위생사무 취급요령 추가지시에 관한 건'을 결재해, 유엔군의 요청이 있을 시 민간 업자로 하여금 '위안소'를 설치할 수 있도록 허가했다. 위안부는 "위안소에서 외군을 상대로 위안접객을 업으로 하는 부녀자"로, 1주 2회 정기 성병검진을 받아야 했고 여행할 경우 보건소에 신고해야 했다.[25] 이렇듯 위안부는 신체의 자유가 제약되었다는 점에서 일제시기 창기와 유사한 존재였다.[26]

유엔군 상대 위안소가 어디에 몇 개나 설치되었는지, 위안부가 몇 명이었고 어떤 생활을 했는지에 관해서는 소수의 연구가 생산되었을 뿐 충분히 해명되지 않았다.[27] 그러나 분명한 사실은 공창제폐지령으로 성매매가 금지되었음에도 정부가 앞장서서 위안소와 위안부를 허가하는 불법을 자행했다는 것이다.

유흥을 매개로 한 혈맹은 휴전 후에도 유지되었다. 유엔군의 장기 주둔과 더불어 유엔군을 상대로 한 상업지구, 일명 기지촌이 형성되기 시작했다. 1957년 7월 유엔군 사령부가 도쿄에서 서울로 이전하자, 한국 정부는 "유엔군 출입을 지정받은 접객업소"를 허가하고 위안부의 성병 통제에 집중했다.[28] 정부는 또한 1957년 2월에 전염병예방법과 동 시행령을 통해 성을 팔거나 팔 우려가 있는 여성에 대한 정기 성병검진을 강제했다. 검진 대상과 주기는 "접객부, 기타 접객을 업으로 하는 부녀(접대부, 작부 등)" 2주 1회, "땐사, 유흥업체의 여급 또는 이와 유사한 업에 종사하는 자" 1주 1회, "위안부 또는 매음행위를 하는 자" 1주 2회였다. 이를 통해 당시 정부가 접객, 유흥, 위안을 사실상 매음행위 또는 매음행위로 귀결될 가능성이 있는 서비스로 규정했음을 확인할 수 있다.

1961년 윤락방지법이 제정되자 매춘은 윤락으로 대체되었다. 윤락방지법은 공창제폐지령의 금지정책을 계승했지만, 역시 단속과 처벌은 여성에게 집중되었다. 《경찰통계연보》의 '범죄발생 및 검거상황표'에 따르면 수치가 비교적 일관된 1963년부터 1969년까지 윤락방지법 위반으로 검거된 인원이 적게는 5,601명, 많게는 12,218명에 이르렀는데, 여성의 비율이 83.6~91.8%에 달했다. 통계는 이들이 윤락방지법의 어느 조항을 위반했는지 명시하지 않았으므로, 검거된 남성이 성구매자인지 알선자인지는 알 수 없다. 따라서 남성 알선자를 제외하면 성구매자가 검거된 사례는 더욱 드물 것이다.

또한《경찰통계연보》는 1963년부터 1966년까지 '윤락여성 선도단속상황표'를 제시했는데, 단속된 여성 수가 적게는 33,693명에서 많게는 44,713명에 이르렀다. 이는 검거 인원보다 4~5배가량 많다. 단속된 '윤락여성'의 과반수가 즉결심판을 받았음을 고려하면, 이들 역시 경찰에 검거되었다고 판단할 수 있다. 이렇듯 단속으로 분류된 여성까지 검거 인원에 포함할 경우, 여성 비율은 더욱 상승한다. 한마디로 경찰의 단속 또는 검거가 배타적으로 여성에게 집중된 것이다.[29]

윤락여성 선도단속상황표에서 또 하나 주목해야 할 점은 단속된 여성의 상당수가 '수용'되었다는 사실이다. 수용된 여성 수는 적게는 5,512명(1965년)에서 많게는 8,022명(1963년)으로, 즉결심판을 받은 여성 다음으로 많았다. 그런데 이들은 과연 어디에 수용된 것일까? 또 윤락여성에 대한 조치가 구금 또는 구속이 아니라 수용인 이유는 무엇인가?

이 질문에 대한 해답은 윤락방지법에서 찾을 수 있다. 4개 조로 구성된 공창제폐지령과 달리, 윤락방지법은 21개 조로 내용이 대폭 확충되었다. 특히 공창제폐지령이 처벌 대상과 형량만을 언급한 반면, 윤락방지법은 처벌뿐만 아니라 보호조항을 포함했다. 윤락방지법 제7조는 국가로 하여금 "윤락행위의 상습이 있는 자와 환경 또는 성행으로 보아 윤락행위를 하게 될 현저한 우려가 있는 여자(이하 요보호여자라 한다)를 선도보호하기 위하여 보건사회부장관이 지정하는 중요도시 기타 필요한 곳에 보호지도소를 설치한다"라고 명시했다. 따라서 윤락여성이 수용된 곳은 바로 이러한 보호지도소였다. 이 조항에 따라 1961년부터 1995년까지 전국에 약 30개의 보호지도소가 설치·운영되었고, 연인원 20만 명이 넘는 여성이 재판도 받지 않고 형기도 정해지지 않은 채 그곳에 수용되었다. 수용된 여성이 실제 몇 명이었는지는 알 수 없다. 모든 여성이 2회 수용되었다고 가정할 경우, 그 수는 10만 명에 이른다.[30]

윤락방지법이 공창제폐지령을 대체했다면, 이듬해 제정된 식품위생법은 일제시기의 예기, 작부, 요리옥과 음식점에 관한 규칙을 대체했다.[31] 이로써 일제시기의 예기와 작부는 '유흥영업종사자'라는 새로운 이름을 얻었다. 식품위생법은 '유흥영업종사자'를 "유흥영업소에서 영업적으로 객과 동석하여 주류를 작배하거나 가요 음곡 등으로 객의 유흥을 돋구는 것을 업으로 하고자 하는 부녀자(이하 접객부라 한다)"로 정의했다(제14조). 유흥영업종사자의 또 다른 이름이 '접객부'라는 사실에서 확인할 수 있듯, 유흥영업종사자는 일제시기 기생·작부·여급에 해당하는 여성 직군이었다. 식품위생법시행규칙은 "유흥영업에 접객부로서 종사하고자 하는 자"는 서울특별시장 또는 도지사에게 등록신청서를 제출하도록 했다(제15조). 접객부는 성병검진을 비롯한 정기 건강진단을 받아야 했고, 해당 보건소장은 이들에게 보건증을 교부했다(제22~24조).

이렇듯 성을 파는 여성은 다양한 법령에 종속되었다. 가령 미군 상대 성판매 여성은 위안부이자(전염병예방법시행령), 윤락행위자이며(윤락방지법), 요보호여자이자(윤락방지법), 유흥영업종사자 또는 접객부(식품위생법과 식품위생법시행령)였다. 이들은 유흥영업종사자 또는 접객부로서 지방정부에 등록신청서를 제출하고, 유흥영업종사자 또는 접객부 또는 위안부로서 정기 성병검진을 받고 보건증을 소지하며, 윤락행위자로서 경찰에 검거되어 벌금형을 선고받거나, 요보호여자로서 보호지도소에 수용되었다. 내국인 상대 성판매 여성도 정도 차이는 있었지만 유사한 방식으로 통제되었다.

한마디로 한국에서 성을 파는 여성은 노동자로서 합법적 행위자(유흥영업종사자, 접객부, 위안부)와 범죄자로서 불법적 행위자(윤락행위자, 요보호여자)라는 두 얼굴을 가진 야누스적 존재였다. 그러나 이러한 속성은 성을 파는 행위 그 자체에서 비롯된 것이 아니다. 그것은 바로 치밀하면서도 모순된 법령의 효과였다.

그렇다면 두 개의 얼굴과 네다섯 개의 이름을 가진 이 여성들의 접객 노동을 구매한 유흥 남성은 어떤 운명에 처했는가? 우리가 이미 알고 있듯, 국가는 이들에게 사실상 아무런 제약도 부과하지 않았다. 윤락방지법은 윤락행위의 상대자도 처벌하도록 명시했지만, 이미 살펴본 통계에서 확인할 수 있듯 경찰 단속은 성판매 여성에게 집중되었다. 남성에게는 '당연히' 수용이나 성병검진도 이뤄지지 않았다.

오히려 국가는 남성의 쾌락을 적극 배려했다. 식품위생법시행규칙 제18조는 접객부의 준수사항을 나열했는데, 그중 하나가 "객에게는 항상 친절하게 대할 것"이었다. 이 조항은 1972년 개정될 때까지 유지되었다. 이렇듯 국가는 접객 여성에게 등록·단속·처벌·수용·검진뿐만 아니라 친절의 의무까지 부과했고, 유흥 남성은 접객 여성이 처한 억압과 고통에 아랑곳하지 않고 쾌락을 추구할 수 있었다.

이러한 권력 불균형을 어떻게 개선할 것인가?

✳

그런데 과연 유흥 남성은 접객 여성을 옥죈 다양한 억압에 완전히 무관심했을까? 자신의 쾌락을 위해 봉사하는 여성이 법의 족

쇄와 업주의 통제에 사로잡힌 존재임에도, 태연하게 자신의 성욕을 해소하는 데만 골몰했을까? 모든 남성이 그렇지는 않았던 듯하다. 1970년대를 풍미한 이른바 '호스티스 소설'인 《별들의 고향》, 《영자의 전성시대》나 1990년대 후반 상영된 〈노는 계집 창〉과 같은 소설과 영화에는 이러한 여자들을 사랑한 남자들, 대체로 다정하고 섬세하지만 자기연민에 빠진 남자 주인공이 등장한다.

그러나 또 다른 부류의 남성 역시 접객 여성의 법적·사회적 지위를 예민하게 인식했다. 바로 이 여성들의 취약한 지위를 악용하기 위해서다. 사회학자 홍승표가 1982년 영등포역 성매매 집결지에 대한 참여관찰을 바탕으로 작성한 석사논문에는 "매춘부와 고객 간의 싸움의 전형적인 경우"로 다음과 같은 일화가 소개되어 있다.

> 매춘부 A와 고객 A가 밤 10시경 한방에 듦. 성행위를 시작하려는데 매춘부 A가 고객 A에게 콘돔을 낄 것을 요구. 이에 고객 A는 콘돔의 사용을 거부함.
>
> 고객 A: 야! 몸 얼마 더 상할 거라고 그러냐.
>
> 매춘부 A: 끼라는 건 내 사정이야. 끼고 하면 끼는 만큼 더 잘 해준다 그러잖아! (…)
>
> 이에 고객 A와 매춘부 A는 한참 말싸움 끝에 긴 밤을

숏타임으로 바꾸어 매춘부 B를 들여보낼 것에 합의함. 매춘부 B가 들어오고 나서 잠시 후 매춘부 B는 고객 A가 사정했음을 주장하고, 고객A는 그렇지 않다고 하여 싸움을 함.

매춘부 C, D: 어디 쌌나 안 쌌나 확인해보자.

고객 A: 집어넣고 그냥 뺏(뺐)잖아.

매춘부 B: 이 양반아! 올라가다 싸는 사람도 있어.

고객 A: 아줌마 불러와!

매춘부 B: 아줌마는 왜 불러? 아줌마하고 잤어?

고객 A: 불러봐!

매춘부 B: 그럼 네가 불러봐!!

고객 A: 우리 아버지가 형사계장이야.

이 사건은 결국 포주의 개입으로 일단락되었다.[32] 고객 A는 요즘 식으로 말하자면 '진상'이다. 이 자가 콘돔 착용을 거부하고 사정 사실을 부인하며 "아버지가 형사계장"이라고 행패를 부릴 수 있었던 배경에는 국가의 비호가 있었다. 다시 말해 이 자는 국가가 시행한 정기 성병검진을 통해 '매춘부'가 성병에 감염되지 않았을 테고, 설령 경찰을 부르더라도 '매춘부'만 처벌받거나 수용될 뿐 자신은 무사하리라 확신했던 것이다. 결국 고객 A가 가진 권력은 남성이자 화폐를 가진 자이자 국가의 비호를 받는 자로서의 권력이었다. 비슷한 시기에 보도된 다음 신문 기사는 고객 A의 믿음을 뒷받침한다.

> 경남거창경찰서는 2일 성병을 옮긴 윤락녀 윤모 양(25 주거부정)을 상해혐의로, 윤락행위를 알선한 이모 여인(44 경남 거창군 거창읍 상동 S여관)을 윤락행위방지법 위반 혐의로 각각 입건. 경찰에 따르면 윤 양은 지난 달 2일 오후 4시쯤 이 여인이 경영하는 S여관 8호실에서 J 씨(45)와 동침, J 씨에게 전치 3주의 성병을 걸리게 했고, 이 여인은 성병보균자인 윤 양을 손님에게 소개한 혐의이다.[33]

> 서울청량리경찰서는 26일 밤 동대문구 전농2동 588 일대 윤락가의 포주 및 윤락여성 일제단속에 나서 (…) 포주 7명, 손님들을 상대로 음란비디오를 보여준 △△△ 씨(41), 윤락녀 29명 등과 함께 관람객 투숙객 등 모두 57명을 적발했다. 경찰은 이들 중 포주 7명을 윤락행위방지법 위반혐의로 △ 씨는 음반에 관한 법률 위반혐의로 각각 구속영장을 신청하고 윤락녀 29명은 서울시여자기술원으로 넘겼다. (…) 손님 2명은 즉심에 넘기고 나머지는 훈방했다.[34]

첫 번째 기사에서 J는 국가가 시행하는 정기 성병검진으로 윤 양이 성병에 감염되지 않았으리라 생각하고 콘돔 없이 성관계를 가졌으나 성병에 감염되자, 경찰에 윤 양과 여관 주인을 신고했다. 윤락방지법이 윤락행위의 상대자를 처벌한다고 명시했음에도, J는 자신이 처벌받지 않으리라 확신했기에 이들을 신고할 수 있었을 것이다. 두 번째 기사에서 적발된 '윤락여성'은 전원 서울시여자기술원에 수용된 반면, 손님은 2명만 즉결심판을 받았을 뿐 나머지는 훈방됐다.[35]

영국의 페미니스트 사회학자 줄리아 오코넬 데이비슨은 성구매 남성에 대한 심층면접을 통해 성판매 여성이 처한 사회적 고립과 낙인, 곧 '사회적 죽음'이 오히려 일부 남성의 성적 흥분과 쾌락을 증폭시킨다는 사실에 주목했다. 그에 따르면 그들은 성판매 여성이 이른바 '정상적 공동체' 외부로 추방된 타자, 곧 '사회적으로 죽은' 존재이므로 더 큰 권력을 행사할 수 있어 더 많은 쾌락을 느낀다.[36]

한국에서도 성판매 여성은 공동체로부터 추방되고 사회적으로 낙인찍힌 사람이다. 물론 이들에 대한 낙인이 비단 이들을 처벌하는 법률에서 비롯된 것만은 아니다. 뿌리 깊은 성차별, 여러 사람과 성관계를 맺는 여성에 대한 혐오, 가난한 사람에 대한 경멸 역시 이 여성들을 공동체 밖으로 추방하는 힘이다. 법률은 바로 그러한 차별·혐오·경멸을 더욱 굳건하게 만든다.

굳이 40여 년 전 논문과 신문 기사를 들추지 않아도 성판매 여성의 취약한 법적·사회적 지위를 악용하는 성구매자들은 지금도 여전히 확인할 수 있다. 성매매경험당사자네트워크 뭉치가 2021년 출판한 책《성매매 경험 당사자 무한발설》에도 그러한 사례가 등장한다. 한 여성은 조건만남을 통해 만난 "인상이 좋은 편이고 행동도 꽤 젠틀한 것 같"은 중년 남자가 야외의 외진 장소로 자신을 데려간 다음, 차 안에서 자행한 일에 관해 다음과 같이 증언했다.[37]

> 그렇게 차가 선 곳은 그냥 야외의 외진 장소였다. 순간 당황했다. 당연히 모텔로 갈 줄 알았는데……. 머리가 멈췄다. 구매자가 말을 하기 시작했다. "저는 젖꼭지가 큰 여자가 좋은데 혹시 만져봐도 되겠습니까?" 위축되어 만지지 말라고 했더니 갑자기 태도가 돌변했다. 어차피 하러 온 거 아니냐며 강압적으로 말했다. 하자는 대로 안 하면 구매자들이 하나같이 똑같이 하는 말도 했다. "경찰에 신고한다, 너."

그러나 40여 년 전과 달리 지금은 윤락방지법 대신 성매매처벌법이 시행되고 있다. 성구매 남성이 처벌받은 선례가 드물었던 윤락방지법과 달리, 2004년 제정된 성매매처벌법이 시행된 직후 성판매 여성보다 더 많은 성구매 남성이 검거되었다. 일례로 2005년 경찰이 성매매처벌법으로 검거한 인원을 살펴보면, 업주 등 알선자가 4,071명(22.0%), 성구매자가 11,474명(62.0%), 성판매자가 2,963명(16.0%)이었다.[38] 따라서 아버지의 직업을 들먹이며 큰소리 칠 수 있었던 40년 전의 고객 A와 달리, 현재의 성구매 남성은 실질적으로 처벌받을 가능성이 있다. 위의 증언을 한 여성도 "너랑 관계는 했지만 안 쌌으니까 돈 못 준다"는 남자를 상대로, "어차피 콘돔 안 끼고 했으니까 저 이대로 경찰서 갈게요. 아저씨 DNA 나올 테니까 경찰서에서 뵙겠습니다"라고 대응함으로써 겨우 대가를 받을 수 있었다.[39]

그러나 성구매 남성과 업주만이 아니라 성판매 여성도 처벌하는 성매매처벌법이 이들 간의 불평등한 권력관계를 근본적으로 개선했는지는 의문이다. 법 시행 초기 경찰에 검거된 이들 중 성판매 여성의 비율은 16.0%였다. 그러나 2020년 여성 비율은 42.0%로 상승했다.[40] 2020년 통계는 성별만 분류했을 뿐 죄목을 명시하지 않았으므로, 검거된 여성이 성판매 여성인지 알선자인지는 확인할 수 없다. 다만 일부 알선자를 제외하더라도 성판매 여성의 비율이 상승했으리라 추측할 수 있다.

또한 성구매 남성과 성판매 여성에 대한 처벌의 사회적 의미는 상이하다. 남성이 가정과 사회에서 권력의 우위를 점하는 한, 성구매 행위로 인한 처벌은 일시적 체면 상실에 그칠 가능성이 크다. 반면 성판매로 생계를 유지하는 여성에게 단속과 처벌의 빈도는 훨씬 높고 사회적 배제와 낙인효과 역시 더욱 크다. 그렇다면 이처럼 불균형한 권력관계를 어떻게 개선할 것인가? 스웨덴을 비롯한 일부 유럽 국가에서처럼 성구매 남성과 업주만을 처벌해야 할 것인가? 또는 뉴질랜드에서처럼 성산업을 완전히 비범죄화해야 할 것인가? 아니면 이 두 가지 선택지 외에 또 다른 방법이 있는가?

모두 결코 쉽지 않은 질문이다. 다만 해답을 찾는 일의 출발점은 성판매 여성의 불처벌이 되어야 할 것이다. 지금까지 살펴본 바와 같이 이 여성들이 범죄자라는 취약한 지위에 머무르는 한, 그리하여 그들이 법적으로 완전한 시민권을 인정받지 못하는 한, 그들에 대한 폭력과 착취를 개선하는 것은 불가능하기 때문이다.

3부

성매매 여성 불처벌을 향한 문화정치

08

'개인의 선택'을 넘어 성매매의 정치경제적 조건을 묻는다

남승현

✳

성판매 여성에 대한 처벌을 정당화하는 논리로서 '공급 차단'이라는 논리는 현재 한국의 상황에서 재고되어야 한다. 오히려 특정한 양상으로 새로운 성상품을 기획해내고 그러한 상품에 대한 수요를 창출해내는 존재로서의 성산업 자체를 적극적으로 문제제기해야 한다. 즉 성상품의 산업적 기획과 구성을 주목할 때에야 수요에 부응하면서도 수요를 창출해내는 공급 주체로서의 성산업에 대한 직시가 가능해질 것이다.

"어떻게 떡볶이가 화대일 수 있느냐"는 질문에 가려진 것

2014년 지적장애를 가진 10대 가출 여성 A가 가출 일주일 만에 성인 남성 6명으로부터 성폭력을 당하는 사건이 발생했다. 피고인들은 재판에서 피해자가 성관계에 합의했으며, 당시 피해자에게 사준 떡볶이가 성매매에 대한 '화대'였다고 주장했다. 1심 판사는 그 주장을 받아들여 성폭력이 아니라 자발적인 성매매라고 판결했다. 피해자의 가족은 판결에 반발했다. A의 가족은 피해자와 몇 마디만 나눠봐도 피해자의 지능이 낮음을 짐작할 수 있는데 어떻게 자발적인 성매매로 볼 수 있느냐고 문제를 제기했다.[1] 또한 피해자 A가 의제강간[2]이 적용되지 않는 연령인 만 13세가 된 지 2개월밖에 안 된 지적장애 여성이라는 점에서 이 판결은 의제강간 연령 상향의 필요성을 보여주는 사건으로도 언급되었다. 여러 여성단체는 이 사건을 통해, 의제강간의 피해자로 인정받지 못한 10대 여성이 자발적으로 성매매에 참여했다고 여겨져 처벌 대상이 되는 대상청소년으로 규정되는 상황에 문제를 제기했다. 처벌에 대한 우려로 성매매에 유입된 아동·청소년이 신고하지 못하고 지속적인 착취구조 속에 놓이며, 피해자로서 지원도 받지 못한다는 것이다. 이를 반영한 듯 2020년 4월 발표된 정부의 디지털 성범죄 근절대책은 기존의 성매매 피의자로 여겨졌던 10대를 대상청소년이 아닌 피해자로 인정했으며, 이후 A의 사건은 대상청소년 제도의 불합리함을 보여주는 중요한 사건으로 언급되었다.[3]

이 사건에 대한 보도가 이어지자 온라인 댓글 등에서는 떡볶이가 어떻게 화대가 될 수 있냐며, 1심 판결을 비판하는 입장이 쇄도했다. 이 사건을 보도한 많은 기사도 판결문에 대가성으로 언급된 숙박 제공 등보다 떡볶이가 화대로 인정되어 성폭력이 아닌 성매매로 판결되었다는 점에 주목했다. 많은 기사가 사용한 '떡볶이 화대 사건'이라는 표현은 사람들이 주목한 지점을 한 번 더 확인시킨다.

하지만 이 사건에서 더욱 주목해야 할 지점은 성폭력과 성매매가 서로 대립하는 방식으로 설정된 구도 자체다. 이 사건과 관련해 한 라디오 방송은 이 사건을 성폭력으로 보는 변호사와 성매매로 보는 변호사 양측을 섭외해 토론을 진행하기도 했다.[4]

1심 재판에 반대하는 입장 역시 이 사건에서 어떻게 성폭력 피해를 인정받을 수 있는지 여부에 맞춰져 있었다. 저마다 지적장애로 인한 성적자기결정권 부족을 근거로, 10대 여성에 대한 의제강간 연령 범위의 확대를 통해 또는 '떡볶이는 적절한 성관계에 대한 대가가 될 수 없다'는 화대의 불충분성을 통해 A가 겪은 것이 성폭력 피해임을 논증하고자 했다. 이는 자신의 행위를 법정형량이 더 높고 사회적 비난이 더욱 집중될 수 있는 성폭력보다는, 법정형량도 낮고 사회적 비난의 정도도 비교적 낮다고 여겨지는 성구매 행위로 명명하려는 가해자의 법정 전략에 대한 대응이라는 점에서 일견 자연스러워 보인다.

그렇지만 이처럼 선명한 대립구도에 가려져 있는 것은 없는지 살펴볼 필요가 있다. 이 사건은 한국사회에서 성폭력과 성매매가 각각 어떠한 의미로 유통되고 있는지, 그리고 서로가 어떠한 차이와 대립을 통해 각각의 의미를 구성하고 있는지에 대해 고민해볼 거리를 던진다. 이 글에서는 성매매가 성폭력과의 대비를 통해 어떤 의미를 가지는지, 그것이 성매매와 관련해 어떤 지점을 비가시화시키는지에 대해 살펴보고자 한다.

자유주의적 패러다임은 성매매를 어떻게 바라보는가

위의 사건에서 성폭력과 성매매로 해석이 갈라지는 지점은 크게 두 가지로 보인다. 첫 번째는 행위자의 성적자기결정능력에 대한 문제다. 이 사건에서 A의 지적장애와 어린 나이는 성적자기결정능력의 부족을 의미하는 것으로, A의 반응을 성관계에 대한 동의로 읽어낼 수 없다는 주장의 근거가 된다. 이는 성매매 '행위자'가 아닌 성폭력 '피해자'가 되기 위한 조건인 동시에, 성매매는 '성적자기결정권'에 따른 행위임을 전제하는 것이기도 하다.[5]

두 번째는 대가성의 문제다. 이는 성적 행위와 그에 대한 대가가 등가를 이루는지의 문제다. 판결문에서 대가성으로 논의된 것은 숙식이었으나, 언론보도 등을 통해 그중에서도 떡볶이가 성관계에 대한 대가로서 두드러지게 등장했다. 그리고 많은 사람은 떡볶이가 성관계의 화대가 될 수 있다는 생각에 불편함과 당혹스러움을 표했다. "판사의 월급을 떡볶이로 줘야 한다"거나, "떡볶이가 몇 만 원이라도 하는 줄 아나 보다"는 말은 떡볶이가 성적 행위에 대한 대가가 되기에는 가치가 부족하다는 생각을 반영한다. 그러나 성매매에 대한 인식에 주목한다면, 역설적으로 성매매는 '적절한' 대가를 받고 이뤄지는 거래관계임을 전제하기에 가능한 표현이기도 하다.

두 측면을 종합해보면 성매매는 동의 없는 성관계로서의 성폭력의 반대항으로서, '동의'를 중심으로 개인 간의 '성적자기결정권'에 근거한, '적절한' 대가를 받고 이뤄지는 거래관계다. 신상숙은 성매매처벌법 위헌법률심판 제청에서 성매매처벌법이 성적자기결정권을 침해한다는 논리에 대해, 개인의 프라이버시로서의 섹슈얼리티와 그것을 침해·제한하는 국가라는 구도가 자리 잡았고, 성적자기결정권이 위와 같은 자유주의적 패러다임 속에서 사용되고 있음을 지적한다. 이러한 구도는 추상적인 개인이 소유하고 있는 권리와 그 대립항으로서의 국가권력만을 상정한다. 이 논리 위에서 성폭력은 개인 간의 권리 충돌 및 침해의 문제가 되며, 성매매는 개인 간 합의의 결과일 뿐이다.[6]

문제는 개인이라는 관념이 추상적인 데 반해, 모든 개인은 저마다 다른 계급과 인종, 성별이 교차하는 관계 속에 놓여 있다는 점이다. 따라서 추상적 개인 간 권리의 충돌과 침해라는 아이디어로는 현실 속에서 다층적인 범주를 통해 작동하는 권력관계를 포착하고 변화시키기 어렵다. 더 나아가 성적자기결정권을 단순히 동의와 강제의 문제로 이해해서는 과연 무엇이 '성적인 것'으로 여겨지는가, 그러한 '성적인 것'은 어떠한 권력관계와 의미를 통해 작동하고 있는가를 물을 수 없다. 이처럼 자유주의적 관점에 기초해 성매매에 접근한다면 성매매의 '거래'가 사회문화적으로 구성된 것임을 간과하기 쉽다.

자본주의 시장경제를 떠받치는 합리적 개인의 자유로운 경제활동에 대한 믿음과 달리, 페미니스트들은 현재 자본주의 사회에서 '합리적 개인'이 누구인지, 자유로운 경제활동이라는 행위는 누구의 어떠한 행위와 노동을 의미하는지를 꾸준히 질문해왔다. 마리아 미즈는 '가정주부화'라는 개념을 통해 여성의 소유자로서 남성이 어떻게 경제활동의 주체가 되는지, 그리고 그러지 못하는 여성, 식민지의 주민, 자연에 대한 착취가 어떻게 자연스러운 것이 되고 비가시화되는지를 분석했다.[7] 또한 실비아 페데리치는 그동안 여성의 자연스러운 성역할로 여겨졌던 집안일과 섹스 등을 노동이라고 명명함으로써 노동과 '자연스러운' 성역할 수행 간의 경계가 현재의 가부장적 자본주의라는 조건하에서 부과되었을 뿐임을, 따라서 변화할 수 있음을 보여줬다.[8] 무엇이 노동으로 또는 거래할 수 있는 상품으로 여겨지는지는 문화적이고 구성적이며, 무엇보다도 현재의 가부장적인 체제 속에 놓여 있다.

수요와 공급은 성매매 근절정책에서 자주 언급된다. 반성매매 단체들은 '노르딕 모델'을 통해 수요를 축소·차단할 것을 주장하고, 성매매의 범죄화에 반대하는 입장은 수요 축소가 여성의 협상력을 약화시키고 더욱더 열악한 조건을 강제할까 우려한다.[9] 이러한 수요와 공급의 논리는 2013년의 헌법재판소 위헌법률심판 결정문에서도 등장한다. 위헌법률심판 결정문에서는 현행 성매매처벌법 제21조 제1항, 성매매한 자에 대한 처벌 조항의 실효성을 논하면서 아래와 같이 수요와 공급을 차단할 수 있는 법적 유효성을 제시한다.

> 성매매에 대한 수요는 성매매 시장을 형성하고 이를 유지, 확대하는 주요한 원인이 된다. 따라서 성매매 근절을 위해서는 성구매자의 수요를 억제하는 것이 무엇보다 중요하다. 우리 사회는 잘못된 접대문화 등으로 인하여 성매매에 대한 관대한 인식이 팽배해 있으며, 성매매 집결지를 중심으로 한 전통적인 유형의 성매매뿐만 아니라 산업형(겸업형) 성매매, 신·변종 성매매, 인터넷·스마트폰을 통해 이루어지는 성매매 등 다양한 유형의 성

매매 시장이 활성화되어 있다. (…) 심판대상조항은 성구매자뿐만 아니라 성판매자도 동일한 법정형으로 처벌하도록 하고 있다. 이는 성구매자를 처벌하여 성매매에 대한 수요를 억제한다 하더라도 성매매에 대한 공급이 합법적으로 존재하는 상황에서는 성매매 근절의 실효성을 달성할 수 없다는 인식에 기초한 것이다.[10]

여기서 수요와 공급은 각각 성구매자와 성판매자에 대응한다. 그리고 이러한 수요와 공급이라는 경제학적 개념은 법적 처벌을 위한 근거로 연결된다. 위의 인용문에서도 수요 억제를 위한 구매자 처벌의 불가피함과 공급의 단절을 위해 '자발적' 성판매 여성의 경우 처벌이 불가피하다는 논리를 함께 제시하고 있다. 여기서 주목하고 싶은 것은 수요가 성구매자로, 공급이 성판매자로 인격화되고 있다는 점이다. 성산업에 있어 성별에 따른 위치가 남성 구매자와 여성 판매자로 일반화되어 있음을 고려할 때, 위의 판결문에서 성구매자를 성구매 남성으로, 성판매자를 성판매 여성으로 상상한다고 해도 무리한 추론은 아닐 것이다. 수요와 공급이 성구매자와 성판매자로 등치될 때, 성의 거래는 성구매 남성과 성판매 여성 간의 '정상적인' 거래처럼 보일 수 있다. 그러나 이러한 양자 간의 거래에 대한 상상은 성매매에 대한 이념형일 수는 있어도, 한국 성매매의 현실과는 맞지 않는다.

수요와 공급을 성구매 남성과 성판매 여성에 대응시킬 때 성매매를 통해서 엄청난 수익을 내는 산업의 존재는 분석과 비판의 시야에서 드러나지 않기 때문이다. 성매매 산업 자체가 지하경제의 영역이라 정확한 추산은 어렵지만, 2013년 기준 한국의 성매매 시장 규모는 30~37조 원 사이로 추정된다는 연구 결과도 존재한다.[11] 이는 성매매가 단순히 일대일 관계에 기반한 소규모 지하경제에 머물지 않음을 보여준다. 성매매 시장 규모가 2020년대 들어 축소되었을 것 같지는 않다. 도심재개발 등으로 사양세에 있다고 여겨지는 집결지에서조차 한 업주가 한 달에 벌어들이는 수익이 3억 원 후반대로 추정된다.[12] 또한 집결지와 같이 물리적이고 가시화되는 산업의 모습이 아니라고 할지라도, 곳곳에 산재해 있는 오피스텔에서의 성매매 역시 '기업형 성매매 조직'에 의해 운영되며 반년 만에 7억 원의 수익[13]을 올릴 만큼의 규모라고 한다. 이를 생각할 때 성매매 경제를 작동시키는 다양한 행위자와 이해관계에 주목하지 않은 채, 수요와 공급을 각각 성구매 남성과 성판매 여성에 대응시켜 각 인물에 대한 규제를 통해 성매매를 근절하겠다는 생각은 현실화되기 어려움을 알 수 있다.

오히려 지금 필요한 것은 성판매 여성을 겨냥한 '공급 차단'이 아니라, 공급의 주체로서 성산업을 명확히 가시화하는 것이다. 여기서 성산업이란 광의의 의미로 '성적 서비스 및 재화가 자본을 창출하는 활동'을 의미한다. 변혜정은 '성교 없는 성상품' 업소라는 표현을 통해 성매매처벌법 제정 이후 새롭게 등장한 유형의 성매매 업소를 분석한다. 이러한 업소는 조금만 주위를 둘러봐도 쉽게 찾아볼 수 있다. 키스방까지는 갈 것도 없이, 귀청소방이나 셔츠룸(방), 레깅스룸 등 특정한 상황이나 복장이 '방(룸)'에만 들어가면 각종 '유사'성매매 업소로 둔갑하지 않는가. 여기서 주목할 지점 중 하나는 성매매처벌법에 걸리지 않으면서도 "구매자의 욕망의 변화를 조정, 기획, 선도하며 새로운 상품을 기획"하는 업주의 상품기획력이다. 이러한 논의는 성구매가 단순히 구매자에 내재한 욕망에 의한 것이 아니라, 특정한 사회적 맥락 속에서 기획되고 구성되는 것임을 잘 보여준다.[14]

따라서 성판매 여성에 대한 처벌을 정당화하는 논리로서 '공급 차단'을 이야기하는 것은 현재 한국의 상황에서 재고되어야 한다. 오히려 특정한 양상으로 새로운 성상품을 기획해내고 그러한 상품에 대한 수요를 창출해내는 존재로서의 성산업 자체를 적극적으로 문제제기해야 한다. 즉 성상품의 산업적 기획과 구성을 주목할 때 수요에 부응하는 동시에 수요를 창출해내는 공급 주체로서의 성산업에 대한 직시가 가능해질 것이다.

성상품은 어떻게 생산되는가

✳

성매매를 수요와 공급의 문제로 살피다 보면 결국 어떻게 수요 혹은 공급을 감소시킬 수 있을지를 모색하는 것으로 귀결된다. 아주 단순한 형태의 질문으로는 수요가 먼저냐 공급이 먼저냐와 같은 논의도 있다. 즉 수요가 있기에 공급이 있다는 입장에서는 구매자를 처벌해 수요를 줄이는 것이 가장 중요하다. 반면 공급이 있기에 수요가 있다는 관점을 유지하는 사람들에게는 어떻게 성을 파는 여성을 처벌 혹은 제재해 공급을 줄일 수 있을지가 중요하다. 그런데 이와 같은 접근은 정작 무엇을 거래하는지, 그리고 거래를 추동하는 논리의 배후에 무엇이 있는지는 질문하지 못하는 것으로 보인다. 예를 들어 수요와 공급이 상품의 유통과 가격에 대한 것이라면, 과연 여기서 상품은 무엇인가. 즉 성매매에서 거래되는 '성상품'은 어떤 조건하에서 거래할 수 있는 것이 되는가는 질문되지 않는다.

우선 여기서 논의되고 있는 성의 거래는 초역사적인 것이 아님을 지적할 필요가 있다. '매춘'은 인류 역사상 가장 오래된 직업이라는 말이 회자된다. 하지만 성매매 혹은 성노동에 대한 여러 연구는 어떤 방식으로, 또 무엇을 위해서 성매매가 이뤄지고 있으며 성매매에 어떠한 의미가 부착되는지는 역사적이면서 사회적인 조건 속에서 이해되어야 함을 강조한다. 예를 들어 엘리자베스 번스타인은 후기자본주의 사회의 정치경제적·기술적 조건은 물론 특정한 방식의 친밀성과 섹슈얼리티에 대한 상상을 고려하지 않고는 논할 수 없는 역사적 구성물로서 1990년대 샌프란시스코의 성매매를 분석했다.[15] 이러한 맥락에서 성매매를 단순히 수요와 공급에 따라, 개인 간의 '자율적' 합의에 따라 돈과 성적 행위가 교환되는 행위로만 앙상하게 이해할 수는 없다.

한국사회의 성매매를 이해하기 위해서는 현재 한국사회의 정치경제적 조건, 친밀성과 성별화된 섹슈얼리티에 대한 상상 등을 통합적으로 고려해야 할 것이다. 그중 하나로 현재 한국사회에서 일반화된 상품으로 존재하는 '성적 서비스' 역시 한국사회의 섹슈얼리티에 대한 상상 속에서 이해할 필요가 있다. 개별 구매자도 이 사회에서 '성적 서비스'가 무엇을 의미하는지, 성구매에서 무엇을 기대할 수 있는지에 대한 담론과 지식을 참조점 삼아 관계의 성격을 규정하고 적절한 거래물을 연결시키는 관계적 작업[16]을 해나갈 것이기 때문이다. 따라서 성이 상품화된 사회에서 구매자의 욕망과 적절한 거래가 어떻게 상상되는지에 대한 논의가 필요하다.

성이 상품이 되기 위한 전제조건에 대한 우에노 지즈코의 분석도 흥미롭다. 우에노는 성매매가 산업으로 존재하기 위해서는 우선 남자가 '상대를 가리지 않는다'는 조건이 필요하다고 말한다. 이는 "여성의 개별성을 소거하고 기호성에 발정할 수 있는 페티시한 성욕 메커니즘"이 전제되어야 한다는 것이다.[17] 가네지카 사다후미 역시 이와 유사한 논의를 전개한다. 현재와 같은 성의 상품화는 소비능력을 가진 '자위하는 주체'의 탄생과 함께 이뤄진다는 것이다.[18] 여기서 '자위하는 주체'라는 표현은 '특정 기호성에 발정하는 주체'라는 우에노의 논의와 겹친다.

이와 같은 논의는 남성의 성욕을 매우 자연스러운 것으로 간주하고, 성매매를 통해서라도 성욕을 해소해야 한다는 믿음과는 상반된다. 오히려 여성이라는 기호에 대해 특정하게 기획된 상품의 양식에 따라 성적인 행위가 이뤄진다고 분석한다. 그리고 성매매를 하는 남성의 성욕은 자연스러운 것이 아니라 기획되고 구성된 것으로서 우에노의 표현에 따르면 "조건에 제한된 '문화적'인 것"에 불과하다.[19] 이러한 맥락에서 성매매를 단순히 자연스러운 성적 욕망을 '해소'하기 위한 거래라고 보기는 어렵다. 오히려 한국사회에 등장한 귀청소방, 키스방, 레깅스룸 등과 같은 새로운 성상품의 기획 과정[20]에서 드러나듯이, 특정한 성적 욕망이 어떻게 생산되는지에 대한 고민을 요한다.

이렇게 '문화적'으로 구성된 상품은 어떻게 사용가치를 가지는가. 우에노의 분석에 따르면, 성욕의 충족 역시 매우 문화적이므로 성매매에서 거래되는 성상품의 사용가치 역시 특정한 존재나 행위에 본질적으로 내재하지 않는다. 오구라 도시마루는 이에 대해 흥미로운 통찰을 제시한다. 그는 성노동에서의 사용가치가 어떻게 만들어지는지 묻는다. 특정한 상품의 사용가치란 상품에 내재한 어떤 기능, 유효성이라기보다는 욕망이 충족될 것만 같은 심상image에 존재한다는 것이다. 따라서 구매되는 것은 그러한 심상이다. 오구라에 따르면 패러마켓paramarket은 그러한 특정 상품의 심상을 유통하는 장이다.[21] 이는 결국 성구매에 대한 아이디어와 성구매자의 욕망은 어떻게 만들어지는지로 이어진다.

한국사회에서 성매매 후기 사이트는 위와 같은 성구매에 대한 심상을 확산하는 대표적인 장이라고 볼 수 있다. 패러마켓에 대한 오구라의 통찰을 생각해본다면, 성매매 후기 사이트는 단순히 성구매의 소감을 공유하는 데 그치지 않는다. 후기 사이트에서 제시되는 태그에 따라 분류된 여성의 외모와 서비스, 성적 능력, 반응 등에 대한 평가와 소감은 특정한 성상품의 구매를 통해서 구매자 남성이 욕망을 충족할 수 있을 것만 같은 심상을 만들어낸다. 김주희는 현재 성구매자 네트워크에서 후기를 통해 성판매 여성의 외모·인격·개성 등이 공유됨으로써, 어떻게 여성이 고유한 가격의 상품성을 갖는지, 그리고 평가의 공유 속에서 어떻게 성적 욕망과 성적 취향이 모방되고 발명되고 있는지를 보여준다. 그리고 그것이 새로운 업종의 등장으로까지 이어짐을 밝힌다.[22]

성상품을 통해서 특정한 욕망이 충족될 수 있으리라는 구매자의 기대는 특정한 방식의 여성성 수행을 필요로 하며, 이러한 상품을 구현하기 위한 노동과 부담은 오롯이 성판매 여성의 몫으로 남는다. 민가영은 성매매 후기 사이트가 그 자체로도 성매매의 연장선에 놓여 있으며, 업주들은 이러한 후기를 근거로 성판매 여성의 노동을 통제함을 밝혔다.[23] 또한 법적으로는 구분되지만 성매매인 '2차'로 가는 과정에 놓여 있다고 여겨지는 유흥업소 여성종사자에 대한 연구에서도 드러나듯, 구매자 남성의 흥겨움을 형성하고 유지하기 위한 수고는 모두 여성 종사자에게 '아웃소싱'되고 있다. 특정한 시간 동안의 시중들기와 그 과정에서 구매자가 원하는 관계와 역할을 수행하고, 구매자의 성적 요구에 부응하는 것 자체가 일의 내용을 구성한다는 것이다.[24]

따라서 성상품은 '자연스러운 성적 욕망의 해소' 등으로 설명할 수 없다. 오히려 성상품은 특정한 남성문화 속에서 기획되고 발명되며 때로는 폭력적인 침범과 '선넘기'를 포함한다. 이러한 상품을 구현해내는 부담은 오롯이 여성에게 맡겨져 있다. 성판매 여성이 개별적인 '진상' 구매자에게 노출될 위험과 대응할 수 있는 자원을 최대한 마련할 수 있도록 하는 것은 매우 중요하다. 그러나 이와 동시에 구매자의 욕망이 어떻게 구성되고 성판매 여성에 대한 침범과 '선넘기'가 어떻게 상품으로서 정상화되어 널리 확산되는지에 대한 질문도 동시에 던져야 한다.

지금 물어야 할 것은 성매매의 정치경제적 조건이다

✳

다시 이른바 '떡볶이 화대 사건'으로 돌아가보자. 1심의 당황스럽고도 분노를 불러일으키는 판결에 대한 반응과 어떻게 떡볶이가 화대가 될 수 있느냐는 질문은 중의적이다. 이 사건을 성폭력 사건으로 강하게 규정하는 한편, 뒤집어보면 적절한 대가성의 여부나 거래의 등가성이 성립하는지 여부가 성매매와 성폭력을 가르는 기준인 것처럼 보이도록 만들기 때문이다. 즉 성적자기결정능력이 있는 주체에 의해 적절한 거래물이 오갔다면 그것은 자발적인 성매매로 판단할 수 있으며, 이는 성폭력과 배치되는 것으로 자리 잡는다. 그러나 이와 같은 폭력과 매매를 대비하는 구도는 성폭력과 성매매를 둘러싼 사회적 조건을 합리적 개인의 '동의'(그것이 어떠한 조건에서, 어떤 내용을 가지고 있든 간에)로 단순화시킨다. 물론 강간과 성매매는 다르다. 강간과 성매매를 등치하면 성매매 과정에서 성판매 여성이 겪는 강간과 성매매 자체를 개념적으로 뒤섞어버림으로써 성매매 내 강간의 분석을 어렵게 만든다.

그럼에도 불구하고 자유주의적 패러다임 속에서의 성매매에 대한 논의를 다시 생각할 필요가 있다. 자유주의적 패러다임에서 경제적 거래와 폭력은 상충하는 것으로서, 성매매는 '건전한 성풍속'을 위반하는 개인의 '비윤리적' 행위로서 비난과 처벌의 대상이 될 뿐이다. 그러나 자유주의적 패러다임 속에는 구매자 남성과 판매자 여성 간의 경제적 거래가 어떠한 구조 위에 놓여 있는지를 논의할 자리가 없다. 이러한 구도는 끊임없이 새로운 성상품을 기획하고 이를 통해 자본을 축적하는 성산업의 존재를 비가시화하고, 어떻게 불평등한 권력관계 자체를 상품으로 구성해내는지, 그리고 그러한 상품의 유통이 어떻게 특정한 젠더 질서를 구축해내는지를 묻지 못하게 만든다. 즉 한국사회에서 성매매를 둘러싼 정치경제적 조건, 문화적 조건을 삭제한다. 지금 적극적으로 논의해야 할 지점이 바로 여기다. 강제가 아니면 자발적 선택이라는 식으로 개별 행위자에게만 집중하는 앙상한 논의가 아니라, 각종 성산업이 굴러가도록 하는 정치경제적 맥락과 조건에 대한 분석이 필요하다.

09

'성매매는 성폭력이다' 그러나 그 말만으로는 충분하지 않다

최별

✳

아무런 고려 없이 '성매매는 성폭력'이라고 말한다면, 성폭력은 그저 더 '확실히' 혹은 '손쉽게' 어쩌면 더 '강력하게' 피해이고 불법이라는 이유만으로 전면에 등장한다. 성매매에 성폭력을 덮어씌워 성매매가 불법이자 피해라는 감정과 판단을 불러일으키는 방식에 머물러서는 '성폭력이 아닌', 즉 동의한 성적 거래로 패싱되는 성매매 영역에 대한 정치는 공백으로 남는다. 이는 성매매 행위자를 처벌하는 법적·사회적 구조에 대한 정상화를 넘어설 수 없다.

성매매는 성폭력인가

✳

성매매 여성에 대한 편견과 낙인이 만연한 세상에서 성매매를 여성 개인이 아닌 한국사회의 문제로 공론화하기란 녹록하지 않다. 현상의 표피를 배회하던 대화는 '몸을 파는 여자들의 문제'라는 언설에 가 닿곤 한다. '쉽게' 몸을 판다고 비난받는 여성은 저임금 고강도의 청년 노동시장 서바이벌 게임에서 '존버'하지 않아 도덕적으로도 법적으로도 '죄'를 지었다고 간주된다. 성폭력과 맞닿은 일상 속 자기보호를 위한, 또는 가해의 변명거리를 위한 '성녀/창녀' 구별 짓기에 몰려 차별과 혐오의 표적이 되기도 한다. '자발적 성매매 여성'이라는 표상은 반성매매 운동이 성매매를 둘러싸고 '여성-인권'의 언어를 구축하는 가운데 고여 사라지지 않는 얼룩이다. 이 재현을 돌파할 때라야 성매매 여성 불처벌의 실마리가 잡힌다.

'성폭력'이라는 범주는 작동한다. 그러나 성폭력이란 무엇이며, 누구에게 그리고 어떻게 적용되어야 하는지에 대한 합의는 부족하다. 이러한 공백으로 인해 누구보다 울타리가 필요하지만 가장 먼저 떨어져나가는 존재는 성적인 행위를 화폐를 비롯한 삶의 자원과 교환하는 여성들이다. 각자도생이 깊숙이 스며든 한국 사회이지만 유독 여성의 성적인 동시에 경제적인 행위성은 공공의 적으로 비난을 받는다. 반성매매 운동의 중추는 이와 같은 금기의 정동을 공적인 언어로 번역하고 성매매 여성이 법적·사회적 처벌로부터 멀어지도록 모두를 설득하는 과정에 있을 것이다.

한국은 표면적으로 성매매 금지주의 국가이지만, 성산업은 꾸준히 성매매를 운용하며 이윤을 취하고 있다. 성매매가 금지된 것은 해방 이후부터이지만 남성의 놀이문화와 착종한 합법적 유흥업소를 비롯, 각종 성산업의 전개 속에서 성매매는 '필요악'으로 유지되고 있다. 성매매를 '금지하지만 묵인하는'[1] 사회에 복무하지 않으려면 우리는 성매매를 보다 정교하게 문제 삼을 필요가 있다. 성매매 여성의 불처벌과 성산업의 축소는 언뜻 상충하는 것처럼 보이지만, 양자 모두 여성의 생존, 인간답게 살 권리와 직결되어 있기 때문에 둘 사이를 연결하는 논리를 찾아내는 것이 활동의 과제다. 더불어 성매매 여성 불처벌이 성산업 존속을 위한 알리바이가 되는 것을 차단하는 노력 또한 필요하다.

위와 같은 의도를 견지하며 이 글에서는 성매매를 '성폭력'으로 호명하는 담론과 실천에 대한 개입을 시도한다. 성매매가 광의의 성폭력이라는 점에는 이견이 없다. 그러나 '성매매는 성폭력이다'라는 명제가 젠더/섹슈얼리티 폭력 범주에서 빈곤이나 노동과 같은 정치경제적 요소를 삭제하는 효과를 낳는 경우가 문제다. 성매매라는 현상에 연루된 여러 여성의 위치성과 산업이자 경제 범죄로서 성산업 구조를 조망할 때라야 성매매에 대한 적확한 개입이 가능하다. 이러한 전망을 배반하며 '성매매는 곧 강간'이라는 도식으로 성매매에 대한 손쉬운 반감을 불러일으키고자 할 때, 대중의 정동은 오히려 '자발적 성매매 여성'이라는 낡은 백래시에 붙들려버린다. '자발적 성매매 여성'이라는 도식에 가로막혀 논의가 정체되지 않도록, 그리고 '성매매는 성폭력이다'라는 명제를 더욱 세밀하게 들여다볼 수 있도록 논리를 정교하게 만들어가야 한다.

'피해자'를 보호하기 위해 '행위자'를 처벌하는 자유주의적 법리의 모순

✳

'성매매 피해자' 조항을 포함하는 성매매처벌법(이하 처벌법)의 입법은 지금과 같은 형태로 제도화된 반성매매 운동의 출발지점이다. 처벌법 이전에도 성판매 여성은 단속과 처벌, 관리의 대상이었음을 상기하자. 이 글은 현재 한국 성매매 관련 법의 방점이 성판매 여성에게 '피해자'라는 새로운 법적 지위를 부여하는 데 찍혀 있음에 주목한다. 피해자 지위의 함의는 양가적이다. 모두가 피해자일 수 없는 조건은 성매매 여성 스스로 피해자임을 입증해야 하는 책무를 지운다. 이는 거꾸로 '피의자/행위자'에 대한 처벌을 정당화하는 기제가 되므로 매우 역설적이고 문제적이다.

피해자라는 위치는 '피해'라는 범주에서 출발한다. '강간 신화'에 입각해 피해자에게 돌팔매를 던지던 사회는 남성과 여성으로 구획된 젠더 권력관계의 위계 속에서 폭력과 인권침해가 발생한다고 생각할 수 있을 정도로 진일보했다. 남성과 여성이라는 성차를 구성하고 여성을 열등한 위치에 정박시키는 성적 침해에 대한 관념은 하루아침에 나타나지 않았다. 언어·제도·문화에 기입된 성적 폭력에 대해 목소리 내고 투쟁해온 사람들이 있었기에 변화가 서서히 뒤따랐다. 모두가 자유롭고 평등한 개인이라는 이데올로기에도 불구하고, 우리는 언제나 복잡한 권력관계 속에 놓인다. 성과 계급, 이 밖에도 여러 변수가 교차하며 이뤄지는 성적 실천에서 폭력과 권리침해가 일어날 수 있다는 인식론의 보급은 페미니즘 운동의 중요한 성과다.

이러한 인식을 법이라는 권력의 장과 접속하도록 하는 과정은 진공 속에서 일어나지 않는다. 당시의 정치적 상황이나 타자에 대한 윤리 등에 긴히 영향을 받는다. 처벌법 초안은 모든 성판매 여성의 피해자 지위를 보장하고 보호하는 것이었으나 통과된 법은 달랐다.[2] 남성이 여성의 몸을 구매하도록 구조화된 자본에 의한 이윤 추구 과정이 아니라, 구매자와 판매자 간의 일대일 계약이자 거래로 성매매를 규정하고 있기 때문이다. 처벌법은 구매자를 처벌하는데 그 상대가 되는 판매자도 처벌하지 않을 수 없다는 식으로 짜인 자유주의적 법리의 문턱을 넘어서지 못했다. 그 안에 삽입된 피해자라는 범주는 선불금 무효 조항 등과 연동해 처벌법에 균열을 내고 있지만, 동시에 구매자-판매자라는 행위자 쌍을 지탱하는 '예외상태'로서 이중적인 기능을 하고 있다. 이는 성구매와 성판매 사이의 비대칭적인 권력관계를 완전히 삭제한다.

처벌법은 피해자를 보호하는 울타리로 기능하는 만큼, 피해자를 선별할 수 있는 힘도 동시에 부여받았다. 문제는 처벌법이 피의자/피해자를 선별하는 과정에서, 그리고 피의자로 분류된 뒤에 성매매 여성이 받는 고통이 부정의하다는 데 있다. 선별의 기준은 법의 집행 곳곳에서 드러나는 검경 개개인과 대중의 성인지 수준을 그대로 반영한다. 그런 만큼 중립적이지도 객관적이지도 않다. 여성이 경험한 게 정말로 폭력인지, '즐기지 않았는지', 대가를 받았으면 그만 아닌지 등의 추궁은 또 다른 폭력으로 이어진다.

성폭력, 성착취, 페이강간… 피해자화는 왜 문제인가

✳

위와 같은 법제도가 실제로 집행되고 있기에 그 과정에서 피해자일 수 없는 다수의 '피의자' 여성이 겪는 고초를 줄여나가는 것이 매우 시급하다. 성인지적 인권교육도, 여성의 빈곤과 성 불평등한 노동시장 그리고 성산업이 맞물려 돌아가는 한국사회 자체가 여성에 대한 구조적 폭력을 양산하고 있다는 담론의 확장도 절실하다. 해야 할 일은 수두룩한 가운데 한국 성산업의 규모는 너무나 거대하고 날마다 여성을 끌어들인다. 이제 성산업에 인입된 여성은 성매매 산업에 의한 폭력과 국가권력에 의한 폭력 양자를 상대해나가야 한다. 이러한 상황에 개입하는 주요한 방법은 피해자를 선별하는 힘에 맞서 모든 성매매 여성을 법적 정의상 피해자로 만드는 보편화 전략이다.

2018년 '성착취반대여성인권공동행동'의 슬로건은 "성매매는 성폭력이다"였다. 여기서 주목할 지점은 성매매를 엄밀하게 성폭력이라고 말할 수 있는지 여부가 아니라, 성매매를 성폭력이라고 주장하는 맥락이다. 성매매 대신 자리 잡은 성폭력이라는 범주가 어떤 함의를 지니는지를, 성매매를 성폭력이라고 부를 때의 효과를 살피는 것이 중요하다. 성폭력이 상대의 '적극적 동의'를 얻지 않은 성적 행위라고 할 때, 성매매는 '떡볶이'건 하루 잠잘 곳이건 화폐이건 간에 '화대'를 받았다는 점에서 동의를 얻은 것이며 따라서 자발적이라는 논리가 지배적이다. 이때 동의와 자발에도 '불구하고' 이것이 성폭력이라고 말하는 것과, '화대'가 반영하는 빈곤과 노동의 정치경제적 실존을 삭제하고 오로지 '성적인 폭력'으로만 성매매를 의미화하는 차원에서의 명명은 완전히 다르다. 위의 구호는 후자로 읽힌다는 점에서 더 들여다볼 필요가 있다.

성매매가 '성적이기만' 한 폭력이 되려면 성매매에 부착된 '성을 팔았다'라는 판매자의 경제적 행위성을 소거해야 한다. 그리하여 '성을 구매당했다'는 수동태만을 남겨야 한다. 그래야만 성매매는 성폭력일 수 있다. 그렇다면 성을 팔았다는 행위를 삭제해야만 성매매에 대한 처벌과 낙인을 넘어설 수 있는 것인지 질문을 던져볼 필요가 있다. 이는 자발적으로 성을 판 사람은 성매매의 피해자가 될 수 없다는 처벌과 낙인의 논리를 반복하기 때문이다. 자발/비자발의 이분법을 넘어서자는 주장은 거듭 등장하는 반면, 이것이 모두를 '비자발적 성매매 여성'으로 만드는 전략에 그치는 것은 아닌지 물을 필요가 있다. 비자발적

이어야만 한다는 피해자화의 논리는 사회에 만연한 편견을 밀어낼 만큼 강력하지 않다. 현재 성매매를 하고 있는 여성들 역시 이 구호에 공명하고 연대하기 어렵다. 젠더화된 경제가 판매라는 행위성에 미치는 역동을 간과한 채, '강간'이 상징하는 섹슈얼한 폭력만 남겨서는 곤란하다.

'성매매는 성폭력'이라는 문법을 더 직접적으로 드러내는 용어가 '페이강간'이다. 성매매는 페이가 지불되었을 뿐 강간이라는 뜻이다. 그런데 페이가 지불된 강간과 지불되지 않은 강간을 완전히 동일한 성폭력 범주로 묶어내기 위해 생략되는 것이 있다. 페이강간이라는 용어는 성판매자에 대한 비난의 트리거가 되는 '페이'에 부착된 경제성을 끄집어내, 강간을 무마하기 위해 지급되는 것으로 대치한다. 젠더/섹슈얼리티 범주와 페이가 섞여서는 안 되는 것처럼 여겨지는 이유는 무엇인가. 성과 경제의 상호배타성을 재생산하는 오래된 이데올로기는 아닌지 의심스럽다. 페이가 지불되었기 때문에 발생하는 성폭력의 다른 차원 역시 궁금하다.

한편 '성매매는 성착취'라는 표현도 있다. 반성매매 단체 사이에서는 성매매와 성착취를 병기하거나 대체하는 흐름이 있다. 성매매라는 용어가 판매자와 구매자 쌍을 상정한다는 점에서 문제적이고 이것을 타개할 묘안이 필요한 것은 사실이다. 그러나 성매매를 성착취로 명명하고 근절하려 할 때 이 일을 할 수

밖에 없는 여성의 삶에 대한 고민이 불거지기 어렵다는 점이 문제다. 착취에 공모하고 협력함으로써 살아간다는 역설적인 행위자성을 어떻게 설명하고 개입할 것인지에 대한 고민은 '착취'라는 단선적인 단어로는 지속하기 어렵다.

성매매를 성폭력/성착취/페이강간으로 번역하는 일련의 회로는 기존 '매매'라는 용어에 필연적으로 결부되어온 성의 '판매'가 지니는 영향력을 어떻게든 축소함으로써 젠더/섹슈얼리티 폭력을 매끄러운 피해-가해 범주로 유지하기 위한 실천이다. 이는 성의 자발적 판매로 묶여 낙인의 대상이 되는 행위자성을 축소하는 결과로 이어진다.

여기에서 우리는 다시 '몸을 파는 여자들'과 마주한다. 성착취라는 용어가 활발하게 공론화된 계기는 N번방 사건, 그리고 아동/청소년을 상대로 한 성구매다. 디지털 기술과 착종하며 변화하는 섹슈얼리티 산업/시장을 쫓으며 보호구역을 확장하려는 시도는 너무나 당연하다. 다만 이 글에서의 문제의식은 이러한 보호구역이 필연적으로 외부지대를 만들어낸다는 점에 있다. N번방 사건과 아동/청소년 성구매의 공론화는 어째서 성착취라는 용어를 필요로 했을까? 성매매라는 용어로 담아낼 수 없었던 이 현상의 반인권성은 무엇일까? 이는 단일한 젠더/섹슈얼리티 폭력 범주를 구성하는 데 있어서 성매매라는 용어가 마찰을 불러일으킴을 시사한다.

한국사회는 성을 사는 데 관대하다고 생각해왔건만 아동/청소년이라는 나이 범주가 부착된 폭력에 대해서, 특히 성적 폭력에 대해서 사회 구성원 상당수는 분노했다. 그렇다면 문제는 폭력인가, 나이인가. 한국사회는 나이 범주가 사라진 N번방 문제에는 어떻게 반응하는가. 연령이 낮은 사람들을 상대로 한 폭력에는 분명 심각한 문제가 있다. 자원의 비대칭성 측면에서 특히 그러하다. 그러나 이는 연령 범주상 보호받을 자격을 획득하지 못하는 성인 여성이나 아동/청소년이라 하더라도 성을 거래하는 데 적극적인 행위성을 발휘했던 여성에게 가해지는 낙인 및 처벌과 지나치게 대조된다. 제도적으로 범주화된 젠더/섹슈얼리티 폭력 개념을 빌어 이야기한다면 성폭력과 가정폭력 역시 정치경제와 무관하지 않다. 다시 말해 노동과 빈곤의 문제가 얽혀 있다. 그런데도 성매매만 별도의 범주인 듯 취급하면서 성매매를 성폭력 범주에 안착시키기 위한 시도가 이뤄진다.

하지만 이와 같은 시도 뒤편에서는 누군가 돈을 벌기 위해 성을 판매한다는 사실이 놓여 있다. 돈을 주고 성을 산다는 행위를 합리화함으로써 이윤을 창출하는 사회의 여러 장치와 구조 속에서 사실 자체는 그 자리에 그대로 있다. 이 사실을 소거하기 위한 전략의 문제점은 다음과 같다. 사라질 수 없는 외부지대, 즉 스스로를 강간당한 피해자로 느끼지 않는 성판매자와, 비록 강간이라 할지언정 삶을 유지하기 위해 성을 판매하는 행위성의 영역을 설명하지 못한다는 점이다. 이렇게 남아 있는 외부지대를 최대한 축소·은폐해 피해자화하려는 노력과, 이 외부지대를 파고들어 끝끝내 행위자를 선별하려는 법·사회의 추궁 양자는 강력히 길항하는 듯하다. 그러나 이들 모두 피해자 아니면 행위자라는 이분법을 재생산한다. 지금 우리가 직면한 문제는 이렇게 맞닿아 있는 경계선에서 여성들이 처벌당하는 현실이다. 이 갈등을 다른 국면으로 옮겨내지 못한 채 성판매 여성의 삶을 언어와 논리의 공백 상태에 방치한다면 여성들이 처벌받는 현실을 바꿔낼 수 없다.

"여자는 판 적이 없다"는 말에 스며든 탈정치

✳

'성매매는 성폭력/성착취/페이강간'이라는 언설로 돌아가보자. 나는 이들 언설에서 크게 세 가지의 문제를 다뤄보려고 한다. 첫 번째는 성폭력의 규정과 이를 성매매에 대입하는 과정에서 발생하는 문제다. 해당 언설은 성폭력이라는 용어를 별달리 정의하지 않은 채 사용한다. 여기에는 성폭력이라는 범주가 상식적으로 불러일으키는 정동이 성매매에 부착된 낙인과 비교했을 때 비교적 '낫다'라는 판단이 기저에 깔려 있다. 성폭력 피해자에게도 위에서 언급한 선별의 권력이 작동하지만, 확실히 성폭력이라는 '승인'을 획득하고 나면 그것이 법적으로나 정치적·윤리적으로 문제라는 의심은 줄어든다. '동의하지 않은' 성적 행위 혹은 '동의한' 성적 행위의 나머지로서 젠더/섹슈얼리티 폭력에 대한 상상은 어느 정도 사회적으로 통용된다. 그렇기에 성폭력이라는 승인을 얻으려 하는 것이다.

문제는 이러한 상상이 실제로 나타나는 젠더/섹슈얼리티 폭력과 충분히 맞아떨어지지 않는다는 데 있다. 권력형 성폭력이나 그루밍 성폭력, 친족·데이트·지적장애 여성의 성폭력 등의 사례에서 살펴볼 수 있듯이 특정한 순간의 동의로 구조화되지 않는, 일회적 사건이 아닌 관계와 맥락 속에서 지속되는 사건이 젠더/섹슈얼리티 폭력의 본질에 가깝다. 그뿐만 아니라 이 폭력을 만들어내는 권력관계는 언제나 하나가 아니다. 노동 공간에서의 위계일 수도, 연령일 수도 있고 빈곤, 친밀성, 장애 등의 상황이 복합적으로 얽혀 있다.[3] 이런 의미에서 성매매는 분명 성폭력이고 젠더/섹슈얼리티 폭력이라는 정의에 부합한다.

그러나 이러한 고려 없이 '성매매는 성폭력'이라고 말한다면, 성폭력은 그저 더 '확실히' 혹은 '손쉽게' 어쩌면 더 '강력하게' 피해이고 불법이라는 이유만으로 전면에 등장한다. 성매매에 성폭력을 덮어씌워 성매매가 불법이자 피해라는 감정과 판단을 불러일으키는 방식에 머물러서는 '성폭력이 아닌', 즉 동의한 성적 거래로 패싱되는 성매매 영역에 대한 정치는 공백으로 남는다. 이는 성매매 행위자를 처벌하는 법적·사회적 구조에 대한 정상화를 넘어설 수 없다.

두 번째는 '착취'라는 단어의 일방향적 사용 문제다. 성매매를 성착취로 규정하는 책[4]의 홍보문구는 다음과 같다. "남자들은 여자의 몸과 정신을 돈 주고 사지만 여자는 판 적이 없다. 포주들은 여자를 시장에 진열하고 판매하지만 여자는 판 적이 없다." 이러한 주장은 성매매에 대한 통념이 공격하는 여성으로부터 은폐된 구매자와 알선자 들에게로 성매매 문제의 초점을 옮기려는 의도에서 나왔을 것이다. 그런데 이와 같은 방식은 앞서 지적했듯이 성판매 여성이라는 관념 자체, 판매라는 행위 자체를 소거한 채 여성을 '판매 당하는' 철저하게 수동적인 요소로 남긴다.

성매매 알선/후기 사이트 카르텔에 대한 이나영과 정지혜의 글[5]이나 일상화되고 개별화된 디지털 성매매 알선 방식을 연구한 민가영의 글[6]에서처럼, 성착취라는 개념은 성산업 구조라는 이윤 창출의 인프라로 성매매 문제를 이동시킨다는 점에서 의의가 있다. 그러나 이러한 시도에 "여자는 판 적이 없"어야 한다는 도덕적 기준을 부착한다면 말의 정치가 달라져버린다. 여자는 판 적이 없다는 말을 추동하는 것은, 여자가 성을 팔았다면 그것은 본인의 책임이라는 신자유주의적 개인주의 이데올로기이기 때문이다. 노동한 사람도, 판매한 사람도 없는 일방향적 착취의 장을 구성하려는 전략은 다시 착취로 포섭할 수 없는 노동과 판매의 영역을 비가시화하기 때문에 설득력을 잃는다. 성을 판 여성을 공격하는 말에 대항해 누구도 팔지 않았다고, 그것은 강간이며 폭력이고 착취에 불과하다는 말로 맞설 때의 문제는 성산업의 회로 속에 내재해 있는 여성 행위의 맥락을 삭제하기 때문에 회로 전체의 조망을 오히려 방해한다는 데 있다.

성을 판 여성이 처벌받지 않기 위해서는 성을 팔았어도 처벌받지 않을 수 있는 문법과 정동의 구성이 필요하지, 성을 팔지 않았다고 강력하게 주장하는 일이 필요한 것이 아니다. 전자는 한국사회가 왜, 어떻게 성을 팔도록 조성했는지, 성을 파는 일이 파는 사람에게 과연 무엇이며 그가 어떤 삶을 살도록 몰아가는지를 촘촘히 맥락화하는 실천을 동반한다. 성을 사는 일은 폭력이다. 그러나 폭력이라는 당위만을 내세워 여성을 구제할 수 없는 까닭은 당위의 언어에 '성을 파는 일이 죄'라는 관념이 깊이 새겨져 있기 때문이다.

세 번째는 성판매 행위를 포함한 젠더/섹슈얼리티 행위의 정치경제적이고 계급적인 측면을 삭제한다는 문제다. '페이'와 '강간'이 그토록 매끄럽게 달라붙을 수 있다면 그것은 페이에 절박하지 않은 사람에게만 그러하다. 성매매의 정치화에 있어서 여성들이 경제적인 이유로도 성매매를 선택한다는 사실을 확인하는 것은 중요하다. 이를 쟁점으로 제기함으로써 성매매를 성차화된 계급과 빈곤의 문제, 성차별적 노동시장의 문제로 열어갈 수 있는 여지가 생기기 때문이다. '가난 때문에 강간당했다'는 말은 가난을 가시화하지만, 강간이라는 도덕에 기대서만 드러내기 때문에 문제적이다.

성매매를 강간으로 감각하지 않는 사람들에게 성매매는 배고픔과 추위부터 부양과 양육의 고단함, 턱없이 모자라는 생활비, 정체성 차원의 상대적 박탈감, 기회 없는 자리에서 탈출해야 한다는 이주 욕망의 감각에 이르기까지 다양하게 다가온다. 이 모든 감각을 강간의 감각으로 환원해야 한다는 강박은 성차화된 경험을 '피해'를 통해서만 발화하도록 강제하는 우리 사회의 얄팍함에서 비롯한다. 이러한 얄팍함은 철저히 제도화되어 있다. 승인된 고통의 서사로 성매매를 선택하지 않은, 욕망의 서사를 지닌 여성은 피의자로 심판대에 오르며, 젠더/섹슈얼리티 폭력으로 자신의 문제를 고소·고발하지 않거나 할 수 없는 이주여성은 강제추방을 면할 수 없다. 이에 맞서는 운동은 '이들도 강간당한 피해자'라는 식의 수사학으로는 현실을 돌파할 수 없다. 여성과 소수자의 삶에서 현재 무엇이 어떻게 문제인지를 구체적으로 공론화할 수 있는 언어를 만들어나갈 때라야 운동에 힘이 실릴 수 있다.

한편으로 성매매 과정에서의 폭력, 즉 협박·사기·폭행·성폭행 등을 고발하는 당사자에게 가해지는 비난이 있다. 바로 "알면서도 성매매 한 것 아니냐"는 비난이다. 주목할 지점은 성매매가 성폭력이자 성착취, 페이강간이라고 명명하는 이들 중에 적극적으로 이런 비난을 하는 사람이 있다는 것이다. 피해자화하려는 노력과 행위자를 선별하려는 추궁이 하나의 문장으로 수렴하는 순간이다. 고발인은 무엇을 알았을까. 성매매를 하겠다는 선택은 성매매 과정에서의 폭력 전체에 대한 동의로 간주되어야 할까. 아니, 그에 앞서 '폭력에 동의했으므로 폭력을 말할 수 없다'는 힐난은 앞뒤가 맞지 않는다. 오히려 '누군가는 왜 폭력에 동의할 수밖에 없는가'라는 질문이야말로 가치가 있다.

이처럼 질문을 다방면으로 던졌을 때 우리는 폭력을 설명하는 언어가 협소함을 절감한다. 법은 증거를 수집해서 피해와 가해를 판단하는 하나의 프로세스로서 일견 명료하고 실증적이다. 그러나 소위 '자발적 선택'은 삶의 주관적이고 질적인 배제·박탈·빈곤을 포함하는 미세한 착취의 경로가 새겨진 '구조' 속에서 이뤄진다. 여성은 가족·교육·노동·건강·장애 등 삶의 여러 영역에서의 차별과 계급성 때문에 성매매를 '선택'할 수 있다. 여성이 받는 '피해'는 바로 이와 같은 선택지의 부재 자체다. 삶에 다른 선택지가 없는 상황, 성매매를 선택하도록 구조화된 사회에 대한 문제제기가 절실하다. 선택과 동의/피해라는 이분법적 프레임이 법과 사회를 지배하도록 놔둔다면, 구조와 행위가 착종하며 생산하는 불평등하고 차별적인, 반인권적이고 착취적인 세계와 언어는 끊임없이 재생산될 것이다.

어떤 이유로도 성매매 여성 처벌은 정당화될 수 없다

지금까지 '성매매는 성폭력/성착취/페이강간'이라는 구호의 문제점을 짚어봤다. 다만 이 글이 성매매는 성폭력이 아니라고 주장하는 글로 읽히지는 않았으면 한다. 그보다 성매매를 보다 정확하게 성폭력으로 규정하기 위해서는 젠더/섹슈얼리티 폭력에 대한 정치경제적 재정의가 필요하다고 제안하는 글로 읽혔으면 한다. 성폭력/성착취/페이강간을 경유한 성판매자의 피해자화는 젠더/섹슈얼리티 폭력을 특정한 정동과 상상력으로 제한한다. 이는 여러 가지 점에서 문제적이다. 현실의 성매매를 일대일의 개인 간 삽입성교로 전형화하는 데 기여하는 것이 대표적이다. 성매매를 '동의 없는 성관계'라는 법적 성폭력 범주만으로 소화하기란 역부족이다. 성산업 구조는 성 불평등한 노동시장, 여성화된 빈곤, 성산업을 빈곤산업으로 구축하는 대부업과 성형산업 등의 장치, 성애화된 성역할 자체가 노동이 되는 '재여성화',[7] 연령·장애 등에 의한 차별 등이 포개지면서 매우 복합적으로 작동한다. 분명 어떤 성매매는 성폭력이고, 성매매 과정에서 성폭력이 종종 발생하며, 어떤 성판매자는 자신의 경험을 성폭력으로 해석한다. 그러나 모든 성매매가 성폭력이라고 말한다면, 오히려 성산업 구조에 대한 시야를 제한해버리는 역효과를 낳는다.

성매매/성폭력을 일방향적이고 수동적인 피해로 그려내는 데 따르는 문제는 또 있다. 일례로 유흥업소의 1차 접대에서 이뤄지는 합법적 노동은 성폭력이 아니라는 대중의 통념에 균열을 내지 못한다. 복장 등을 포함한 특정한 체현으로 '아가씨' 역할을 직접 수행하는 여성의 노동을 성폭력/성착취/페이강간 개념으로 포착하기는 어렵다. 오피스텔 공간이나 조건만남에서의 '애인모드', 온라인에서의 '벗방' 또한 마찬가지다. '모든 것을 알고도' 성을 팔기로 선택한 여성들, 그녀들의 삶이야말로 성폭력/성착취/페이강간으로 과잉대표되는 반성매매 운동 언어의 사각지대에 있다.

김주희는 '위안부' 여성에게 "알고 했다", "알고 갔다"며 혐의를 덧씌우는 '망언'과 이와 쌍을 이루는 '피해자다움' 언설의 재생산 구조를 분석하며, 이 과정에서 피해자들의 '공유 지식'이 어느 시점에서 발생했는지를 중요하게 다룬 바 있다.[8] 여성들은 언제, 무엇을 알았는가? 그 앎에 어떤 해석을 부여했고 그 과정에서 어떤 자원이 결핍되어 있었는가? 김주희는 여성들이 현재적 의미에서 자신들의 경험을 '안' 시점은 1990년대 이후 '위안부' 운동과 궤를 같이하며, 이러한 앎에 여성들의 '세계'-이동에 응답하는 적극적인 공유 지식의 생성이 뒷받침되어야 함을 지적한다. '위안부' 부정론자들은 여성들이 있는 그대로 발화한 증언을 짜깁기하며 부정론의 근거로 차용해왔고, 이에 대응하는 피해자 운동 진영은 더 '피해자다운' 진술을 강조해왔다. 이 과정에서 여성들이 발언해왔던 다양한 '세계'-이동의 경험은 생략되고 삭제되었다. 폭력과 행위성이 교차하는 여성의 증언이 내포하는 여성주의적 함의의 발굴보다, 한국 대 일본이라는 남성의 대리전에서 여성 피해자의 자격 여부가 문제시되는 효과가 일어났다.

이러한 상황에서 필요한 일은 '자발'이나 '선택', '노동'과 같은 단어를 금기시하는 것이 아니다. 오히려 이런 단어의 함축을 여성주의적으로 바꿔나가는 운동이야말로 성판매 여성의 불처벌에 가닿을 수 있다. 왜 '자발적으로 성을 판 여성'은, 성노동을 선택한 여성은 처벌받아야 하는가? 법은 '건전한 성풍속'을 해치기 때문이라고 말한다. 대중의 통념도 비슷한 수준이다. 이러한 처벌의 논리에 대항해, 성노동론은 성노동자도 보통의 노동자처럼 존엄하다고 주장한다. 그러나 이는 자유주의적 노동운동이 되풀이해온 노동의 신성화와 낭만화를 벗어나지 못한다. 성노동이 노동이기 때문에 처벌받아서는 안 된다는 논리를 세우기 이전에, 왜 성을 파는 행위는 처벌의 대상이 되어야 하는지를 물어야 한다. 이것은 성을 구매하고 알선하는 행위를 처벌하는 논리를 세우는 일과도 맞닿아 있다. 성노동론도 성착취론도 이 지점에서 실패하고 있다.

자유주의적 담론의 고리를 끊고 법과 사회에 틈새를 내기 위해서는 성판매자를 처벌하는 시스템에 대한 비판과 성판매자를 처벌해서는 안 된다는 정치적 주장 사이에 제대로 다리를 놓을 필요가 있다. 그리기 위해서는 '노동자 또는 강간의 피해자'라는 이분법적인 구도에 정박하지 않고 어떤 행위성이 가능할지 논의를 확장할 수 있어야 한다. 성매매를 덮어놓고 성폭력이라고 말함으로써 피해자성을 입증하는 데 힘을 쏟지 말자. 성매매 그 자체의 속성만으로도 여성 처벌의 불합리성은 자명하다.

10

착취는 어떻게 울타리 없는 여성의 협력을 이끌어내는가

민가영

*

착취와 협력은 서로 대립하는가? 협력이 있었다면 착취는 없는 것인가? 그러나 사실 협력은 착취의 일부로서 작동한다. 위계관계에도 불구하고 팀워크를 이루게 하는 맥락 속에서, 그리고 착취적 관계임에도 불구하고 돌봄과 친밀성을 통해 협력하게 만드는 맥락 속에서 양자는 위계적이면서도 상호적인 관계에 놓인다. 피해자의 협력이 없었음을 입증하라고 요구하는 대신, 피해자가 어쩔 수 없는 상황에서 마지못해 협력했음을 입증하라고 요구하는 대신 피해자가 처한 상황에서 그에게 절실한 것을 미끼로 협력을 이끌어내는 지능적인 착취가 있음을 더욱 세밀하게 드러낼 필요가 있다.

* 이 글은 민가영, 〈'피해 협력성'을 이끌어내는 '비강압적 착취의 맥락'에 대한 연구: 십대 가출여성의 가출팸 관계를 중심으로〉, 《한국여성학》 32권 1호, 한국여성학회, 2016, 101~141쪽을 토대로 작성했음을 밝힌다.

착취는 어떤 얼굴을 하고 나타나는가

✳

2015년 10대를 임신시킨 40대 연예기획사 대표 사건에서 10대 여성이 보낸 편지와 문자의 내용은 관계 유지에 협력적으로 보인다는 이유로 그 관계가 강압에 의한 것이 아니라는 법적 판단을 이끌어냈다. 이처럼 우리 사회에서 강제와 자발성에 대한 이분법적 대립은 폭력이 겉으로 드러나지 않는 상황에서 피해자가 보이는 순응을 자발성으로 치부하면서 가해자에 대한 면죄부로 소비해버리는 경향을 보여준다.

성매매 여성은 왜 자신을 착취하는 상황에 머무르고 심지어 협력까지 하는가? 이때 폭력·감금·협박·부채 형성이 없다면 그 관계는 착취적 관계가 아닌가? 그리고 그들의 경험은 피해가 아니게 되는가? 대상아동청소년 개념이 폐지되면서 10대 성매매 여성은 자발성 여부와 상관없이 모두 피해자로 간주될 수 있지만, 여전히 한국사회에서 성매매를 둘러싼 강압과 자발성이라는 이분법은 공고하다. 이제까지 자발과 강제(강압) 이분법을 판단하는 중요한 기준은 피해자의 태도였다. 그러나 이 문제를 논의하는 새로운 틀로 이동하기 위해 자발과 강제에 대한 질문은 피해에 대한 초점에서 '권력관계의 작동 방식에 대한 질문'으로 바뀌어야 한다. 이 글은 10대 또래 중심의 가출생활에서 힘의 관계가 서열화되고 그 안에서 위계관계가 성립되나 폭력과 감금 등의 강압적 조건이 부재한 '비강압적 상황'에서 작동하는 착취의 맥락을 살펴본다. 이를 통해 자발과 강제의 이분법이 왜 성매매를 충분히 맥락화할 수 없는 프레임인지를 보이고자 한다.

한국사회의 이분법 프레임과 달리 10대에 대한 여성주의적 연구는 이미 10대의 성매매 실천을 주어진 사회적·경제적 제약 속에서 이뤄지는 무기력한 피해로 바라보지 않았다. 오히려 성매매 여성은 자신이 처한 조건 속에서 세상을 간파하고 자신을 둘러싼 제약과 한계, 이 사회의 지배질서가 부여하는 보상과 처벌을 읽어내며 그에 기반한 순응과 저항, 협상을 벌이는 행위자로서 이해되었다. 구조 속의 무기력한 피해자가 아닌 적극적 행위자로 10대 성매매 여성을 바라보는 관점은 이들을 자신의 삶을 변화시켜나갈 주체로 보았다는 점에서 매우 의의가 크다.

그러나 이러한 관점은 자칫 10대 성매매 여성의 행위성을 성매매에서 작동하는 권력관계에 대한 면죄부로 만들 우려가 있었다. 이 글은 그동안 성매매의 자발/강제라는 이분법에 대한 비판이 주로 '피해자 여성'에게 초점을 맞춰온 한계를 벗어나기 위해, 성매매를 알선하고 주도하는 남성의 착취적 권력 작동방식에 초점을 맞춘다. 그래서 성매매 여성의 행위성을 자발과 강제의 이분법에 갇히지 않는 새로운 판 위에 위치시키고자 한다.

피해자의 행위성을 강조하는 것이 힘의 관계를 이용해 이득을 얻는 자에게 면죄부를 부여하는 자발/강제의 이분법 구도에 파열음을 내기 위해서는 착취적 권력관계의 작동방식에 대한 새로운 이해가 필요하다. 폭력과 감금 등의 강압적인 상황 없이도 상대적 약자가 자신을 착취하는 관계에 '협력'하게 만드는 권력관계의 작동방식에 대한 구체적이고 생생한 이해가 선행될 때, '자발성'의 기표가 착취적 권력에 면죄부로 작동하지 않는 판이 만들어질 것이다.

착취를 보다 정교하게 살피기 위한 단서

✳

(1) 비강압적 착취의 맥락

강압적 상황이 없었다면 권력이 작동하지 않았다는 것을 의미하는가? 거부가 없었다면 권력이 존재하지 않았다는 것을 의미하는가? 그동안 성매매 여성의 행위성이 자발/강제의 이분법으로 쉽게 해석된 것은, 그들의 행위성이 그들을 이용하고 착취하는 가해자의 구체적인 전략 속에서 충분히 맥락화되지 못했기 때문이다. 겉으로는 강압적인 성격을 띠지 않는 관계에서 발휘되는 피해자의 순응은 자발성으로 해석될 위험이 있다. 여기서 개인의 행위성을 지우고 사회구조의 책임만 전시해서는 안된다. 10대 성매매 여성의 행위성을 보다 구체적으로 맥락화하기 위해서는, 강압의 형태를 띠지는 않았으나 이들을 궁극적으로 착취로 이끄는 '비강압적 착취의 맥락'에 대한 이해가 필요하다.

(2) 착취

여기에서 '착취'는 연구참여자들이 사용하는 단어가 아니라 연구자가 그들의 상태를 해석하기 위해 도입한 용어다. 연구에 참여한 10대 여성들은 자신이 당하는 상황을 착취로 인식하지 못하게 하는 맥락 속에 놓여 있다. 이들은 착취를 아예 인식하지 못하거나 인식하더라도 보상을 위해 순응하는 등 혼재된 태도를 보인다. 그러나 연구자는 가출그룹의 권력관계와 가출한 자의 심리적 취약성을 이용해 돈을 벌어오도록 시키는 행위를 착취로 보고자 한다. 왜냐하면 이러한 역할의 분배는 가출경력, 인맥, 경제력(방을 가지고 있는 경우), 젠더 등 권력관계에 따르며, 10대 여성들에게 분배되는 위치가 개인의 선택에 따라 자유롭게 바뀔 수 없기 때문이다. 또한 김연주가 보여주고 있듯이 이러한 과정은 한 개인에게 궁극적으로 사회적 배제를 야기하기 때문에 가출그룹의 역할 분배를 거부하기 어렵다는 것도 알 수 있다.[1]

(3) 협력적 피해

이 글에서는 자발과 강제의 이분법 혹은 가부장제적 피해자 각본으로 포착하기 어려운 성매매 여성의 피해 경험을 이해하기 위한 개념으로 '협력적 피해'를 사용하고자 한다. 인간의 행위를 구조적 맥락과의 역동적 상호관계 속에서 설명해온 행위성 개념은, 개인의 행위를 구조의 강압에 의한 수동적 결과 혹은 무기력한 피해로 보지 않고 개인이 어떻게 자신을 둘러싼 구조와 상황을 간파하고 저항하며 협상을 벌이는지를 보여주었다. 이때 행위자는 단순히 구조의 강압에 의한 피해자가 아니라 자신이 위치한 집단, 구조적 조건의 흐름 등을 조망·간파·성찰하며 다양한 선택지 중 합리적인 행위를 수행함으로써 능동적으로 상호작용하는 존재로 이해할 수 있다.[2]

물론 이때의 '선택'은 순수하게 자유로운 선택이 아니라 구조적 제약이라는 한계 속에서 수행됨을 기억할 필요가 있다. 협력적 피해 개념은 자신이 위치한 집단과 상황에 대한 지식·정보·인맥·경제력 등에 있어서 약자의 위치에 놓인 이가 자신을 이용해 이익과 편의를 보려는 강자의 요구를 수행하는 특성을 지칭한다. 따라서 협력적 피해는 권력관계에 따른 무기력한 수동적 반응이라는 개념으로는 포착되기 어려운 피해의 특성을 권력구조의 맥락 속에서 이해하기 위해 동원하는 개념이다. 협력적 피해 개념은 '협력'의 형태로 보이는 피해 행위를 포착하고 이처럼 '협력적 피해'를 이끌어낸 권력구조를 부각할 수 있다.

집을 나가는 부모, 집에 남겨진 아이들

청소년의 가출을 다룬 선행연구는 이들이 집에서 나올 수밖에 없는 상황에 주목해왔다.[3] 가출한 아이들의 부모는 집 나간 자녀를 찾지 않았고 아이의 행방을 묻는 교사에게 "그걸 왜 나에게 묻느냐, 전화하지 말라"고 답했으며, 가출한 뒤 집에 전화를 걸어온 아이에게 "잘 지내라"며 더 이상 집으로 돌아올 것을 요구하지 않았다.[4]

이와 함께 새롭게 등장한 이들이 아이를 버리는 부모다. 이제는 아이들이 집을 나가는 것이 아니라 부모가 집을 나가고 있으며, 아이들은 조부모나 보육원에 맡겨지기도 하고 심지어 집에 혼자 버려지기까지 한다. 과거 가출문화에서는 부모가 헤어질 때 한쪽이 양육을 맡거나 아이를 이 부모에서 저 부모로 떠넘기는 양상이 많이 발견되었다. 반면 현재 가출문화 안에서 가족과 관련된 특이점은 별다른 대책 없이 집에 아이를 놔둔 채 집을 떠나는 부모가 눈에 띄게 늘어나고 있다는 점이다.

현정(가명)은 부모와 함께 살았을 때도 거의 할머니의 손에 컸다. 이혼 뒤 엄마는 현정을 남겨둔 채 집을 나가버렸다. 그 후 이모와 잠시 살았지만 이모 집으로는 잘 들어가지 않았다. 엄마와 1년에 한 번 정도 연락은 해도 서로 불편해서 더 이상 같이 살지는 못한다.

현정이 조부모나 이모 등 다른 가족에게 돌봄이 이양된 방식으로 남겨진 경우라면, 은연(가명)은 문자 그대로 아무 대책 없이 혼자 버려진 경우다. 은연이는 부모와 함께 살았지만, 이혼 뒤 부모가 집에 잘 들어오지 않아서 혼자 남겨진 집에 친구들을 불러 놀기 시작했다. 엄마가 집에 들어와 더 이상 친구들과 집에서 지낼 수 없는 은연이가 잠시 가출을 한 뒤 집으로 돌아왔을 때, 엄마는 집을 처분하고 본인의 짐만 정리해 떠난 뒤였다. 엄마는 은연이만 남겨둔 채 본인만 주소지를 이전했고, 은연이는 그 후로 더 이상 엄마를 만나지 못했다. 집에서 '버려진' 은연이는 이후 고시원, 친구 집 등을 전전하다가 남자친구 엄마가 쉼터로 데리고 가서 그곳에서 살았다. 이처럼 '자녀를 집 밖으로 내모는 부모'의 양상은 '자녀를 남겨두고 가출을 하는 부모'의 모습으로 변형되고 있다. 이제는 아이가 가출을 하기 전에 가출하는 부모, 집을 나오는 것이 아니라 '집에 남겨진' 아이, 그래서 집에 남겨진 아이들이 집을 나오거나 그 집에 아이들이 몰려오는 양상이 나타나고 있다.

가출한 부모, 일찍 나가서 늦게 들어오는 부모, 집에 아들이나 딸의 동성친구 혹은 이성친구가 와서 자고 가도 별다른 관심을 보이지 않는 부모는 아이들을 '집'으로 모여들게 만드는 역설적인 상황을 만들어내고 있다. 물리적으로든 심리적으로든 텅 빈 집의 존재가 가출을 집 밖으로 떠도는 것이 아니라 빈집에 몰려와서 정착하는 것으로 바꾸고 있다. 이처럼 집이 갖는 의미의 변화가 아이들의 가출을 '떠도는 가출' 유형에서 '정착하는 가출'로 변화시키고 있는 중요한 배경이 되고 있음을 발견할 수 있다.

또한 함께 살 마음이 없는 부모는 일찍부터 방을 얻어 자녀를 독립시켰다. 실제로 서보람과 김광병은 가출팸이 선택하는 생활주거형태로서 원룸(24%), 모텔(43.5%), 고시원(12.3%), 쪽방(5.2%)이 있음을 보여준다.[5] 가출의 양상이 떠돌아다니는 유형에서 정착하는 유형으로 변화하는 데 기여하는 사회적 배경으로 모텔, 고시원, 원룸 등 목돈이 없어도 머무를 수 있는 거주공간의 증가가 눈에 띈다.

값싼 주거공간은 비/준주택의 형성을 배경으로 한다. 1970년대 급속한 산업화 과정에서 자리 잡은 판자촌, 1980년대 자본주의 재개발 산업의 결과인 비닐하우스촌은 1990년대 공공임대주택, 지하셋방, 쪽방 등으로 다변화했다. 또한 2000년대 다가구주택이 확대되면서 편법과 불법 형태의 원룸 등이 등장하기 시작했다. 무보증에 월세 10~30만 원 하는 원룸, 고시원, 여관 달방, 모텔의 확산은 소득이 거의 없거나 일정하지 않아도, 금전적 보조를 해줄 가족이 없어도 청소년 신분으로 계약할 수 있는 거주공간으로 기능하고 있다.[6] 부모가 물리적·심리적으로 부재한 집, 집 외에도 장기간 거주할 수 있는 값싼 공간이 급증하고 있는 사회적 조건, 그러한 공간에 대한 진입장벽이 10대에게 높지 않다는 점 등은 이들의 가출을 떠도는 생활에서 정착하는 생활로 바꾸는 동시에, 비강압적 착취가 이뤄질 수 있는 배경이 된다.

여성을 비강압적 착취에 협력하게 만드는 힘은 무엇인가?

✳

(1) 가출그룹의 권력관계와 성별분업

가출 또래그룹은 대등한 관계로 이뤄지지 않는다. 또래그룹은 가출경력, 가출생활의 성별분업, 또래그룹 내에서 '일'을 정의하는 내부의 의미체계에 따라 위계화된다. 이러한 위계 속에서 상대적으로 주변부에 속하는 이들은 돈을 벌도록 요구받는다. 가출경험을 통해 노하우와 정보가 축적되면서 그룹의 중심에 서 있는 아이들은 굳이 자신이 돈을 벌지 않아도 그룹 내의 약자를 통해 돈을 구하는 기술을 고안해내기 시작한다. 가출그룹이 그룹의 생계를 위해 돈을 구하는 방법으로 쉽게 택하는 방법 중 하나는 소수의 여성이 조건만남 사기나 조건만남, 절도를 하도록 유도하는 것이다. 보통 적게는 3~4명에서 많게는 7~8명의 아이들이 또래그룹을 형성한다. 이들은 함께 지내며 먹고 자고 노는 데 쓸 가출비용을 공동으로 충당하며 지낸다. 가출 또래그룹 모두가 그런 것은 아니지만, 가출그룹 중 일부는 가출비용을 그룹의 주변부에 속한 이들에게 의존한다.

미영(가명)은 혼자 조건만남을 하다가 위험한 상황을 경험한 뒤 또래를 구해 함께 가출생활을 했다. 그러던 중 가출한 언니, 오빠와 함께 지내며 본격적으로 또래가 또래를 이용해 돈을 구하는 기술을 학습했다. 언니와 오빠는 미영을 시켜 조건사기와 핸드폰 절도를 하도록 시켰고, 훗날 미영은 자신이 알던 또래 2명을 새로 영입해서 자신이 하던 일을 그들이 하도록 만들었다.

그렇다면 가출경력이 구체적으로 어떻게 또래 내 그룹에서 중심과 주변을 가르는 요인으로 작용할까? 가출은 했지만 같이

다닐 사람이 없는 아이들, 지방에서 와 아는 사람이 없는 아이들, 또래그룹에서 잘 안 끼워 주는데 혼자 다니기는 싫은 아이들이 돈을 벌어오는 쪽으로 선호된다. "가진 돈이 얼마 있냐", "몇 명이 지내냐" 등 자기가 가고자 하는 그룹에 대해 꼬치꼬치 캐묻는 사람은 일단 제외된다. 반면 "자신이 가진 돈은 얼마가 있다", "어디에 있냐", "지금 가면 같이 지낼 수 있느냐" 등 그룹에 들어오고자 하는 의지를 우선적으로 보이는 사람을 선호한다. 이들은 누군가와 함께 지내는 것이 절박하기에 통제하기가 쉽기 때문이다.

가출 또래그룹에서는 힘이 동등하게 분배되지 않는다. 오랜 가출경력을 통해 가출생활의 노하우·경험·정보·지식을 많이 가진 사람이 가장 큰 힘을 갖는다. 이들은 또래그룹을 어떻게 관리하고 운영해야 하는지를 잘 알고 있으며, 쉽게 그룹을 만들 수 있는 인맥도 가지고 있다. 가출경력은 또래그룹 안에서 위계를 형성하는 주된 요인 중 하나다. 이러한 가출경력은 성별 권력관계와 교차한다. 가출생활의 노하우를 가지고 있는 남성은 그룹 내에서 매우 큰 힘을 가진다. 왜냐하면 또래그룹에서 돈을 구하는 방법은 대개 조건사기, 조건만남, 절도 등 불법행위이며, 이런 행위는 성별분업에 따라 작동하기 때문이다. 예를 들어 조건사기의 성공 여부는 뒤따라온 남자들이 얼마나 성인 남성을 효과적으로 위협하는가에 달려 있다. 이때 경험이 많은 남성, 문신이 새겨진 남성의 존재는 조건사기가 성공하는 데 절대적인 조건이다. 또한 핸드폰 등 절도행위를 할 때 이것을 되팔 수 있는 루트를 확보하는 것도, 거래에 나서는 것도 남성의 몫이다.

> (남자들이 자기들은 돈 안 벌고 걔네들 데리고 뭐 시키는 거야?) 뭐 자기는 구해준다 하고, 지네는 하는 것도 없으면서 그 여자애는 다 하는데 [여자애가 돈을] 벌어가지고 나누죠. (남자애들은 돈 안 벌어?) 막노동 이런 거 할 수 있는데 안 해요. 지네들은 편하게 있으려고. 걔가 돈 벌어오는데, 자기가 뭣하러 하냐…. 그리고 [조건] 구해주는 거 막 이렇게 조건 구해주는 거 그게 일이라는 생각을 하고, 그 비를 받는 거에요. 자기가 그걸 수고비라고 생각하고. (여자애들이 구할 수도 있는데?) 혹시라도 나쁜 사람일 수도 있으니까. 뒤를 봐주겠다고.
>
> 미영(가명)과 인터뷰

가출그룹의 성별분업은 가출경험이 젠더화되어 있다는 사실 이상을 의미한다. 청소년 여성은 성인 남성을 위협하기 어렵다는 점, 그래서 성인 남성을 위협할 남성 자원이 필요하다는 점, 그리고 절도한 물건을 사고파는 루트를 남성이 장악하고 있는 조건 등은 가출생활에서 남성이라는 젠더를 자원으로 만들어주고 있다. 다시 말해 가출이라는 맥락에 놓인 성매매는 남성이라는 젠더를 자원으로 만들어주는 구조 속에서 작동하고 있다. 무엇이 왜 중요하며 그것을 누가 결정하는지가 권력구조의 핵심이라면, 가출한 또래그룹 안에서 상대적으로 권력을 가진 남성/가출경력자는 불법적으로 돈을 벌어오는 구조 안에서 무엇이 '일'이 될 수 있는지를 자의적으로 정하고 타인이 벌어온 돈을 착취하는 구실을 만들어낸다.

(2) 착취와 보호의 순환고리

어떻게 가출그룹은 여성들을 가두거나 협박하지도 않으면서 이들이 성매매를 하게 만들고 수입을 착취할 수 있을까? 가출그룹은 같은 팀으로 들어온 아이들에게 처음부터 조건만남을 해서 돈을 벌어오라고 시키지 않는다. 처음에는 조건만남 사기로 시작한다. 조건만남 사기는 일단 남성을 모텔까지 유인한 뒤 샤워하겠다고 욕실에 들어간 사이, 가출그룹의 남자들이 모텔로 찾아와서 상대 남성을 협박하고 돈만 받아가는 수법을 말한다. 별다른 위험이나 노력 없이 몇 차례 돈을 받아내면서 조건만남 사기에 동원된 멤버는 정확히 약속한 시간에 나타나 상대 남성을 위협하며 자신을 구출해 주는 남성들로부터 보호받는다는 느낌을 받는다. 그는 멤버들이 자신을 구하기 위해 밖에서 대기하고 있다고 믿고, 실제로 와서 상대 남성을 협박하는 과정을 목격한다.

이를 통해 그는 착취당하고 있다는 의식이 아니라 '한 팀으로서의 우리'라는 의식을 갖는다. 이 과정에서 착취자는 보호자가 된다. 물론 이들의 일을 지속시키기 위해 언젠가는 폭력이 동원된다. 그러나 폭력은 최후의 방법으로 미뤄진다. 돌봄의 전략이 협력을 유도하는 방법으로 더 이상 먹히지 않을 때, 그래서 돈 벌어오는 아이가 팀워크를 깨고 팀을 이탈하고자 할 때 폭력이 등장한다. 이런 점에서 이들의 성매매는 명백한 착취의 맥락 속에 놓여 있다.

"밖에 있는 여자애들은 잘해주면 되게 고마운 사람인 줄 알거든요"라는 현지(가명)의 말처럼, 가출경력이 쌓인 아이들은 가출한 지 얼마 안 되는 아이들의 심리를 이용해 차근차근 신뢰를 쌓아가며 팀워크를 형성한 뒤에야 그들이 돈벌이에 나서게 한다. 이러한 비강압적 착취의 맥락은 '그들과 우리'라는 이분법을 넘어 '보호하는 이들과 보호받는 나'라는 위치를 설정함으로써 여성을 성매매에 성공적으로 동원한다. 이 과정에서 성매매를 알선·매개하는 자들은 성매매의 의미를 '우리에게 바치기 위한 돈을 버는 일'에서 '우리가 함께 쓸 돈을 버는 일'로 이동시킨다. 여기서 착취와 보호는 뫼비우스의 띠를 형성한다. 착취와 보호의 고리는 여성으로 하여금 '착취'를 '우리를 위한 일'로 헷갈리게 해 협력하게 만드는 권력관계의 맥락을 형성한다.

(3) '일상'을 제공한 대가로 유지되는 착취구조

가출그룹 내에서 누군가를 이용하기 위해 돌봄과 친밀감이 동원되는 이유는 가족 해체가 심화되고 있는 상황에서 가출한 아이들에게 누군가의 돌봄이 매우 의미 있는 자원이기 때문이다.[7] 가출 또래그룹으로서는 새로 들어온 멤버가 떠나지 않도록 잘 붙잡아두는 것이 매우 중요하다. 이들이 이후 돈을 벌어올 것으로 기대하는 멤버를 붙잡아두는 방법은 바로 돌봄이다.

가출경력자들은 똑같이 가출한 입장에서 가출한 아이들에게 무엇이 가장 결핍되어 있는지를 누구보다 잘 간파한다. 부모의 무관심부터 시작해서 문자 그대로 버림 받은 아이들에게 결핍되어 있는 것을 자신의 경험을 토대로 간파하고, 착취를 위해 이를 적절하게 사용한다. 이때의 돌봄은 이들의 표현을 따르자면 '잘해주는 것'이다. 잘못된 방법으로 돈을 벌어오게 하고 그 돈을 그룹이 나눠 쓰는 착취 행위는 돌봄 안으로 포섭되어 그 의미가 희석된다. 이때 '잘해주는 것'의 구체적인 내용은 그렇게 대단하지 않다. 하지만 그룹의 중심에 서 있는, 가출경력이 많은 아이들은 경력이 적은 이들에게 가장 필요한 것이 무엇인지를 정확하게 이해하고 있다.[8]

> 처음엔 잘해주다가, 처음엔 도와달라고 그렇게 하다가. 같이 있던 애들이 얘네들 같이 할 거라고, 그러니까

걱정하지 말라고…. 걱정하지 말라고, 도와만 달라고. 처음에 그렇게 하겠죠. 말만 해요. 데리고 오자마자 시키진 않죠. 신뢰를 막 주는 거야. 착하게 막, 이것도 사주고 밥도 같이 먹고. (잘해주는구나?) 여자애들은 좀 그래요. 밖에 있는 여자애들은 잘해주면 되게 고마운 사람인 줄 알거든요? 잘해줄 때는 되게 잘해줬어요. 그냥 어디 갈 때 챙겨주고, "○○야, 어디 갈래? 가자" 이러고, 막 이렇게 손 잡아주고. [웃음] (그런 거구나. 사소한 거. 어떨 때 손잡아줘?) 길 걸어갈 때. 그냥, 지나가다 제가 양말이 더러워졌어요. 그러면 "여기 양말 파는 데 없냐?" 이러면서. 언니, 오빠들이 잘해줬어요. '너는 우리 아니면 안 돼'라는 어떤 무언의 메시지. 그래서 나도 되게 그 속에 자연스럽게 녹아든 것 같아요. 그 속에 같이 있는 것도 어떻게 보면 안정적인 거잖아요. 혼자 다니면서, 노숙하고 이런 것들보다는.

현지(가명)와 인터뷰

가출한 지 얼마 되지 않은 아이들에게 절실하게 필요한 것은 안정적으로 잠잘 곳과 가출했다는 사실이 느껴지지 않을 정도로 누군가에게서 받는 돌봄이다. 돈을 벌지 않는 아이들은 돈을 벌어오는 이들에게 일상에서 세심한 관심을 보여준다. 이를테면 길을 가다가 양말 파는 가게가 나타났을 때 돈 벌어오는 아이의 양말이 떨어진 것을 기억하고는 "너 양말 떨어졌는데 가서 하나 사자"라고 말해준다거나, 같이 길을 걸어갈 때 손을 잡아준다거나, 혼자 걸어가고 있는 아이 옆에서 같이 걷는다거나, 혼자 방에 있는 아이에게 "우리 나가서 놀자"라고 끄집어 내주는 행동이 그렇다. 가출경력자들은 아는 사람 하나 없이 가출한 이들에게 이런 관심이 얼마나 소중한지를 너무나 잘 알고 있다.

언니 한 명, 오빠 한 명과 셋이 다니면서 핸드폰 절도를 하도록 요구받았던 미영이 그룹에 계속 머물렀던 이유는 가출그룹이 계속 유지되는 방법을 잘 보여준다. 자신보다 나이 많은 남자, 여자와 셋이서 지냈던 미영은 이들의 지시대로 찜질방에서 사람들의 핸드폰을 훔쳐 돈을 벌어왔다. 둘이 망을 보고 신호를 보내면 미영이 핸드폰을 훔치는 식이었다. 왜 불합리한 구조에서도 그들과 함께 지냈냐는 연구자의 질문에 미영은 "잘해줬어요, 되게"라고 짤막하게 답했다. 내가 하기 싫은 일을 계속 해야 하지만 그래도 이들과 함께 있으면 안전하고 편안했다는 미영은 그룹 안에서 언니, 오빠에게 '우리가 널 돌봐주고 있다'는 메시지를 계속 받았다. 미영이 언니, 오빠로부터 받은 메시지는 '소속감'과 '안정감'이었다. 미영이 착취적인 구조에 계속 머무르기로 한 것은 위험과 착취를 소속감을 통한 안정으로 희석시킨 그룹의 특성 때문이었다.

그렇다면 가출해서 혼자가 된다는 것이 그렇게 타격이 클까? 이 정도의 돌봄이 착취를 희석시킬 만큼 큰 힘을 발휘하는 이유는 무엇일까? 이에 대한 대답은 "내가 처한 현실을 눈앞에 데려다놓지 않는다"는 연우(가명)의 말에서 찾을 수 있다. 또래들과 함께 있으면 집을 나와 당장 어디에서 잘지, 무엇을 해서 돈을 벌지 막막하더라도 일상을 그럭저럭 버틸 만한 것으로 만들 수 있다. 생계를 위해 범죄에 가담하지만 이들은 여느 10대와 다를 바 없이 놀이공원에 가고 노래방에 가고 PC방에서 게임을 하며 같이 논다. 인터뷰 참여자 중 2명은 가출그룹에서 고양이를 함께 키웠던 경험이 있다. 고양이를 키우며 서로 장난치는 이들의 모습은 가해자와 보호자, 일상과 착취가 뒤섞여 양자 간의 분별을 무의미하게 만드는 그들 내부의 독특한 권력관계를 잘 보여준다. 앞으로 펼쳐질 일에 대한 두려움이나 불안, 삶의 막연함을 '소속감'을 통해 희석시키는 것이다. 성매매를 통해 가출그룹이 유지되는 중요한 기제는 바로 '일상'을 얻을 수 있다는 데 있다. 여성을 성매매에 동원해 착취하는 성매매 중개자들은 바로 여성들의 가장 큰 취약점이자 욕망인 '일상'을 창출함으로써 이들을 강압적 수단 없이도 착취할 수 있다.

착취는 결코 폭력적이거나 무식한 얼굴을 하지 않는다. '비강압적 착취구조'는 '일상'에 대한 피해자의 욕망을 이용하는 돌봄 착취, 가출생활이라는 특수한 맥락에서 지식·경험·인맥·젠더화된 분업 등이 효과적인 자원으로 작동하며 구축된다.

착취와 보호, 일상과 피해가 공존하는 맥락은 또래그룹 내에서 상대적 약자가 착취에 협력하도록 만드는 권력으로 작동한다. 따라서 이러한 맥락에서 발생하는 피해자의 협력은 착취에 면죄부를 주기는커녕 '피해자의 협력에 의존하는 착취'의 현실을 드러낸다. 협력적 피해를 이끌어내는 비강압적 착취라는 개념은 자발 대 강제 같은 기존의 이분법으로 손쉽게 소비되지 않으면서도 다양한 층위에 걸친 피해를, 그리고 통념대로 움직이지 않는 권력의 이질적인 작동방식을 드러낼 수 있다.

착취와 협력은 서로 대립하는가? 협력이 있었다면 착취는 없는 것인가? 그러나 사실 협력은 착취의 일부로서 작동한다. 위계관계에도 불구하고 팀워크를 이루게 하는 맥락 속에서, 그리고 착취적 관계임에도 불구하고 돌봄과 친밀성을 통해 협력하게 만드는 맥락 속에서 양자는 위계적이면서도 불평등한 상호관계에 놓인다. 피해자의 협력이 없었음을 입증하라고 요구하는 대신, 피해자가 어쩔 수 없는 상황에서 마지못해 협력했음을 입증하라고 요구하는 대신, 피해자가 처한 상황에서 그에게 절실한 것을 미끼로 협력을 이끌어내는 지능적인 착취가 있음을 더욱 세밀하게 드러낼 필요가 있다. 이처럼 권력관계에 대한 이해의 지평을 넓힐 때 자발과 강제의 이분법을 넘어 작동하는 권력의 모습이 드러날 수 있을 것이다.

11

성매매 여성을 동시대 시민으로 사유하기 위하여

유현미

✳

많은 여성에게 '술집 여자'는 여성 간 위계에서 낮은 자리에 놓인다. "나는 그런 여자는 아니지만…"에서 '그런 여자'를 담당한다. 나라는 존재가 '너 그리고 우리'라는 타자와 매일 상호작용하면서 형성되는 것이라면, '그런 여자'와의 구별 짓기는 결국 '너와 우리'가 보여준 '그런 여자'에 대한 반응 속에서 형성되었을 테다. 페미니스트에 대한 공격과 비난이 기승을 부릴 때 "나는 페미니스트는 아니지만…"으로 방어하는 것이 여성의 입에 붙듯이. 가부장제를 비판하는 여성도, 증거하는 여성도 언제나 혐오의 대상이다.

'가려진 채 존재하라'는 요구

✳

코로나19가 퍼진 지 3년째다. 바이러스는 일상을 바꿨고 사람들 간 격차를 더욱 벌렸다. 바이러스와 함께하는 삶은 마스크처럼 익숙해지다가도 때때로 그 기반이 뿌리부터 흔들린다는 위기감을 준다. 코로나19라는 미증유의 위기 속에 지원금은 하나의 사회안전망으로, '코로나상생국민지원금'부터 '소상공인희망회복자금' 등 다양한 이름과 방식으로 제공되었다.

그래서 어떤 지원금을 얼마나 받을 수 있느냐는 아마 한국사회의 구성원으로서 자신의 위치를 가늠해보는 척도 중 하나일 것이다. 대학원생으로 오래 지낸 나는 작년 봄, 특고·프리랜서를 대상으로 한 '4차 긴급고용안정지원금'을 받았다. 주로 강의나 연구프로젝트 일로 생계를 해결해왔는데, 그즈음에는 학위논문을 쓰느라 특강만 하며 적은 돈을 벌고 있었다. 그래서 혹시 '소득이 감소한 프리랜서'로 인정될 수 있으려나 하는 기대를 가지고 신청했고, 선정되었다. 그러고 나니 올해 3월에는 5차 지원금 수혜 대상으로 자동 선정되었다는 문자를 받았다. 5차 지원금을 받은 사람 중 서울 거주자는 4월에 서울시 특고·프리랜서 긴급생계비도 지원받을 수 있었다. 한 번의 시도는 이후의 제도 혜택으로 이어졌다. 한국의 복지행정이 새삼 친절하게 느껴졌다.

하지만 '친절'은 서류로 나의 상황을 '증빙'할 수 있는 선에서만 작동했다. 프리랜서 증빙을 위해 내가 시간강사 계약서 등을 뒤적이던 작년 봄, 이룸에서는 코로나19 상황에서 성매매 여성이 겪는 어려움을 드러내는 토론회를 열었다. 코로나19를 확산시키는 공간으로 유흥업소가 주목받으며 집합금지와 영업제한 명령이 내려졌던 시기, 많은 여성이 생계유지의 어려움을 호소했다. 이룸은 정부와 지자체가 성산업 내 여성의 어려움을 해소할 대책을 마련해야 한다고 주장했고, 서울시 노동정책과를 통해 유흥업소 종사자도 특고·프리랜서 지원금의 신청 대상임을 확인했다.

그런데 여성들에게 지원금의 존재를 홍보해도, 유흥업소에서 일한 경험이 알려질 것이라는 두려움에 처음부터 포기하는 경우가 많았다고 한다. 설령 신청하려 해도 업주를 통해 확인서를 받아야 했기에 호의적이지 않은 반응을 마주하거나, 여성들이 여러 업소를 이동하며 "흔적을 남기지 않아왔기에"[1] 증빙하기가 어려웠다. 가용한 정책이 있어도 실제 혜택으로 이어지기 어려운 현실이었다.

증빙하기 어려운 일, 흔적을 남기지 않는 삶의 의미를 더 생각해본 계기는 '건강보험 소득조정 지침(이하 지침)'을 접했을 때다. 작년 말 건강보험료를 조정하러 방문한 보험공단 지사에서 대학원 동료가 받아온 지침 문서에는 다음과 같은 항목이 있었다.

> 기준(단순)경비율 코드 '940905' (유흥업소)
> 가. 소득지급처(소득발생사실) 존재 유무에 상관없이 '본인 확인'만으로 조정.
> • '본인의 확인만으로 가능'하다는 의미는 **소득발생 사업장의 사업주나 세무서의 확인 없이 소득발생 사실에 대한 부인 또는 더 이상 관련 업종에 종사하지 않는다는 본인의 주장**을 수용한다는 의미.
> • **본인 이외의 자에게는 소득발생 사실을 절대 공개할 수 없으며, 예외적으로 본인(940905소득자)의 장기간 가출 등으로 확인이 불가능한 경우는 가족이 제출한 '확인서'로 조정 가능.** [강조는 필자]

지원금 정책과 달리, 지침은 유흥업소 여성의 소득 감소를 서류로 증빙하지 않아도 된다고 명시했다. 어떻게 이것이 가능했을까? 현행 건강보험 시스템은 전년도 소득자료를 국세청으로부터 매년 넘겨받아 소득기준에 따라 부과액을 결정한다. 이때 프리랜서의 소득은 특이하게 추산되는데, 프리랜서 개인이 '해촉증명서'를 통해 일시소득임을 증명하지 않은 이상 작년 소득이 지속될 것이란 가정하에 올해의 지역가입자보험료를 산정한다.[2] 학계에서 각종 프로젝트를 많이 해온 나는 이로 인해 최근 몇 년간 보험료가 과잉 청구되었고, 해촉증명서를 받으러 여러 대학과 기관에 구구절절 연락을 돌린 경험이 있다.

나는 같은 경험을 반복하면서 때로는 '교수님', 대부분은 '선생님'으로 불리는 나의 지위가 '고고한 지식인'이 아니라 '불안정 노동자'에 가깝다고 느꼈다. 나와 비슷한 처지의 대학원 동료도 과잉 청구된 보험료에 항의하러 갔다가 민원인을 대하는 일종의 업무 매뉴얼인 저 지침을 받아온 터였다. 우리처럼 유흥업소 여성 누군가가 공단에 따져서 저런 조항이 나온 것일까? 그 장면을 상상해보면 통쾌하다.

그럼에도 증빙하기 어려우면 증빙하지 말라는 조항은 사실 이상하다. 본인 주장만으로 소득 감소를 인정하는 것은 다른 업종이나 특고·프리랜서 노동자에게는 허용되지 않으며, 문서와 기록을 기반으로 운영되는 관료제의 원칙에도 위배된다. 이 예외적 관행은 여성들이 지원금 정책을 이용하지 않는 이유와 맞닿아 있다.

이는 사회적 낙인으로 인한 두려움을 고려한 것으로 보인다.

보험료 조정이 긴급하나 기록이 남아 주변인에게 알려질까 걱정하거나 증빙이 어려워서 포기하는 여성들의 모습을 보고, 실무자들이 일종의 배려 차원에서 조항을 만들 것일 수도 있다. 나름대로 여성들을 고려한 관행이며 여성들이 보험료 감면을 거부당하는 것보다는 낫기에, 활용할 수 있다면 활용해도 좋은 수단이라고 생각한다. 그러나 여기에서 여성과 그들의 일은 존재하나 '절대 공개될 수 없는 것'이다.

나는 '가려진 채 존재하라'는 요구가 한국사회 성매매의 모순적 구조에서 비롯했다고 생각한다. 성매매 이슈를 피해 대 노동이라는 이분법으로 사고하는 담론 구도가 굳건하지만, 그렇다고 이와 같은 담론 구도가 성매매의 현실을 정확하게 반영한다고 말할 수는 없다. 성판매의 불법성이나 노동권 인정 여부를 떠나, 한국에서 성매매 여성은 오랫동안 '종사자'로서 국가의 중층적 행정체계를 통해 관리되어왔다. 비록 여성을 피해자 혹은 범법자로 구분하는 법률체계와 연동되어 있지만, 여성들은 좀 더 폭넓은 행정관행과 비공식체계 속에서 그들의 일을 계속하도록 규율받았다.

한국 성매매 정책의 역사를 분석한 박정미는 이러한 규율이 예외공간의 설정과 예외적 존재의 고안을 통해 가능했음을 지적했다. 한국은 성의 판매·구매·알선을 모두 금지하는 국가이지만, 역사적으로 '특정지역' 설치처럼 성매매를 허용하는 예외

공간을 구성함으로써 여성들의 몸과 성을 이용해 창출된 이윤이 안보(기지촌)와 산업진흥('기생관광' 등 관광산업)에 기여하도록 관리했다.[3] 그리고 여성들에게 성병검진의 강제적 부과 및 시설 수용을 남발해 그들을 헌법이 보장한 기본권이 유예되는 예외적 존재로 만들어 관리해왔다. 예외적 존재와 공간의 창출은 행정부가 독자적으로 규정하고 실행할 수 있는 다양한 행정명령·규칙·조례 등을 통해 가능했다. 박정미는 공식적 상위 법률에서는 금지를 표방하지만 하위 법령과 행정 관행에서는 주요한 산업으로서 성매매를 암묵적으로 허용하고 때로는 적극적으로 장려해온 국가의 성매매 정책을 '묵인-관리 체제'라 명명한 바 있다.

마찬가지 맥락에서 유흥업 여성의 '아가씨 노동'을 분석한 황유나는 삽입성교와 사정 행위로 규정된 성매매('2차')는 불법이지만, 접대 차원의 유흥업('1차')은 합법인 성산업이 이와 같은 이중구조를 활용해 거대한 규모로 확장되어 왔음을 지적했다.[4] 코로나19 1차 대유행 시기, 유흥업소 집합금지 행정명령이 발동했을 때 드러난 서울 시내 유흥업소의 개수는 상권 분석 기준으로 종종 활용되는 스타벅스나 초·중·고 학교시설보다 많았다.[5] 수치는 유흥업소가 너무나 일상적인 (상업)공간으로서 '2차'와는 구별된다는 이유로 쉽게 정당화되고 있음을 보여준다.

하지만 황유나가 분석했듯이 1차의 영업 전략과 서비스는 남성 고객의 요구에 '맞춤형' 여성을 연기하는 과정으로서, 2차로 이어지지 않는다 하더라도 이를 전제하지 않고는 성립하지 않는다. 종종 유흥업소 여성의 성폭력 피해 사건이 드러나면 "그런 데서 일하면서 그런 일 당할 줄 몰랐냐"는 반응처럼, 1차는 2차에 대한 기대와 연결성 없이는 성립하기 어렵다.

나는 성매매의 이중구조가 어느 날 제주 바닷가를 걷다 발견한 어떤 건물의 형상과 닮았다고 느낀다. 노래주점이 있는 한 건물은 담장 옆이 트여 바로 옆의 모텔과 연결되어 있었다. 건물은 분리되어 있지만 통로는 은밀히 혹은 공공연히 연결되어 있고, 주점과 모텔은 적나라하게 모습을 드러내지만 옆길로 새는 사람의 모습은 잘 보이지 않는 구조. 그래서 모르는 사람은 계속 모르고 알더라도 모르는 것처럼, 보고도 못 본 것처럼 정신승리할 수 있는 형태. 건물에 있는 여성의 존재가 능히 짐작되지만 창이 가려진 '맥양주집'[6]처럼 제대로 보이지 않는 채로 계속 존재하라는 요구.

성산업은 1차와 2차의 연결성을 만드는 여성이 보이지 않을수록 자신을 '정상'이라고 주장하면서 거대한 규모로 번창하고 있다. 유흥업소 집합금지 명령에 많은 업주가 자신을 자영업자이자 임차인 또는 건물주로 정체화하며 영업 손실을 보상하라고 당당히 주장할 수 있었던 이유이기도 하다. 1차는 합법적 장

사이기에, '납세 1등 애국 업종'이라는 피켓을 들고 거리에 나선 유흥업주들은 자신들이 '모범 납세자'라고 주장했다. 그에 비해 종사자 여성은 동선 공개에 따른 사회적 비난을 걱정하며 더욱더 '남자들의 방'에서 거리로 나올 수 없었고, 자신의 고충을 해결해달라고 당당히 요구하기도 어려웠다.

시민(됨)은 권리와 의무를 함께 지며, 때로는 비구성원과의 경계 짓기를 통해 만들어진다. 지원금이나 사회보험과 같은 사회안전망의 설계원리는 구성원 간 이익과 위험의 상호분담이다. 따라서 사회안전망을 작동시키는 행정관행에서 여성의 비가시화는 설령 그것이 개별 여성의 보호를 위한 것이라고 하더라도, 상호부조를 통해 자신을 드러내는 시민의 형상에서 여성이 배제되는 결과로 나타난다. 이런 상황은 '주는 것 없이 받기만 하는 여자들', '권리만 주장하고 이익만 빼먹는 여자들'이란 편견을 재생산하는 데 기여할 수 있다.

하지만 앞서 지침은 여성들이 프리랜서이자 지역가입자로서 세금과 보험료를 납부해왔다는 사실을 내포하고 있다. 지침은 절대 공개하지 않고 여성들의 주장을 수용하겠다며 시혜적으로 말하고 있지만, 나는 오히려 여기에서 어떻게든 유흥업에서 발생하는 수익을 국가가 징수해보겠다는 의도를 읽는다. 여성의 존재를 가려주면서 정말로 가려온 것은 국가가 분류코드를 부여하고 예외조항을 두면서까지 유흥업을 통해 세원을 충당해왔고 또 충당할 것이라는 사실이자 의지 아닐까? 여성을 '가려진 존재'라는 예외상태 속에 계속 머무르게 하는 것은 결국 누구의 이익을 보호할까?

'술집 여자'의 미투는 왜 불가능한가

✳

거리두기가 일상화된 코로나19 이전에 우리는 거리에 모여 사회를 바꾼 경험이 있다. 특히 여성의 목소리가 거리와 일터, 학교와 온라인 공간 모두에서 터져 나와 여성의 일상에 새겨진 차별과 폭력을 드러냈다. 여성억압을 바꾸려는 사회변혁의 물결로서 페미니즘의 확장은 2015년을 전후해 디지털 공간에서 시작되어 2016년 강남역 사건과 '검은 시위(낙태죄 폐지 촉구 시위)', 촛불집회를 통해 광장의 정치로 빠르게 확산되었다. 또한 2010년대 중반 이후 '갑질'이라는 용어가 널리 퍼지고 조직 내 괴롭힘 문제가 주목받으면서 미시관계에서의 부당함을 문제제기할 수 있는 담론적 자원도 늘어났다. 2018~2019년 한국을 휩쓴 '미투 운동'은 이러한 맥락 속에서 사회의 모든 조직과 영역에서 관행화된 성차별을 폭로하며, 일상의 성평등 요구를 정치적 실천으로 만들어나갔다.

미투 운동이 가장 격렬했던 2018년 여름, 나는 소속 학과에서 일어난 교수 갑질·성희롱 사건의 대학원대책위원회 활동을 하며 대학 미투 운동의 흐름에 합류했다. 대책위 활동을 하며 다른 대학 사건의 관계자들을 만났고, 여러 집회나 토론회에 참여하며 미투 운동의 의의에 대해 이야기를 나눴다. 그러던 중 인상적인 말을 들었다. 당시 여러 대학의 미투 당사자들이 모인 라운드테이블에서였다.

"술집 여자처럼 나를 대했다." 한 대학원생 피해자가 자신의 피해를 표현한 말이다. 남자 지도교수는 연구계획서를 봐준다며 그를 갑자기 술자리에 불렀다. 지도교수의 친구인 타 대학 남교수와 연구실 후배 남학생까지 착석한 자리에서 그의 자리는 '교수 옆'이었다. 그는 그곳에서 자신에게만 강요된 시중 요구와 모욕적 접촉을 성폭력으로 의미화했다. 지도 관계에서의 권력을 남용한 행동이 성폭력 가해임을 충분히 이해할 수 있었고 함께 분노가 차오르면서도, 이런 의문도 동시에 떠올랐다. 술집 여자처럼 대한다는 것은 무엇인가? '술집 여자라면' 그렇게 대해도 되는 것인가?

페미니즘의 확산과 미투 운동 과정에서 많은 성폭력 피해 경험이 발화되었지만, 그 와중에도 성판매 여성의 발화는 폭넓은 공감을 받기 어려웠다. 성판매 여성의 발화가 공감을 받기보다 공격을 당하거나 발화의 자격을 묻는 불인정의 상황에 처한 것은 최근의 일이 아니다. 다양한 위치에 놓이고 여러 의견을 가진 개인들이 자신과 사회를 성찰한 손자보를 연속적으로 부착했던 '안녕들하십니까' 대자보 운동이 2013년 겨울 한국사회를 휩쓸었던 것을 떠올려보자. 그때도 유독 '성판매 여성 안녕들하십니까'라는 손자보가 엄청난 주목과 비난을 함께 받았다. "감히 어디서 깨어 있는 시민들이 참여하는 대자보 운동에 창녀가 끼어드느냐", "그런 일 해서 그런 일(성폭력) 당한 게 자랑이냐" 같은 반응이 넘쳐났다.

혁명으로서 미투의 의미를 다각도로 제시한 정희진도 아내 폭력과 성산업 종사자 여성에 대한 폭력이 미투 운동에서도 본격적으로 드러나기 어려웠음을 지적했다. 정희진은 가족제도와 성매매는 가부장제 사회의 근본원리이기 때문에 여기서의 폭력을 문제제기하는 것은 가부장제 공동체 자체를 무너뜨리는 일이고, 여성들의 이해관계를 건드리는 문제이기도 하다고 주장한다.[7] 여성을 '성녀(어머니나 아내) 대 창녀'로 나눠 통제하는 divide and rule 전략으로서 성매매가 가족제도와 함께 기능하고 있다는 뜻이다.

많은 여성에게 '술집 여자'는 여성 간 위계에서 낮은 자리에 놓인다. "나는 그런 여자는 아니지만…"에서 '그런 여자'를 담당한다. 나라는 존재가 '너 그리고 우리'라는 타자와 매일 상호작용하면서 형성되는 것이라면, '그런 여자'와의 구별 짓기는 결국 '너와 우리'가 보여준 '그런 여자'에 대한 반응 속에서 형성되었을 테다. 성판매 여성의 대자보에 대한 사람들의 반응을 당사자 여성뿐만 아니라 다른 여성 역시 보고 느낀다. '나도 저렇게 사람들에게 멸시받을 수 있겠구나' 하는 예감은 술집 여자를 자아의 부정적 경계선으로 만든다. 페미니스트에 대한 공격과 비난이 기승을 부릴 때 "나는 페미니스트는 아니지만…"으로 방어하는 것이 여성의 입에 붙듯이. 가부장제를 비판하는 여성도, 증거하는 여성도 언제나 혐오의 대상이다.

일본의 사회학자 우에노 지즈코는 사회의 심층구조로서 여성혐오misogyny가 여성에게는 '자기혐오'로 다가온다고 설명한다.[8] 하지만 그것은 총체적인 자기부정이라기보다 '창녀혐오'에 가깝다. 술집 여자는 여성의 무/의식 속에서 여성이 될 수 있는 사회적 존재의 한계선에 놓여 있다. '내가 저기까지는 가지 않았지'라는 비교우위 의식과, 여성인 한 잘못하면 저기로 떨어질 수 있다는 두려움은 여성의 행위, 특히 성적 행동과 인식을 규율해왔다.

물론 한계선의 존재는 때때로 금기를 넘어선 존재로서 매력이나 호기심을 불러일으키기도 한다. 남성뿐 아니라 여성도 금지된 무언가를 행하는 해방적 존재로 성매매 여성을 보는 낭만적 시선을 가지기도 한다. 인생의 굴곡을 겪는 모든 인간이 그렇듯이 그리고 사회적 소수자가 더욱 그렇듯이 성매매 여성이 사회의 구조적 제약을 간파하는 앎과 삶의 태도를 가지고 있는 것은 맞다.

그럼에도 성매매 여성의 행위성을 긍정하는 것과, 성산업이나 성매매가 해방적이거나 정상적이라고 보는 것은 다른 차원의 문제다. 게다가 둘을 연결하는 것은 논리적 비약이다. 성판매의 속성을 성전문가가 행하는 치료('섹스 테라피')라거나 쾌락을 생산하는 서비스('쾌락생산노동')라고 주장하는 논의가 있었다.[9] 성매매 여성의 권리를 고려하는 차원에서 나온 주장이겠지만, 청량리 집결지에서 오래 생활해온 여성들의 이야기를 차근차근 살펴보면 성구매뿐 아니라 방화·방뇨·배변 등이 벌어지는 성매매 현장은 남성 고객이면 모든 것이 허용되고 아무거나 배설해도 되는 공간으로 존재해왔음이 드러난다.[10] 성매매 현장은 남성중심적 쾌락을 배설할 수 있는 남성의 해방구이지 여성의 것은 되기 어렵다. 오히려 그곳은 여성과 남성 간 성적 교환에서 언제나 남성의 쾌락을 위해 여성의 행동을 유도하는 온갖 장치로 가득 차서 여성들에게 비정상적이라는 감각을 안길 뿐이다.

이와 관련해 철학자 앤 카힐은 성노동과 여성 신체의 재현, 성적 괴롭힘 현상을 관통하는 것은 성적 대상화라기보다 '성적 유도체화derivatization'라고 주장했다.[11] 대상화 자체가 아니라 언제나 남성의 주체성 고양과 성적 만족을 위해 여성의 신체와 행동이 적극적으로 반응하고 움직이도록 유도된다는 점에서 그 일방향성이 문제라고 주장한 것이다. 성상품화가 활발한 자본주의 사회에서 남성의 몸이나 성도 대상화된다. 또한 상대의 신체와 성을 감각할 수 있는 대상으로 구성하는 것은 쾌락의 조건이기도 하다. 하지만 남성 육체와 섹슈얼리티는 대상화되더라도 그것이 가진 힘과 주도성이 부인되지 않는다면, 여성의 육체와 섹슈얼리티는 남성의 유도체로 설정되면서 여성 스스로에게서 소외된다. 여성의 힘을 빼앗는 유도체화는 젠더 불평등을 지속시키며 윤리적인 (이)성애 관계를 맺는 것을 방해한다. 권김현영이 갈파했듯, 성적 욕망은 '배설'하는 것이 아니라 상호간 소통과 협상을 통해 '추구'하는 것이다.[12] 성산업에서 여성의 유도체화는 소통의 대등한 당사자로서 여성의 지위를 체계적으로 박탈해나간다.

또한 일본의 역사학자 후지메 유키가 "저임금, 불안정고용, 잠재실업의 주변적 위치에 있던 여성 노동의 외연에 성매매가 있었다"고 지적한 것처럼 많은 여성이 가족 내 자원과 돌봄의 빈곤, 좋은 일자리의 박탈 속에서 성산업에 유입된다.[13] 이를 고려한다면 성매매를 포함해 '술집 여자'의 일은 여성 노동의 문제이지만, 평등한 노동 구조를 만드는 '일'이 되기는 어렵다.

그렇다면 술집 여자가 하는 일의 '속성'은 대체 무엇일까? 여러 답변이 제시될 수 있겠지만, "성적 괴롭힘이 직무의 하나로 기대되는" 일이라는 데 주목할 필요가 있다. 성적 괴롭힘에 관한 이론적 논의 중에 '성역할 번짐론sex-role spillover'이라는 것이 있다.[14] 성역할 번짐론은 일터에서 구성원의 성비性比와 상호작용의 조합에 따른 성역할 기대의 형성을 성적 괴롭힘의 발생과 연관 짓는 분석이다. 간단히 설명하자면, 여성이 수적으로 많은 일터나 직무는 일 자체가 여성의 성역할(돌봄 역할과 성애화된 역할) 기대로 채워지고, 특히 남성을 상대하는 직무일 때는 남성의 성적 요구를 수용하는 것이 당연한 일이자 하나의 업무능력으로 간주되기에 여성에게도 괴롭힘으로 잘 인지되지 않거나 보고되지 않는다는 것이다. 직업이나 직무 성비가 여초여도 남성을 고객으로 상대하는 "전통적으로 여성의 일(예를 들어 간호나 웨이트리스 일)"은 여성의 거부권 행사가 그들의 성역할과 일역할을 모두 위반하는 것으로 여겨진다. 그렇기에 일터 구성원 모두에게 역할에서 이탈하는 것을 지지받지 못하고, 수적으로 다수여도 여성끼리 뭉치거나 저항의 역량을 키우기도 어렵다.

이는 압도적으로 판매자와 구매자의 성비가 편중되고 여성됨을 사고팔며 여성이 스스로를 대표하거나 조직하기 어려운 성매매에도 적용될 수 있다. 이 일에는 성폭력 피해를 인정받는 것의 불가능성이 배태되어 있다. 그래서 성판매 여성의 호소나 발화에 끈덕지게 달라붙는 '그런 일' 당할 줄 몰랐냐는 혐오 표현은 단지 개인의 도덕적 결함의 표출만이 아니다. 여성의 성역할을 남성의 유도체로 만드는 것에 골몰하는 성산업의 구조적 결함의 표출이기도 하기 때문이다. 성매매 공간은 성적 괴롭힘에 대한 인식과 대응의 사각지대로 남아 있어야 유지된다.

영단어 '괴롭힘harassment'에는 '지긋지긋하게 하다'라는 뜻이 있다. 목숨을 위협할 만큼 심각하거나 긴급한 손상을 일으키지는 않지만, 당하는 사람의 몸과 마음을 갉아먹어 종국에는 소진시키는 괴롭힘의 효과를 드러낸다. '뉴페이스'와 '영계'를 찾는 남성들의 요구에 맞춰 업소를 이동하고 성형과 시술을 반복하며 남성들의 성적 침범을 어떻게든 흥겨운 놀이('유흥')로 바꿔나가야 하는 여성들의 일은 여성의 신체적·정서적 에너지를 서서히 그러나 압도적으로 마모시킨다. 성매매는 여성 노동력과 역량의 파괴에 근거하는 산업으로서, 여성들의 이동과 감춤을 통해 흔적을 지운다. 홀연히 나타났다 사라지는 존재, 흔적을 남기지 않는 존재로 유지되는 산업을 누군가는 '유령산업phantom industry'이라 표현했다.[15] 하지만 미투는 '나도 당했다'는 폭로에 그치지 않고 '이젠 싸우겠다'는 의지의 실천으로서 인간의 몸과 목소리를 요구한다. 성매매 여성을 유령 취급하는 사회에서 술집 여자의 미투가 어려운 이유다.

'호스트'를 위한 나라는 있다

✳

이처럼 코로나19와 미투 운동이라는 동시대의 현실에서 성매매 여성은 사회적 비난에 대한 두려움으로 가시화의 어려움을 겪고 있다. 지원제도가 있어도 실제 사용은 어렵고 일을 해도 일터에서 발생하는 괴롭힘이나 고충을 인정받기 어려운 상황은, 결국 법적 처벌을 넘어선 사회적 처벌의 문제를 지시하고 있다. 노동인 듯 아닌 듯, 범죄인 듯 아닌 듯, 합법적 사업인 듯 지하경제인 듯 이런 이상함 속에서 결국 여성만 욕을 직사하게 먹는 구조는 왜 계속되는 것일까? 다시 말해 사람들은 왜 이렇게까지 성매매 여성에게 적대적일까?

바로 본인이 찔려서다. 여성의 몸과 성을 착취하거나 착취를 외면하면서 살아가는 자신의 모습을 정당화하기 위한, 사회적 죄책감을 희석시키기 위한 행태다. 범죄학자 그레셤 사이크스와 데이비드 마차는 이를 일종의 물타기 전략으로서 '중화의 기술techniques of neutralization'이라고 명명했다.[16] 더 심하게 말하자면 일종의 적반하장인데, 그 맥락을 〈호스트 네이션〉(이고운 감독, 2016년)이란 영화에 대한 설명을 통해 제시해보고자 한다.

'호스트 네이션'은 '주둔국'이란 뜻이다. 미군이 주둔하는 호스트 국가는 미군에게 위안과 유흥을 담당하는 여성의 몸을 합법적으로 제공해왔다. 과거의 기지촌에 한국 여성이 대다수였다면, 지금은 러시아나 필리핀 여성 같은 이주 여성이 다수를 차지하고 있다. 영화 〈호스트 네이션〉은 한국과 필리핀을 넘나들며 미군 클럽 업주 및 여성을 이동시키는 매니저, 브로커 들에게 카메라를 가져간다. 영화는 그들을 통해 어떻게 이주 여성이 미군 기지촌 클럽으로 유입되는지를 생생하게 보여준다.[17]

지금까지 성산업에서 일의 성격과 인정 여부를 둘러싼 물음은 주로 여성의 성판매 경험을 향해왔다. 그런데 '성형대출' 이슈에서 드러나듯,[18] 여성의 몸과 성을 판매할 수 있게 만드는 데에는 비용이 든다. 〈호스트 네이션〉에 등장하는 브로커 정, 파파 정, 마담 욜리는 이 비용을 창출하고 중개하는 자들이다. 해외에 나가 돈을 벌어 가족을 부양하고 자신의 꿈을 이루고자 하는 가난한 여성의 욕망을 성산업의 국제적 분업구조의 회로에 위치시키는 것이 이들의 일이다. 이들의 '일'은 성판매를 여성의 일로 인정해야 한다는 노동권 논의가 간과해왔던 것으로, 성산업을 유지하는 주된 축이라고 할 수 있다.

영화는 브로커들의 평범한 얼굴과 평범한 말을 비춘다. 그들은 자신들이 '매춘부'가 아니라 연예인을 육성한다고, 그렇게 해서 여성들을 도와준다고, '바 파인bar fine'과 같은 '2차'는 과거의 일이거나 예외로서 모두 여성의 선택이라고 주장한다. 엔터테인먼트업과 관광업에서 성산업의 속성을 삭제·축소하는 정당화 작업이 이들의 사업 내용을 구성한다. 영화는 '연예인' 선발 시 노래 실력보다 마른 몸매가 더 중요하다고 판단하고 주스 할당량을 "서로 맞춰주는" 아가씨들의 집결과 충원을 고려하는 브로커들의 비즈니스 전략을 포착함으로써, 성산업의 연쇄고리가 작동하는 모습을 그린다.

한국 여성을 대상으로 한 성산업과 마찬가지로, 필리핀 여성을 '엔터테이너'로 만들어 이동시키는 이들의 '투자'는 여성에게서 회수하리라 기대하는 수익에 기반해 있다. 수지타산을 맞추는 부담은 빚, 수수료, 벌금의 형태로 여성에게 전가되거나 다음 여성에게 넘어가는 형태로 전이된다. 브로커들은 이를 자의적으로 조절하면서 여성들에게 "가서 네 일을 해"라고 요구한다. 영화에 등장하는 이주여성 조이는 여기에 도움의 요소는 없으며, 착취의 요소만이 가득하다고 증언한다. 폭력과 노동, 엔터테인먼트 사업과 성산업의 경계는 희미하고 무용해진다.

또한 영화는 필리핀 정부의 여성 모집 금지 정책과 무관하게 여성들을 한국에 '연예인'으로 입국시키는 E-6 비자[19]를 발급하는 데 관여하는 관료 기구를 비춘다. 문화체육관광부 산하 영상물등급위원회는 브로커가 만든 공연 영상을 심사해 추천서를 발급한다. 그러면 법무부 출입국 관리사무소가 비자를 발급하고 외교부 필리핀 영사관이 승인한다. 출국은 금지되지만 입국은 허가되는 국가 간 정책 차이를 조율하고 국경을 넘는 과정에서 이주비용이 발생한다. 여기서 이를 활용하는 브로커들의 일이 구성된다. 필리핀 경찰에게 뒷돈을 챙겨주며 여성들을 출국시키는 '에스코트' 비용은 상황에 따라 큰 폭으로 상승하며, 그로 인해 여성들의 채무도 늘어난다. 한국과 필리핀의 정부 기구, 관료 들도 여성들에게 이주비용을 받는 브로커인 셈이다.

영화는 미군 클럽에서 탈출해 쉼터 활동가가 된 조이의 상황과 막 한국에 들어온 마리아의 상황을 병치한다. 클럽 업주를 '좋은 사람'이라고 평가하는 마리아의 언급은 업주의 감시를 증언하는 조이의 증언과 교차한다. 불법과 합법의 경계, 국경을 넘는 불안정한 상황은 브로커에 대한 여성들의 의존도를 높인다는 점에서, 이처럼 여성들의 서로 다른 평가는 모순보다는 연결로 볼 수 있다. 여성들은 가출팸의 구성원이 그러하듯 가까이 있는 브로커에게 친밀함과 복잡한 감정을 느낀다. 그러나 성산업의 'Fly now, Pay later(선이주, 후지불)' 구조는 업주의 호의만으로 해결할 수 없는 상환 압력을 점차 증대시키고, '후지불될' 마리아의 미래는 점차 조이의 현재와 맞닿는다.

영화는 또한 필리핀으로 귀국한 여성이 새로운 여성을 모집하는 스카우터로서 '비자산업의 세포'가 되는 모습도 담는다. 성산업의 행위자는 시공간에 따라 엔터테이너, 매니저, 스카우터, 프로모터, 브로커, 클럽 가드, 클럽 업주 등의 역할을 넘나들고 서로 관계 맺으면서 하나의 산업 생태계를 작동시킨다.

더구나 한국에서는 한미동맹과 여성을 교환하는 안보협력 관계를 모태로 '국제문화마을', '특수관광협회' 같은 지역사회 조직이 자기증식을 꾀하며 굴러간다. 성산업의 브로커는 지역사회의 주민으로서 자신의 생존권과 경제권을 주장하고, 가난한 여성을 착취하는 행태를 정상화한다. 이들은 미군이 클럽 내 접대 활동을 인신매매 피해로 규정하며 금지하는 정책을 펴는 데 분통을 터트리며, 자신들이 알선자라면 매수자는 어디에 있느냐고 묻는다. "우리 장병들의 좋은 건강, 안전, 복지"를 위해 특정 조건 제거에 협력해 달라는 미군의 통지서는 생태계의 먹이사슬 꼭대기에 누가 있는지를 드러내며, 호스트 중의 호스트인 미군이 보이는 뻔뻔한 물타기 기술을 최종적으로 비춘다.

이처럼 영화는 성산업 생태계에 들러붙은 주변인과 그들의 일을 조망함으로써 가난한 여성을 숙주 삼아 굴러가는 거대한 괴물로서 한국사회의 형상을 보여준다. 여성들을 도와주고 있다고, 자기들도 다 먹고 살려고 하는 일이라고 말하는 사람들의 얼굴은 각기 평범하면서도 서로 겹친다. 그들은 여성의 몸과 성과 노동을 빨아먹고 살면서도 자신들이 하고 있는 일의 기생적인 성격을 탈각시킨다. 성산업은 가난한 여성이 '삶의 호스트'가 되기 위해서는 호스티스가 되어야 한다고 부추긴다. 이 괴물적인 생태계에서 당사자가 아닌 자는 누구인가?

답은 '노르웨이의 숲'이 아니라 지금 여기에서 찾아야 한다

✳

> 말과 행위로서 우리는 인간세계에 참여한다. (…) 이 참여는 우리가 결합하기를 원하는 타인의 현존에 의해 자극받는다. (…) 사람들은 행위하고 말하면서 자신을 보여주고 능동적으로 자신의 고유한 인격적 정체성을 드러내며 인간세계에 자신의 모습을 나타낸다. 말과 행위의 이러한 계시적 성질은 사람들이 타인을 위해서 또는 대항해서가 아니라 **타인과 함께 존재하는 곳**에서만 전면에 나타난다.[20] (강조는 필자).

사회 속에서 말하고 행위함으로써 자신을 현상할 수 있는 존재. 정치철학자 한나 아렌트가 말하는 인간의 조건이다. 그는 세계의 유한함과 무상함에 맞서는 인간의 가능성이 공동의 세계와 공동의 문제에 대해 스스로의 사유를 드러내는 말과 행위 속에서 출현한다고 보았다. 하지만 지금까지 살펴보았듯, 한국사회의 시선이나 법적·정책적 관행은 성매매 여성을 끊임없이 사회의 온전한 구성원으로 현상하지 못하게 하고 있다. 한국사회에서는 성매매 여성이 권리와 의무를 함께 지며 자기 자신을 주장하는 시민에서 누락되거나, 잔여적 복지의 수혜자로서 정상

시민에 미달한 상태로 존재하고 있다.

2010년대 후반 낙태죄가 폐지되고 디지털 성폭력이 문제시 되면서 여성의 몸과 성을 둘러싼 사회의 통제장치는 변화하고 있다. 하지만 가해자 엄벌과 피해자 보호를 외치며 성폭력 이슈를 중심으로 현실을 인식하면서, 피해자와 가해자 개인 간 구도나 개인의 권리 침해(혹은 보장) 문제 이상으로 젠더 이슈를 논의하기가 더 어려워지고 있다. 디지털 성착취 패러다임 속에서 성매매 여성은 피해자이거나 자발적 동의에 의한 범법자 이외의 지위를 얻지 못하고 있다. 연령 구분에 따라 피해자 지위 '부여'가 이분화되면서,[21] 성인 여성의 성매매 경험과 목소리의 다양한 결을 다루기가 더 지난해졌다. 성매매의 현실이 생물학적 연령에 따라 자동적으로 구분되는 것처럼 설정됨으로써 성인 여성의 책임을 묻고 비난을 하기가 오히려 더 쉬워지고 있다.

보호와 처벌로 한정된 구도에서 성매매가 여성의 일로만 부각됨에 따라, 성산업 생태계를 움직이는 매개자의 역할은 더욱 감춰진다. 그리고 '그들'과 '우리'의 죄책감은 더 편리하게 중화된다. "다 큰 여자가 (자발적으로) 하는 일이니까, 이것도 성적자기결정권의 발휘 아니야?"라는 이상한 질문. 그리고 "다 네 탓이야" 혹은 "네가 책임져"라는 이상한 대답. 나는 성매매 여성에 대한 사람들의 감정적인 반응이 성산업의 모순적 구조에 어떻게든 연루된 자기 자신을 외면하는 방식이라고 생각한다.

그렇다면 대안은 노르딕 모델일까? 성구매자에게 생태계 조성에 일조한 책임을 묻는 노르딕 모델은 이전의 법과 정책보다 진일보한 측면이 분명히 있다. 하지만 한국사회에 발 딛고 선 구체적인 논의로는 아직 부족해 보인다. 성매매 문제 해결을 성구매자 수요 차단의 관점에서 주로 접근하고 있기 때문이다. 하지만 과연 성산업 축소를 남성 구매자 처벌로만 확보할 수 있을까? 성산업으로 돈을 버는 브로커들이 조장하는 수요와 공급을 축소시키지 않는 한 요원해 보인다.

이런 맥락에서 한국 성산업의 비대함은 비대한 자영업(자) 비율 그리고 그들의 자기착취와 맞닿아 있다. 한국은 자영업자 비율이 약 25%를 상회하는 나라로, 경제 규모나 발전의 기준으로 많이 사용하는 OECD 지표상, 자영업 비율이 가입국 35개국 중 6번째로 높은 나라다.[22] 한국사회에는 '가장 많이 남는 장사는 술장사이고, 술에는 여자가 따라붙는다'라는 인식 혹은 구조가 단단히 자리 잡고 있다. 술장사와 더불어 '여자 장사'는 미용업, 임대업, 대부업, 성형업, 요식업, 숙박업 등이 함께 움직일 수 있는, 그야말로 '돈 되는 장사'다. 가출팸의 남성 청소년들이 '폰팔이(휴대폰 판매자를 비하하는 용어)'와 '조건 만남 주선'을 오가며 돈을 버는 것처럼, 누군가는 여자 장사를 열심히 할수록 살아갈 수 있고 돈을 버는 구조가 있다. 나는 성매매에 반대하는 사람들이 오랫동안 던져온 '여성들이 어떻게 다르게 살 수 있을까'라는 질문은, '여성의 몸과 성, 노동으로 먹고 살아온 주변인이 어떻게 다르게 살 수 있을까'라는 질문과 붙어 있다고 생각한다. 현재 노르딕 모델은 이 문제를 세심하게 다루지 못하고 있다.

그럼에도 노르딕 모델이 바로 우리의 대안으로 여겨지는 것은 '서구 선진사회'를 우리가 도달해야 할 이상세계로 상상하는 것과 닿아 있다. '북유럽'은 미래의 표준으로서 후진적인 한국사회의 현실과 떨어져 있다고 상정된다. '헬조선'과 거기서 파생된 '탈조선' 같이 한국의 현실을 '지옥'과 '전근대'로 그리는 인식은 우리의 시야를 끊임없이 외부로 돌린다. 이는 추격성장을 위해 성산업을 '애국산업'이자 '안보사업'으로 위장해온 역사를 반복하는 데 그칠 뿐이다. 나는 이번에는 우리가 좀 더 다른 경로를 그려보기를 바란다.

성산업은 한 번 빠지면 헤어 나오기 힘든 이상한 나라 같다. 이상한 나라에서 앨리스는 언니가 부르는 목소리에 갑자기 꿈에서 깬다. 우리는 어떤 꿈에서 깨고 어떤 꿈을 다시 꿀 것인가? 아마도 답은 '노르웨이의 숲'이 아니라, 여성들을 빨아먹거나 방치하면서 살아가는 우리의 얼굴을 마주 보는 것에서, 여성들이 우리와 **함께 존재하는 지금 이곳**에서 나올 것이다.

주

들어가며

1) 한편 위헌 쪽 주장은 가지각색이었다. "절박하게 생계를 위해 성매매를 하는 사람은 처벌하지 말아야 한다"는 주장과 "성매매 여성을 처벌하는 것은 그들에 대한 차별에서 기인한다"는 주장이 뒤섞여 있었다.

2) 1998년 스웨덴 사회복지조사에 따르면 성매매가 불법이 아니었음에도 다른 노르딕 국가에 비해 스웨덴의 성매매 규모는 매우 작았다. "스웨덴에서 1,000~2,500명 사이로 추산되는 성판매 여성의 수는 인구 대비 비율(1:850~3,400명)로 볼 때 여타 EU 국가(네덜란드나 영국의 경우 1:700명)보다 매우 적은 편"이며, 그 이유로 높은 사회복지 수준, 다수의 고임금 파트타임 일자리, 상대적으로 적은 빈곤 등을 꼽는다. 1999년 스웨덴 성구매자 처벌법 제정 전후 스웨덴 성매매 산업 규모에 대한 추가적인 논의는 안준홍, 〈한국과 스웨덴의 성매매법제 변화과정 비교〉, 《강원법학》 59권, 강원대학교 비교법학연구소, 2020, 1~32쪽 참고.

3) 성매매 전면 비범죄화와 성매매 합법화 모델은 서로 달라 보이지만 법정책의 실현과정에서 유사한 결과를 빚는다는 의견이 있다. 본문에서는 합법화와 비범죄화 논의가 진행되어온 역사를 반영해 이를 구분했다. 하지만 나는 두 모델이 큰 차이가 없다는 연구에 동의하는 바다. 이에 대한 구체적인 논의는 안창혜, 〈성매매 '합법화'와 '비범죄화' 논의 재고〉, 《한국여성학》 33권 3호, 한국여성학회, 2017, 199~233쪽 참고.

01 성매매 외에는 생계수단이 없다고 말한 죄

1) 신동원, 〈성구매 행위와 남성 성문화〉, 숙명여자대학교 대학원 여성학협동과정 석사학위논문, 2005; 이승주, 〈집단적 성구매를 통해 구축되는 남성성과 남성들 간의 관계 맺기〉, 이화여자대학교 대학원 여성학과 석사학위논문, 2009.

2) 황유나, 《남자들의 방: 남자-되기, 유흥업소, 아가씨노동》, 오월의봄, 2022.

3) 반성매매인권행동 이룸은 2021년 3월 29일 '코로나19 상황에서 성매매 여성들이 겪는 어려움'에 대한 토론회를 실시했다. 당시 제시된 이룸의 설문조사 결과에 따르면 여성들은 단속으로 인한 두려움을 많이 지적했고 "(이로 인해) 룸에서 작업할 때 콘돔 더욱 못 썼음. 피임과 성병 감염에 취약"이라는 응답을 내놓기도 했다. 반성매매인권행동 이룸, 《2021 이룸토론회 사회적 재난과 성매매: 코로나19 상황에서 성매매여성들이 겪는 어려움》(토론회 자료집), 2021, 52쪽.

4) 이하나, "경기 최대 성매매집결지 수원역 앞, 검거는 달랑 10건", 《여성신문》, 2015년 10월 3일.

5) 반성매매인권행동 이룸, 《2018 이룸토론회 청량리 성매매 집결지 재개발/폐쇄 토론회》(토론회 자료집), 2018, 17쪽; 이두걸, "청량리 윤락가 갈취·콘돔독점 年 100억 수입 '콘돔조폭'과의 전쟁", 《서울신문》, 2003년 12월 19일; 정유진, "윤락가서 카드깡·콘돔독점강매 조폭 수사", 《경향신문》, 2003년 12월 18일.

6) 서울북부지방법원 2012. 12. 13.자 2012초기1262 결정 [위헌심판제청, (2012고정2220 성매매알선등행위의처벌에관한법률위반(성매매))] http://casenote.kr/서울북부지방법원/2012초기1262 (2022년 8월 31일 접속)

7) 장다혜, 〈성매매처벌법상 단순성매매 처벌 위헌심판제청결정에 대한 비판적 검토〉, 《이화젠더법학》 7권 3호, 이화여자대학교 젠더법학연구소, 2015, 3쪽.

8) 김주희, 〈여성의 경제적 어려움과 "쉬운 돈": 빈곤산업으로서의 성산업에 대한 시론적 연구〉, 《한국여성학》 34권 4호, 한국여성학회, 2018, 130쪽.

9) 헌법재판소 2016. 3. 31. 선고 2013헌가2 결정 [성매매알선 등 행위의 처벌에 관한 법률 제21조 제1항 위헌제청] [헌집28-1, 259] http://casenote.kr/헌법재판소/2013헌가2 (2022년 8월 31일 접속)

10) 신연수, "퇴임 앞둔 조용호 재판관 '자유주의' 발언 화제", 《한국경제》, 2019년

4월 12일.

11) 헌법재판소 2016. 3. 31. 선고 2013헌가2 결정.

12) 캐럴 페이트만,《남과 여, 은폐된 성적 계약》, 이충훈·유영근 옮김, 이후, 2001.

13) 김주희, "'위안부' 문제를 여성인권의 틀로 사유한다는 것", 웹진《결》, 일본군'위안부'문제연구소, 2022년 1월 10일.

14) 김주희, 〈여성의 경제적 어려움과 "쉬운 돈": 빈곤산업으로서의 성산업에 대한 시론적 연구〉, 122쪽.

15) 홍양희, 〈"선량한 풍속"을 위하여: 식민지시기 "간통죄"와 성Sexuality 통제〉,《법과사회》 51권, 법과사회이론학회, 2016, 328쪽.

16) 황유나, 잎의 책.

17) 헌법재판소 2016. 3. 31. 선고 2013헌가2 결정.

18) 레이첼 모랜,《페이드 포: 성매매를 지나온 나의 여정》, 안서진 옮김, 안홍사, 2019.

02 성매매 여성을 처벌하면 정말로 성매매가 근절될까

1) 황유나,《남자들의 방: 남자-되기, 유흥업소, 아가씨노동》, 오월의봄, 2022.

2) 결근비는 종사 여성이 업소 출근을 하지 않을 때 매기는 벌금을 가리킨다. 업소의 자의적인 기준에 따라 정해진다.

3) 출근을 대가로 업소에 상납해야 하는 돈. 대개 업소의 자의적 기준에 따라 정해진다.

4) 성매매피해지원상담소 이룸,《2021 상담통계 및 분석》, 2022.

5) 선불금은 업소에서 일하기로 한 여성에게 예상수익을 당겨서 지급하는 돈을 가리킨다. 성매매 산업에서 오랫동안 유지되어온 관행으로, 수익의 일정 부분을 선불금 변제에 충당하게끔 강제해 성매매 여성을 업계에 머물도록 만드는 장치다. 2004년 성매매특별법 제정 이후 성매매를 전제로 한 채권은 무효임이

성매매특별법에 명시되면서, 이를 입증해 채무를 무효로 인정받은 판례가 생겼다.

6) '채권의 공정한 추심에 관한 법률'에 따라 채권추심자는 채무자 또는 관계인을 폭행·협박해서는 안 되며, 채권추심자는 채무자의 소재, 연락처를 문의하는 경우를 제외하고는 채무와 관련해 관계인을 방문하거나 관계인에게 말, 글, 음향, 영상 또는 물건을 도달하게 해서는 안 된다.

7) 표정선, "성매매 여성, 안전을 말할 수 있는가" 토론회, 반성매매인권행동 이룸, 2012.

8) 반성매매인권행동이룸, "성판매 여성이 경험하는 사회적 차별" 토론회, 2009.

03 성매매특별법 시대의 처벌은 누구를 향하는가

1) 당시 사건에 대해서는 김서현, "감금된 업소서 화재에 숨진 여성들… 성매매특별법 뒤엔 19명의 여성이 있었다",《여성신문》, 2020년 1월 31일 참조.

2) 임상규, 〈성매매특별법의 필요성과 문제점〉,《형사정책》 17권 1호, 동성출판사, 2005, 180쪽.

3) 대통령자문정책기획위원회,《성매매 방지: 성매매 범죄근절을 통한 여성권익 향상》, 참여정부 정책보고서, 2008, 7쪽.

4) 윤락행위등방지법 [시행 2003. 6.19.] [법률 제6801호, 2002. 12. 18., 타법개정] https://www.law.go.kr/LSW/lsInfoP.do?lsiSeq=6886#0000 (2022년 8월 31일 접속)

5) 형법 제242조(음행매개) 영리의 목적으로 미성년 또는 음행의 상습없는 부녀를 매개하여 간음하게 한 자는 3년이하의 징역 또는 1천500만원이하의 벌금에 처한다. (개정 1995. 12. 29.)

6) 박정미, 〈"음행의 상습 없는 부녀"란 누구인가?: 형법, 포스트식민성, 여성 섹슈얼리티, 1953~1960년〉,《사회와역사》 94호, 한국사회사학회, 2012, 269쪽 이하 참조.

7) 실제 음행매개죄는 사문화된 규정으로 형법개정 논의마다 명확성의 원칙(형벌

법규는 범죄의 구성요건과 그 법적 결과인 형벌을 명확하게 규정해야 한다는 형법의 법리)에 반하고 적용이 거의 되지 않는다는 이유로 본 죄에 대한 폐지 논의가 다수 의견이었다. 2013년 형법개정을 통해 현행 음행매개죄는 "영리의 목적으로 사람을 매개하여 간음하게 하는" 행위로 구성요건이 변경되었다. 박정미는 이에 대해 공창제도를 전제로 한 음행권유죄가 1948년 성매매 매개행위가 불법화된 한국의 법체계 하에서 음행의 상습 있는 성인 여성에 대한 성매매 매개행위를 비범죄화하는 결과를 가져와 제대로 적용되지 않았다고 평가한다. 박정미, 위의 글, 275쪽 이하 참조.

8) 비록 주된 예시가 성판매 여성이긴 하지만 이들은 불특정한 남성을 상대로 재산상의 이득을 얻거나 이를 약속해 성행위를 하는 경우에 해당한다. 그러므로 음행의 상습이 있는 부녀에는 성판매 여성뿐 아니라 불특정한 남성과 성관계를 맺는 여성도 포함된다.

9) 성구매자의 경우 존스쿨을 통한 교육조건부 기소유예가 주로 적용되거나 형사처벌(벌금형)을 받고 있다.

10) 우에노 지즈코, 《여성 혐오를 혐오한다》, 나일등 옮김, 은행나무, 2012.

11) 김지선 외, 《2013년 성매매실태조사》, 여성가족부, 2013.

12) 성매매처벌법 제2조 1항 4호 "성매매피해자"란 다음 각 목의 어느 하나에 해당하는 사람을 말한다.
   가. 위계, 위력, 그 밖에 이에 준하는 방법으로 성매매를 강요당한 사람
   나. 업무관계, 고용관계, 그 밖의 관계로 인하여 보호 또는 감독하는 사람에 의하여 '마약류관리에 관한 법률' 제2조에 따른 마약·향정신성의약품 또는 대마(이하 "마약등"이라 한다)에 중독되어 성매매를 한 사람
   다. 청소년, 사물을 변별하거나 의사를 결정할 능력이 없거나 미약한 사람 또는 대통령령으로 정하는 중대한 장애가 있는 사람으로서 성매매를 하도록 알선·유인된 사람
   라. 성매매 목적의 인신매매를 당한 사람

13) 최경식, ""다리에 뜨거운 물, 개 목줄까지"…유흥업소서 가혹행위", 〈SBS 뉴스〉, 2022년 6월 28일. https://news.sbs.co.kr/news/endPage.do?news_id=N1006801703 (2022년 8월 31일 접속)

04 성매매 여성은 왜 '성폭력 피해자'가 될 수 없는가

1) 성매매 대가 지급을 거부한 행위를 사기죄로 판단한 대법원 판례는 "사기죄의 객체가 되는 재산상의 이익이 반드시 사법私法상 보호되는 경제적 이익만을 의미하지 아니하고, 부녀가 금품 등을 받을 것을 전제로 성행위를 하는 경우 그 행위의 대가는 사기죄의 객체인 경제적 이익에 해당하므로, 부녀를 기망하여 성행위 대가의 지급을 면하는 경우 사기죄가 성립한다"고 보고(대법원 2001. 10. 23. 선고 2001도2991 판결), 다른 판례에서는 "피해자들에게 월 500만 원 내지 600만 원을 지급할 것을 조건으로 주기적으로 성관계를 갖자고 제안하였고, 이에 속은 피해자들은 피고인으로부터 위와 같은 금품을 받을 것을 전제로 피해자와 성행위를 한" 자에 대하여 "피고인은 성행위의 대가 상당액의 경제적 이득을 취득하였다고 봄이 상당하다"고 인정해 역시 유죄로 판단했다(대법원 2014. 2. 13. 선고 2013도14242 판결).

2) 기소유예 결정은 검사가 행하는 불기소 처분의 하나로, 피의사실이 인정되나 범인의 연령, 성행, 지능과 환경, 피해자와의 관계, 범행의 동기 및 수단과 결과, 범행 후의 정황 등을 참작하여 소추를 필요로 하지 아니하는 경우에 해당하는 사안에 대해 내린다.

3) 형의 실효에 관한 법에 따라 범죄 및 수사 자료에 대한 조회가 가능하다. 기소유예의 경우 보통 5년 동안 기록이 보관되고 5년 뒤 기록이 삭제된다. 공무원이나 교사 임용 시 또는 외국 이민 절차 중 필요한 범죄경력회보서를 제출하도록 요구받는다.

4) 대향범對向犯은 뇌물공여죄(증뢰)와 뇌물수수죄(수뢰)의 성립에 있어 서로 반대 방향의 행위로써 범죄를 완성하는 경우의 당사자 관계를 의미한다. 즉 상대방이 있어야 하는 범죄에서의 상호 관계를 가리킨다. 사고파는 행위를 전제로 "성매매를 한 사람"을 구성요건으로 하여 양자를 모두 처벌하는 성매매처벌법 제21조는 대향범적 성격을 가진다고 할 수 있다.

5) 신고나 고소 고발 없이 수사기관이 범죄 행위를 스스로 인지해 수사하는 경우를 의미한다.

6) 형사조정제도는 재산범죄 고소사건과 같은 민사 분쟁 성격의 형사사건에 대해 고소인과 피고소인이 화해할 수 있도록 검찰청에 설치된 '형사조정위원회'에서 조정하는 제도다. 형사조정제도의 대상 사건은 주로 금전거래로 인해 발생

한 분쟁, 명예훼손이나 모욕, 지적재산권 침해 고소사건 그리고 기타 형사조정에 회부하는 것이 분쟁해결에 적합하다고 판단되는 일반 형사사건이다. 형사조정이 성립되는 경우 검사는 이를 정상참작사유로 고려해 사건을 처분하고, 기소가 되더라도 합의 사실이 고려되어 양형판단에서 피고인에게 유리한 사정이 인정된다. 형사조정이 성립하지 않을 경우 검사는 다시 사건을 송치받아 통상의 절차로 처분한다.

7) 예술흥행비자(E-6)는 수익이 따르는 음악·미술·예술활동 또는 수익을 목적으로 하는 연예·연주·연극·스포츠·광고·패션쇼 등에 출연하는 흥행 활동을 위해 한국에 입국하는 외국인에게 발급되는 입국허가비자를 의미한다. E-6 비자 취득과 입국 과정이 외견상 합법적 근로계약처럼 보이나, 실질은 인신매매적 속성을 지녀 노동 환경이 열악한 사업장이나 성매매 업소로 외국인이 유입되는 경로로 악용된다는 지적이 계속되고 있다.

8) E-6 비자 소지자가 성매매처벌법 위반 혐의로 조사를 받는 경우 체류자격 외 활동을 이유로 출입국관리법 위반 혐의를 의심받고 대부분 강제퇴거 처분을 받아 외국인보호소에 입소된다. 이 과정에서 성매매 혹은 인신매매 피해자인지에 대한 충분한 조사가 이뤄지도록 권고하고 있지만, 실무적으로 인신매매식별지표의 활용여부는 확인이 어렵다.

05 달아나고 싸우는 여자들의 역사로 본 '분리된 세계'

1) 반성매매인권행동 이룸·역사문제연구소 인권위원회, 《청량리 : 체계적 망각, 기억으로 연결한 역사》, 반성매매인권행동 이룸, 2018 참고.

2) 후지메 유키, 《성의 역사학 : 근대국가는 성을 어떻게 관리하는가》, 김경자·윤경원 옮김, 삼인, 2004, 55쪽.

3) '범죄즉결례(1910년)'에 따라 3개월 이하의 징역 또는 100원 이하의 벌금에 해당하는 범죄는 재판을 거치지 않고 경찰에 의해 즉결처분되었다. 따라서 구류일자도 천차만별이었다. 벌금을 낼 여유가 없어서 구류처분이 많았던 것으로 여겨지나 벌금처분된 경우도 있었다.

4) 《조선총독부관보》, 1914년 7월 11일.

5) "風紀振肅(풍기진숙)의 선봉",《매일신보》, 1914년 9월 26일.

6) 강혜경, 〈일제시기 성병의 사회문제화와 성병관리〉,《한국민족운동사연구》 59호, 한국민족운동사학회, 2009, 109쪽.

7) 대좌부貸座敷영업이란 창기가 포주에게 방(座敷)을 빌려(貸) 영업을 하도록 장소를 제공하는 영업을 가리킨다. 포주들은 대좌부업자로 경찰에 등록했고 여성들과 계약을 체결했다. 이는 여성이 스스로의 의지로 방을 빌려서 창기업에 종사한다는 식으로, 일본제국이 인신매매가 아니라 여성의 자유의지를 존중해 공창제를 운용하고 있다는 논리로 활용되었다.

8) 대좌부창기취체규칙 3조.

9) 박정애, 〈법 안의 성매매: 일제시기 공창제도와 창기들〉, 서울대학교 여성연구소 엮음,《경계의 여성들: 한국 근대 여성사》, 한울아카데미, 2013, 247쪽.

10) "本町(본정) 관내 색주가는 並木町(병목정) 笠井町(입정정)으로 驅入(구입)",《매일신보》, 1917년 3월 1일.

11) 박현, 〈일제시기 경성의 창기업娼妓業 번성과 조선인 유곽 건설〉,《도시연구: 역사·사회·문화》 14호, 도시사학회, 2015, 173~174쪽; 박현, "일제 강점기 경성의 유곽에 대하여: [근현대 동아시아 도시 이야기] 식민도시와 유곽 형성과정에 대해",《레디앙》, 2019년 11월 4일. http://www.redian.org/archive/138165 (2022년 8월 31일 접속)

12) 대좌부창기취체규칙 20조, 21조.

13) 예기작부예기치옥영업취체규칙 6조.

14) 전차금은 선불금에 해당한다. 취업 후 임금에서 변제할 것을 예정해 사용자가 근로자 또는 친권자에게 미리 빌려주는 금전을 말한다.

15) 이하의 내용은 장원아, 〈1920~30년대 성산업 종사자 여성의 종속적 현실과 대응〉,《사학연구》 144호, 한국사학회, 2021을 일부 활용해 수정한 것이다.

16) "현 사회를 말하는 일 창기의 수기",《조선일보》, 1927년 12월 16일. 이하 모든 인용문은 현대어로 윤문 표기했다.

17) 김주희, 〈한국 성매매 산업 내 '부채 관계'의 정치경제학〉,《한국여성학》 31권

4호, 한국여성학회, 2015, 223쪽.

18) 김주희, 위의 글, 228쪽. 김주희의 연구는 최근의 한국 성매매 산업에 대한 분석이지만, 20세기 전반에도 비슷한 이유로 이동했으리라 추정된다. 이러한 '이동'은 식민지시기의 다른 접객부에게서도 마찬가지로 나타난다.

19) "홍등 하에 鄕愁(향수)만타! 남촌백색노예향토기",《조선일보》, 1936년 4월 19일.

20) "현 사회를 말하는 일 창기의 수기",《조선일보》, 1927년 12월 16일.

21) "우연히 실종된 딸이 人身市場(인신시장)으로 전락",《동아일보》, 1935년 11월 22일.

22) "기구한 운명에 오열하든 哀史(애사) (一), (二)",《동아일보》, 1925년 1월 21~22일.

23) 이명학,〈일제시기 '유흥세' 운영의 추이와 특징〉,《한국사연구》187호, 한국사연구회, 2019, 400쪽.

24) 山家悠平,《遊廓のストライキ》, 共和国, 2015, (얀베 유헤이,《유곽의 총파업》, 번역공동체 잇다 옮김, 논형, 2022 근간) p. 78.

25) 후지메 유키,〈여성사에서 바라본 '위안부' 문제〉, 일본의 전쟁 책임 자료센터 엮음,《일본의 군 '위안부' 연구》, 강혜정 옮김, 동북아역사재단, 2011. 조선에서 처음으로 '자유폐업'에 성공했다는 김야물의 경우를 살펴보자. 김야물은 계모에 의해 마산의 요리점에 300원에 3년 기한으로 팔렸고, 운좋게도 선교사의 도움을 받아 자유폐업을 시도했다. 애당초 경찰은 계약기한이 있고 또한 채무이행의무가 있는 까닭으로 기한 전에는 해방할 수 없다고 거절했다. 총독부 법무국까지 질의해 마침내 자유폐업에 성공했지만, 부채상환의무는 남아 300원을 30개월 간 매달 10원씩 갚기로 했다. 김야물은 기독교 선교사들의 도움을 받아 자유폐업을 할 수 있었지만, 그러한 '뒷배경'이 없는 경우가 대다수였으리라고 짐작할 수 있다. "운명에 저주바든 也勿(야물)의 애화, 자유로 폐업한 창기의 실화 (三)",《동아일보》, 1921년 9월 26일.

26) 구세군의 활동과 영국과 미국의 기독교 절제운동 그리고 일본의 폐창 운동이 조선에 영향을 미쳐 공창제 폐지가 기독교 청년회에서 논의되기 시작했다. 1923년 오긍선을 중심으로 공창 폐지 기성회가 조직되고, YWCA와 조선여자

기독교 절제회 연합회 등 기독교 여성단체들이 폐창을 주장했다. 이러한 단체는 조선인과 일본인, 서양인을 포괄하는 3만여 명의 서명을 받아 1927년 공창 폐지를 조선총독부에 청원했다. 기독교 중심의 폐창 운동은 성매매 산업을 도덕적으로 비판했고, 강연회를 통한 계몽활동, 선전 시위, 총독부에 진정서 제출 등의 온건한 방식으로 전개해 조선 사회에 폐창 여론을 환기시켰다. 윤은순, 〈일제 강점기 기독교계의 공창폐지운동〉, 《한국기독교와 역사》 26호, 한국기독교역사연구소, 2007 및 송연옥, 〈폐창 논의에서 보이는 연속과 단절〉, 송연옥·김영 편저, 《군대와 성폭력: 한반도의 20세기》, 박해순 옮김, 선인, 2012 참고.

27) "자유폐업하려고 김천기생단발", 《동아일보》, 1926년 10월 27일.

28) '맹파'는 '동맹파업同盟罷業'의 줄임말로, 당대 기사에서 쉽게 볼 수 있는 표현이다.

29) 그 위의 기사에 나온 이선화의 오타로 보인다.

30) "김천요리점 창기총맹파?", 《조선일보》, 1926년 10월 28일.

31) "유족한 가정에 태어나 賣肉(매육)의 생활까지", 《조선일보》, 1926년 11월 2일; "매육생활 사년간에 인내한 제반 고통", 《조선일보》, 1926년 11월 12일.

32) 대좌부창기취체규칙 13조 5항.

33) 허정숙, "나의 단발과 단발 전후", 《신여성》 제3권 제10호, 1925년 10월.

34) "각 요리점은 임시폐업", 《조선일보》, 1926년 10월 28일.

35) "魔窟(마굴)을 버서나고자 팔일간 단식한 창기", 《조선일보》, 1927년 8월 29일.

36) "籠中鳥(농중조) 悲哀(비애) 다러나려다", 《조선일보》, 1927년 9월 28일.

37) "자살한 기생이 부활", 《동아일보》, 1923년 12월 20일.

38) "雜遝(잡답)한 틈타서 날러간 "籠中鳥(농중조)"", 《조선일보》, 1936년 10월 4일.

39) "거즛만흔 籠中鳥(농중조)", 《조선일보》, 1936년 4월 17일.

40) "자유의 몸된 "籠中鳥(농중조)" 이틀밤 자고 빵손이", 《조선일보》, 1936년 6월 25일.

41) 민중의 다양한 목소리에 주목한 관점에 대해서는 다음을 참고. 역사문제연구소 민중사반,《민중사를 다시 말한다》, 역사비평사, 2013, 14쪽.

42) 구체적인 내용은 장원아,〈1920~30년대 성산업 종사자 여성의 종속적 현실과 대응〉, 461~463쪽의 표 2를 참고.

43) "청진창기파업 餓死(아사)동맹코 항쟁",《조선일보》, 1931년 4월 12일.

44) "해방을 절규코 단발 아사동맹을 조직",《동아일보》, 1931년 4월 14일; "청진에 생긴 창기맹파 진상, 루주, 창기와의 일문일답기",《동아일보》, 1931년 4월 17일.

45) "창기 등 맹파코 경찰에 탄원",《조선일보》, 1931년 6월 20일.

46) "북청창기십명 대우개선요구맹파 주인은 요구를 들을 듯",《중앙일보》, 1931년 12월 15일. 이때의 요구조건 11항은 다음과 같았다. 1. 영업세를 절반씩 포주가 부담할 것. 2. 치료비 반을 포주가 부담할 것. 3. 쓰지 않은 추가 채금을 금후 절대로 통장 기입치 말 것. 4. 기생 발병 시의 약값은 포주가 부담할 것. 5. 각 기생 방에 불을 땔 것. 6. 각 기생 방의 전등을 자유로 사용하게 할 것. 7. 영업용구 등을 기생에게 세탁시키지 말 것. 8. 영업 방 청소를 기생들에게 시키지 말 것. 9. 영업자를 차별 대우하지 말 것. 10. 기생의 음식물을 영양 있는 것을 공급할 것. 11. 포주의 사리만 취하야 기생의 원객顧客에게 불친절하게 하야 기생의 원객을 적게 하는 일이 절대로 없게 할 것.

47) 정병욱,《식민지 불온열전: 미친 생각이 뱃속에서 나온다》, 역사비평사, 2013, 154쪽.

48) 배상미,《혁명적 여성들: 프롤레타리아 문학의 젠더, 노동, 섹슈얼리티》, 소명출판, 2019, 77쪽.

49) "성진 桃色(도색) 쟁의 "대우개선"을 요구",《동아일보》, 1937년 7월 13일.

50) 폐창 운동에 비판적인 연구자들은 당대 기독교 중심의 폐창 운동이 성판매 여성의 존재 자체를 죄악시하고 도덕적으로 비판한 '추업부醜業婦' 관에 기반, 여성에 대한 동정이 멸시와 연결되었음을 지적하고 있다. 후지메 유키,《성의 역사학: 근대국가는 성을 어떻게 관리하는가》, 112~115쪽.

51) 같은 시기 일본 성매매 여성의 파업을 다룬 경우도 비슷한 양상임을 참고할

수 있다. 山家悠平,《遊廓のストライキ》, p. 227. 당시 식민지 조선의 여성들은 제국 일본의 여러 곳으로 이동했고, 일본의 여성들도 마찬가지로 조선에 들어와 있었다. 그리고 이들의 도주와 파업도 나타났다. 국경을 넘는 여성의 이동은 현재도 중요한 문제다. 성매매 여성을 동시대 '시민'으로 사유할 때, 시민의 국적이 또 다른 배제가 되지 않도록 고민할 필요가 있다.

52) "평양 大帆(대범) 창기 又復(우복) 맹파",《조선일보》, 1931년 6월 24일.

53) "북청의 기생파업 주인 측 양보로 해결",《중앙일보》, 1931년 12월 18일.

54) "기생맹파해결 요구조건관철",《동아일보》, 1931년 12월 21일.

55) 송연옥, 〈폐창 논의에서 보이는 연속과 단절〉, 송연옥·김영 편저,《군대와 성폭력: 한반도의 20세기》, 박해순 옮김, 선인, 2012, 309쪽.

56) 박정미, 〈한국 성매매정책에 관한 연구: '묵인-관리 체제'의 변동과 성판매여성의 역사적 구성, 1945~2005년〉, 서울대학교 사회학과 박사학위논문, 2011.

06 '선도'와 '격리'로 수행된 1960년대의 사회적 처벌

1) 구조를 포함해 사회를 설명하는 개념과 상징에 대한 여러 논의로는 존 어리,《사회를 넘어선 사회학: 이동과 하이브리드로 사유하는 열린 사회학》, 윤여일 옮김, 휴머니스트, 2012, 2장.

2) 에밀 뒤르켐,《사회학적 방법의 규칙들》, 민혜숙 옮김, 이른비, 2021.

3) 칼 마르크스,《자본론 1: 정치경제학비판(상)》《자본론 1: 정치경제학비판(하)》, 김수행 옮김, 비봉출판사, 2015.

4) 루이 알튀세르,《재생산에 대하여》, 김웅권 옮김, 동문선, 2007.

5) 패트리샤 힐 콜린스,《흑인 페미니즘 사상》, 박미선·주해연 옮김, 여이연, 2009.

6) 피에르 부르디외,《남성 지배》, 김용숙 옮김, 동문선, 2003.

7) 즉결심판 제도는 식민지시기에 경찰에게 부여된 사회규제에 대한 광범위한 재량권이 대한민국 정부 수립 이후까지 이어진 결과였다. 한국전쟁 후 즉결심판이 법제화된 것은 1957년의 일이다. 김대현, 〈1950~60년대 '요보호'의 재구성

과 '윤락여성선도사업'의 전개〉, 《사회와 역사》 129권, 한국사회사학회, 2021, 13~14쪽.

8) "어느 인생: 즉결판사 12년만에 200만명 재판, 하루 최고 7천건 다룰 땐 입술이 부르트고", 《선데이서울》 236호, 서울신문사, 1972년 4월 22일, 34쪽.

9) 사법행정 편집부, 〈서울지방법원: 즉결재판을 해부한다〉, 《사법행정》 3권 10호, 한국사법행정학회, 1962년 10월, 65쪽.

10) "즉결판사 10년: 서울형사지법 최만행 부장판사", 《중앙일보》, 1972년 1월 20일, 6면.

11) 이태영, 〈여성범죄의 현황과 대책〉, 《범죄백서》, 대검찰청, 1965, 193~195쪽; 이응인, 〈한국여성범죄자에 대한 실태조사〉, 《아시아여성연구》 3권, 숙명여자대학교 아세아여성문제연구소, 1964, 239, 246쪽.

12) 이를 '묵인-관리 체제'라 부른다. 박정미, 〈한국 기지촌 성매매정책의 역사사회학, 1953-1995년: 냉전기 생명정치, 예외상태, 그리고 주권의 역설〉, 《한국사회학》 49권 2호, 한국사회학회, 2015.

13) 사법행정 편집부, 앞의 글, 64쪽.

14) "창녀들 탈출소동", 《동아일보》, 1968년 7월 18일, 8면.

15) 이진우, 《사회안전법강해》, 법문사, 1975, 10쪽.

16) 남흥우, 〈자유형과 보안처분〉, 《교정》 13권 3호, 법무부 교정국, 1966, 4~13쪽.

17) 권순영, 〈소년법의 특색〉, 《버림받은 십대: 소년비행사례집》, 남산소년교호상담소, 1960, 153~161쪽.

18) 박정미, 〈잊혀진 자들의 투쟁: 한국 성판매여성들의 저항의 역사〉, 《역사비평》 118권, 역사비평사, 2017, 417쪽.

19) 이들 중 한 명은 혼인신고를 하지 않고 사실혼 관계에 있었던 까닭에, 사실혼 관계에 있던 남편이 석방을 요구했음에도 해당 여성은 한동안 석방되지 못했다. "창녀단속에 부작용", 《경향신문》, 1967년 11월 11일, 7면 참조.

20) 이러한 경향은 1989년 국가보안법 개정에 이르러서야 다소 완화된다. 김대현, 〈치안유지를 넘어선 '치료'와 '복지'의 시대: 1970~80년대 보안처분제도

의 운영실태를 중심으로〉,《역사문제연구》 통권 45권, 역사문제연구소, 2021, 102쪽.

21) 박원순,《국가보안법 연구 1》, 역사비평사, 1995.

22) 오판용,〈좌익수형자에 대한 교화방안(1)〉,《형정》 68권, 치형협회, 1960년 3월, 40쪽.

23) 유진,〈거리의 치안권력과 '선도'의 통치기술: 1960년대 청소년보호정책과 부랑아·우범소년〉,《사회와 역사》 123권, 한국사회사학회, 2019, 101쪽.

24) 국가인권위원회,《선감학원 아동인권침해사건 보고서》, 2018; 하금철,〈빈곤의 범죄화와 우범소질자의 탄생: 일제강점기~1950년대 부랑아 문제를 중심으로〉,《진보평론》 73호, 진보평론, 2017 참조. 더불어 자의적인 '부랑인' 판별과 이들에 대한 수용 그리고 그에 따른 인권침해의 대표적인 사례로, 1975년에 성인 '부랑인' 수용이 인가되어 1987년까지 운영되었던 형제복지원이 있다. 서울대학교 사회학과 형제복지원연구팀 엮음,《절멸과 갱생 사이: 형제복지원의 사회학》, 서울대학교출판문화원, 2021 참조.

25) 그 밖에 과거에 적용된 보안처분 대상자로 나치 독일 시절 "성적 이상자"에게 행해진 "거세" 조치가 열거되기도 했다. 이진우,《사회안전법강해》, 법문사, 1975, 27쪽.

26) 오재환,〈보안처분에 관한 고찰〉,《사법행정》 242권, 한국사법행정학회, 1980년 10월, 24쪽. 괄호의 연도는 해당 조치가 법조문에 명시된 해를 뜻한다. 참고로 국가보안법에는 1950년 개정 당시부터 이미 '보도구금' 형태의 보안처분이 존재했다. 또한 1980년 12월 18일에는 보안처분의 대상을 일반 형사범에게까지 확대 적용한 '사회보호법'이 제정되어 보호감호·치료감호 등의 보안처분 조치가 신설되었다.

27) 김낙중,《정이 머무는 곳: 김낙중 수필집》, 예원각, 1974, 294~297쪽.

28) 김대현,〈1950~60년대 '요보호'의 재구성과 '윤락여성선도사업'의 전개〉, 30~33쪽.

29) "부당한 회비돈 거둬, 윤락여선도위 조사",《경향신문》, 1963년 1월 29일, 7면.

30) "윤락여성에 기대 사는《선도》란 이름의《멍에》",《동아일보》, 1963년 1월 29

일, 7면; "회비를 부당징수", 《조선일보》, 1963년 1월 30일, 7면.

31) "11명 구속, 선도구역 내서 영업한 포주 등", 《동아일보》, 1962년 11월 24일, 7면; "포주 30명을 구속", 《동아일보》, 1962년 12월 1일, 7면.

32) "창녀와 손님 돈 몽땅 갖고 도망", 《조선일보》, 1962년 7월 31일, 3면.

33) "'윤락의 나상' 지대", 《조선일보》, 1966년 8월 21일, 8면.

34) 이는 1990년대 청량리 성매매 집결지에 조직된 '자율방범대' 대원 중 한 명이 그곳의 성매매 여성을 스토킹한 "진상"이었던 사례와 유사하다. 이들은 경찰·조폭·업주·'펨푸'와 더불어 성매매 여성을 억압하는 '중층적 사회구조'로 작용했다. 반성매매인권행동 이룸·역사문제연구소 인권위원회, 《청량리: 체계적 망각, 기억으로 연결한 역사》, 반성매매인권행동 이룸, 2018, 15~19쪽.

35) "윤락여성 특정구역 설정의 여파", 《조선일보》, 1962년 7월 17일, 3면.

36) "주민과 충돌까지", 《경향신문》, 1962년 11월 24일, 6면.

37) "사창 특정지역 설치에 부작용", 《경향신문》, 1962년 7월 23일, 3면.

38) 박정미, 〈한국 성매매정책에 관한 연구: '묵인-관리 체제'의 변동과 성판매여성의 역사적 구성, 1945~2005년〉, 서울대학교 사회학과 박사학위논문, 2011, 172쪽; "사설: 시민생활과 윤락여성문제", 《경향신문》, 1963년 6월 15일, 2면. 지역사회에 의한 성매매 여성 '정화' 시도와 그들에 대한 폭력은 1990년대 영국에서도 재현된 바 있다. 몰리 스미스·주노 맥, 《반란의 매춘부: 성노동자 권리를 위한 투쟁》, 이명훈 옮김, 오월의봄, 2022, 178쪽 참조.

39) 장애여성공감 엮음, 《시설사회: 시설화된 장소, 저항하는 몸들》, 와온, 2020, 35~36쪽. 더불어 시설사회의 관점에서 1990년대 이후 성매매 여성에 대한 통치 형태의 변화에 대해서는 다음의 글을 참조할 수 있다. 김주희, "탈성매매 후 복귀하는 '사회'에 관해 묻다", 《비마이너》, 2019년 7월 25일. http://www.beminor.com/news/articleView.html?idxno=13655 (2022년 8월 31일 접속)

40) 서울시립부녀보호지도소에서 직업보도를 담당하던 기술과가 1970년 서울시립행복원으로 분리 발족했고, 이곳은 1972년 서울시립여자기술원으로 개칭했다. 김용아, 〈시설관리에 관한 소견: 교도를 중심으로〉, 서울특별시립부녀보호지도소, 《윤락여성에 관한 연구보고서 1》, 서울특별시립부녀보호지도소,

1966, 20쪽; 상록 편집부, "기술원의 입·퇴 원서양식",《상록》1호, 서울특별시립여자기술원 상록회, 1972, 144쪽.

41) 보건사회부 사회보장심의위원회,《요보호여성의 복지향상을 위한 연구》, 보건사회부 사회보장심의위원회, 1976, 26~27쪽; 변희남 엮음,《부녀복지행정 외길 40년: 일선행정 퇴임에 붙여》, 홍익재, 1989, 80~81쪽.

42) 김용아,〈시설관리에 관한 소견: 교도를 중심으로〉, 서울특별시립부녀보호지도소,《윤락여성에 관한 연구보고서 1》, 서울특별시립부녀보호지도소, 1966, 6쪽.

43) 사회적 약자·소수자에 대한 '직업보도'시설은 일제시기부터 사회사업의 일환으로 설립된 것이었고, 서울시립부녀보호지도소 또한 이를 일정 부분 계승한 것이었다. 일제시기 이래 '수산장', '자매원', '갱생원'의 설치 및 운영에 대해서는 김대현,〈1950~60년대 '요보호'의 재구성과 '윤락여성선도사업'의 전개〉, 2장 2절, 3장 1절 참조.

44) 황지성,〈요구호자의 시설화: 형벌-복지 연계와 젠더화된 신체의 수용〉,《젠더와 문화》13권 2호, 계명대학교 여성학연구소, 2020, 175쪽. 이후 1970년을 전후해 교육 내용에 운전·생산이 일부 추가되었다. 정상호, "기술원의 발자취",《상록》1호, 서울특별시립여자기술원 상록회, 1972, 11쪽.

45) 강만춘,〈도시화과정에 있어서의 사회복지의 실태: 대구시에 있어서의 공적부조, 윤락여성, 노인복지 등 부문의 실태조사〉,《복지연구》5호, 한국사회복지연구소, 1970, 114쪽.

46) 안재정,〈10대 소녀의 비행과 그 주변에 관한 연구〉, 연세대학교 교육대학원 석사학위논문, 1970, 114~118쪽(박숙자,〈윤락여성에 대한 고찰〉,《사회사업》8호, 이화여자대학교 사회사업학과, 1973, 193쪽에서 재인용).

47) 김아람,〈〈윤락행위등방지법〉에 의한 수용처분〉, 유진·박경규·김아람·김재형·김일환,《과거사 청산을 위한 국가폭력 연구(II): 1970년대 보안처분제도의 형성과 부랑인 단속·수용을 중심으로》, 한국형사정책연구원, 2020, 353쪽; 김대현,〈1950~60년대 '요보호'의 재구성과 '윤락여성선도사업'의 전개〉, 42~43쪽.

48) 김용아,〈윤락여성에 관한 실태보고: 시립부녀보호지도소 원생을 중심으로〉,《지방행정》143호, 대한지방행정공제회, 1965, 70쪽.

49) 이충우, 〈윤락여성문제의 해결방안〉, 《시정연구》 3권 2호, 서울특별시시정연구회, 1968, 60쪽.

50) 이는 정신의학자 유석진의 소견이었다. 유석진, "정신의학적 견지에서 본 윤락여성", 《새가정》 10권 2호, 새가정사, 1963, 66~67쪽.

51) "윤락녀 선도에 참뜻 새겨, 좌절감 없이 봉사할 뿐", 《매일경제》, 1970년 5월 28일, 6면.

52) 김용아, 〈시설관리에 관한 소견: 교도를 중심으로〉, 21쪽.

53) 형벌과 복지의 연계에 대한 이론적 논의 및 서구의 사례에 대해서는 황지성, 〈요구호자의 시설화: 형벌-복지 연계와 젠더화된 신체의 수용〉, 2~3장 참조.

54) 김대현, 〈사적인 영역에 도달하기까지—수전 팔루디, 《다크룸》〉, 《세상과 은둔 사이: 벽장 안팎에서 쓴 글들》, 오월의봄, 2021.

55) 이영, "이색탐방: 이 여성들의 과거를 묻지 마라—서울시립부녀보호지도소를 찾아", 《명랑》 96호, 신태양사, 1964, 249쪽.

56) 필리스 체슬러, 《여성과 광기》, 임옥희 옮김, 위고, 2021.

57) 베티 프리단, 《여성성의 신화: 새로운 길 위에 있는 우리 모두에게 용기를》, 김현우 옮김, 갈라파고스, 2018.

58) 케이트 밀렛, 《성 정치학》, 김유경 옮김, 쌤앤파커스, 2020, 4장 참조.

59) 뤼스 이리가레, 〈1부: 대칭이라는 오래된 꿈의 맹점〉, 《반사경: 타자인 여성에 대하여》, 심하은·황주영 옮김, 꿈꾼문고, 2021.

60) 캐럴 길리건, 《침묵에서 말하기로: 심리학이 놓친 여성의 삶과 목소리》, 이경미 옮김, 심심, 2020.

61) 필리스 체슬러, 〈개정판을 펴내며〉, 《여성과 광기》, 77쪽.

62) 상록 편집부, "학생 앙케이트", 《상록》 1호, 서울특별시립여자기술원 상록회, 1972, 123쪽.

63) 가령 윤락행위등방지법은 2004년 성매매특별법이 제정되면서 폐지되었다.

64) 구조적 부정의에 대한 사회적 책임에 관해서는 아이리스 매리언 영, 《정의를

위한 정치적 책임》, 허라금·김양희·천수정 옮김, 이화여자대학교출판문화원, 2018 참조.

07 남성의 쾌락, 여성의 노동/범죄

1) 박정미, 〈어둠의 딸들: '윤락' 연구와 권력-지식〉, 2021년 역사학연구소 정기 심포지엄 "이름 없는 '노동': 나는 노동한다, 그러므로 존재하지 않는다" 발표문, 2021년 11월 13일.

2) 1916년 3월 경무총감부령으로 공포된 '대좌부창기취체규칙貸座敷娼妓取締規則(이하 창기규칙)'의 제16조는 창기의 영업(娼妓稼)을 하려는 자가 경찰에 제출해야 할 서류로 보호자 승낙서, 보호자 인감증명서, 호적등본(민적등본), 전차금계약서, 건강진단서 등을 제출하도록 명시했다. 《조선총독부관보》 제1095호 참고. 좌부座敷는 방을 의미하는 일본어로 대좌부는 방을 빌려주는 업자를 뜻하지만, 실제로는 창기를 고용한 업주를 지칭한다. 취체는 단속을 의미한다. 稼(음독 가, 훈독 가세구)는 돈벌이를 뜻한다. 이처럼 경찰이 창기의 성판매를 공식적으로 허용했다는 점에서, 일제시기 성매매 정책은 흔히 공창제公娼制라고 불린다.

3) 윤락방지법 제4조는 "누구라도 윤락행위를 하거나 그 상대자가 되어서는 아니된다"라고 명시했고, 공창제폐지령 제3조는 "매춘의 행위를 하며 또는 그 매개, 장소, 제공을 한 자"와 그러한 자들을 "상대로 한 자"를 처벌하도록 명시했다.

4) 창기규칙 제22조 제2항.

5) 창기규칙 제7조 제9항, 제10항.

6) 역시 1916년 3월 공포된 '예기작부예기치옥취체규칙藝妓酌婦藝妓置屋取締規則(이하 예기규칙)' 제11호는 예기치옥 영업자, 곧 예기를 고용한 업주의 준수사항 중 하나로 "객을 유인하거나 유흥하게 하지 말 것"을 명시했다.

7) 예기규칙 제5조.

8) 접객업 종사자에 포함된 직종은 다음과 같다. 1) 여관업주, 하숙업주, 2) 요리점, 음식점, 대석업(貸席業, 곧 창기를 고용한 업주), 치옥 업주(예기를 고용한 업주) 3) 여관, 요리점, 음식점, 대석업의 지배인(番頭), 호객꾼(客引), 4) 요리인, 5) 예기(기생), 6) 창기, 7) 여관, 하숙옥, 요리점, 음식점 등의 하녀(女中), 급사, 8) 욕탕업

주, 사용인, 9) 이발사, 미용사. 이송순, 〈일제하 1920~30년대 여성 직업의 지역별 분포와 존재양태〉, 《한국사학보》 65권, 고려사학회, 2016, 400~401쪽 참조.

9) 창기규칙, 예기규칙과 동일하게 1916년 발표된 '숙옥영업취체규칙', '요리옥음식점영업취체규칙'이 바로 그것이다.

10) 1934년 경무청 통첩 '카페영업취체규칙표준'.

11) 서지영, 〈식민지 근대 유흥풍속과 여성 섹슈얼리티: 기생, 카페 여급을 중심으로〉, 《사회와 역사》 65권, 한국사회사학회, 2004, 149~162쪽; 박정애, 〈일제의 공창제 시행과 사창 관리 연구〉, 숙명여자대학교 사학과 박사학위논문, 2009, 77~78쪽; 서호철, 〈공창과 사창, 밀매음: 예기·창기·작부에서 카페여급까지〉, 아카마 기후, 《대지를 보라: 1920년대 경성의 밑바닥 탐방》, 서호철 옮김, 아모르문디, 2016, 246~249쪽.

12) 뤼스 이리가레, 《반사경: 타자인 여성에 대하여》, 심하은·황주영 옮김, 꿈꾼문고, 2021.

13) 조선총독부, 〈건강진단〉, 〈창기 예기 급 작부 건강진단〉, 《조선총독부통계연보》 1923-42, 1923.

14) 서지영, 위의 글, 153쪽; 박정애, 위의 글, 132쪽.

15) 예기규칙 제6조와 제18조.

16) 창기규칙 제20조. 이 조항은 1934년 12월에야 비로소 폐지되었다. 서호철, 위의 글, 246쪽.

17) 창기규칙 제31조는 "경찰서장은 대좌부 영업자 또는 창기에 대해 공중위생, 풍속취체, 그 밖에 공익상 필요한 명령을 내릴 수 있"도록 했다. 예기규칙 제17조 역시 "경찰서장이 예기, 작부, 예기치옥 영업자에 대해 풍속취체, 그 밖에 공익상 필요한 명령을 내릴 수 있"도록 했다.

18) "경상남도 경찰국, 무도장과 요정 등에 대한 적발을 실시", 《부산일보》, 1949년 12월 3일.

19) 사회부·내무부, 〈유흥영업 임시 정지에 관한 건〉, 《위생관계 예규철》(국가기록원 관리번호 BA0127535), 1948.

20) "보건부, 갑종 요정의 부활을 모색",《국도신문》, 1949년 11월 8일.

21) "지도층의 몰지각한 행동",《대구매일신문》, 1951년 9월 10일.

22) 총무처, 〈고급요정 및 유흥영업 임시 조치의 건〉,《위생관계 예규철》(국가기록원 관리번호 BA0127534), 1951.

23) 총무처, 〈고급요정 및 유흥업 폐지와 외국빈객 접대에 관한 건〉,《위생관계 예규철》(국가기록원 관리번호 BA0127534), 1951.

24) 이임하, 〈한국전쟁과 여성성의 동원〉,《역사연구》 14호, 역사학연구소, 2004, 107~148쪽.

25) 보건부, 〈청소 및 접객영업 위생사무 취급요령 추가지시에 관한 건〉,《위생관계 예규철》(국가기록원 관리번호 BA0127534), 1951.

26) 한국전쟁기 국군을 위한 위안소도 설치되었다. '특수위안대'에 관한 연구는 김귀옥,《그곳에 한국군 '위안부'가 있었다: 식민주의와 전쟁, 가부장제의 공조》, 도서출판 선인, 2019를 참조.

27) 이임하는 위안소가 한국전쟁기 신문 기사를 통해 부산, 마산, 서울 영등포 등에 설치되었음을 확인했고, 박정미는 미군이 촬영한 1951년 부산 태평양지구 사령부 구역에 설치된 위안소 사진을 분석했다. 이임하, 위의 글; 박정미, 〈건강한 병사(와 '위안부') 만들기: 주한미군 성병 통제의 역사, 1950-1977년〉,《사회와 역사》 124권, 한국사회사학회, 2019, 265~307쪽.

28) 총무처, 〈UN군 사령부 이동에 수반하는 성병관리문제〉,《제29회 차관회의록》(국가기록원 관리번호 BA0085311), 1957.

29) 그러나 1966년부터 '윤락여성 선도단속상황' 통계가 사라졌다. 또한 1969년 9,045명에 달했던 윤락방지법 검거자 수는 1970년 768명으로 급감했다. 경찰의 검거와 단속이 비일관적이었는지, 아니면 통계 작성 방식이 달라졌는지는 분명치 않다. 내무부 치안국,《경찰통계연보》, 1964~1970 참고.

30) 박정미, 〈'여자'가 '보호'를 만났을 때: 요보호여자시설, 기록과 증언〉,《아시아여성연구》 60권 1호, 숙명여자대학교 아시아여성연구원, 2021, 45~86쪽.

31) 부칙 ② 다음 각호의 법령은 이를 폐지한다. 5. 1916년 경령 제2호 요리옥, 음식점 영업 취체규칙. 9. 1916년 경령 제3호 예기, 작부, 예기치옥 취체규칙.

32) 홍승표, 〈매춘사회에 관한 일연구: 영등포역 주변의 매춘업소에서의 참여관찰〉, 고려대학교 사회학과 석사학위논문, 1982, 24~25쪽.

33) "성병 옮긴 윤락녀 상해죄로 입건", 《조선일보》, 1983년 12월 3일.

34) "서울 '588일대' 단속 포주, 손님 등 57명 적발", 《동아일보》, 1985년 4월 27일.

35) 성판매 여성과 범죄자의 신분을 공유한 업주도 접객 여성의 취약한 법적 지위를 이용했다. 일례로 내가 면접한 미군 '위안부' 출신 한 여성은 업주와 말다툼 끝에 연탄으로 자살을 시도했다. 다행히 시도는 실패했지만, 업주는 이 여성을 길들이기 위해 보호지도소에 강제로 수용했다. 박정미, 〈'여자'가 '보호'를 만났을 때: 요보호여자시설, 기록과 증언〉 참고.

36) Julia O'Connell Davidson, *Prostitution, Power and Freedom*, Ann Arbor: The University of Michigan Press, 1998, pp. 133-134.

37) 성매매경험당사자네트워크 뭉치, 《성매매 경험 당사자 무한발설》, 봄알람, 2021, 151~152쪽.

38) 이금형, 〈성매매특별법 시행 후 성과 및 향후 치안대책〉, 국회 문화관광위원장·국회의원 조배숙, 《성매매특별법 시행 3주년 그 성과와 과제》(토론회 자료집), 2007, 63쪽.

39) 성매매경험당사자네트워크 뭉치, 위의 책, 154쪽.

40) 경찰청 범죄분석통계 참조. http://kosis.kr (2022년 8월 31일 접속)

08 '개인의 선택'을 넘어 성매매의 정치경제적 조건을 묻는다

1) "떡볶이가 성매매 화대라니... 지적 장애 내 딸 어쩌나", 《CBS 김현정의 뉴스쇼》, 2016년 5월 13일.

2) 의제강간이란 성관계에 동의 가능한 연령에 이르지 못한 아동·청소년과의 성관계에 대해 동의가 있었더라도 강간으로 간주해 처벌하는 죄목이다. 기존 법제상 의제강간이 적용되는 피해자의 연령은 만 13세 미만이었다. 2020년 5월 19일 형법개정을 통해 기준연령이 만 16세 미만으로 상향되었다.

3) 박다해, "'제2 하은이' 없게…성매매 덫 걸려든 10대, '피해자'로 보호", 《한겨레》, 2020년 4월 23일.

4) "[재판정] 하은이 사건 "남성들의 성매수" VS "성폭행"", 《CBS 김현정의 뉴스쇼》, 2016년 5월 18일.

5) '성적자기결정권'이라는 개념이 성매매와 관련해 사용된 것은 성매매처벌법 위헌법률심판에서 성매매처벌법이 성적자기결정권을 제한하고 있음이 다수의 견으로 채택된 것과 관련된다.

6) 신상숙, 〈젠더와 평등의 관점에서 본 성매매 처벌의 프레임 경합: 성매매처벌법 제21조 제1항 위헌법률심판을 중심으로〉, 《한국여성학》 33권 4호, 한국여성학회, 2017, 1~37쪽.

7) Maria Mies, *Patriarchy and Accumulation on a World Scale: Women in the International Division of Labour*, London: Zed Press, 1986. (마리아 미즈, 《가부장제와 자본주의: 여성, 자연, 식민지와 세계적 규모의 자본축적》, 최재인 옮김, 갈무리, 2014.)

8) Silvia Federici, *Revolution at Point Zero: Housework, Reproduction, and Feminist Struggle*, Oakland, CA: PM Press, 2012. (실비아 페데리치, 《혁명의 영점: 가사노동, 재생산, 여성주의 투쟁》, 황성원 옮김, 갈무리, 2013.)

9) Juno Mac, Molly Smith, *Revolting Prostitutes: The Fight for Sex Workers' Rights*, London: Verso, 2020. (몰리 스미스·주노 맥, 《반란의 매춘부: 성노동자 권리를 위한 투쟁》, 이명훈 옮김, 오월의봄, 2022.)

10) 헌법재판소 2016. 3. 31. 선고 2013헌가2 결정 [성매매알선 등 행위의 처벌에 관한 법률 제21조 제1항 위헌제청] [헌집28-1, 259] http://casenote.kr/헌법재판소/2013헌가2 (2022년 8월 31일 접속)

11) 강석구 외, 《조직범죄단체의 불법적 지하경제 운영실태와 정책대안 연구(2)》, 한국형사정책연구원, 2015.

12) "갓물주가 된 포주-유리방 회장님의 비밀", 〈SBS 그것이 알고 싶다〉 1288회, 2021년 12월 11일 참고. 여기서는 영등포 집결지에 3개의 건물을 가진 홍씨의 한 달 수익을 3억 원 후반대로 추정했다. 이는 건물당 설치할 수 있는 방 수에 성판매 여성에게서 걷어가는 수수료 액수를 곱해 추정한 수치다. 여기서 성매매에 수반되는 각종 비용은 여성에게서 수수료로 떼어가기 때문에 위의 금액

은 순수익에 가까울 것으로 추정한다.

13) 장혁진, "성매매로 반년만에 7억 수익…'부천의 왕' 일당 검거",〈KBS 뉴스〉, 2021년 9월 29일. https://news.kbs.co.kr/news/view.do?ncd=5289544&ref=A (2022년 8월 31일 접속)

14) 변혜정,〈성적 거래의 변형과 확산의 정치학: '성교없는 성상품' 업소(자유업)에서의 거래경험을 중심으로〉,《한국여성학》 25권 3호, 한국여성학회, 2009, 109~149쪽.

15) Elizabeth Bernstein, *Temporarily Yours: Intimacy, Authenticity, and the Commerce of Sex*, Chicago, IL: University of Chicago press. 2007.

16) 여기서 '관계적 작업'은 비비아나 젤라이저가 제안한 개념이다. 친밀성과 경제적 거래는 서로를 배제하는 적대적 관계이거나 경제적 논리로 환원되는 일방적 관계가 아니라, 적절한 관계와 거래의 성격, 거래의 대상물 등을 통해 끊임없이 협상되고 구성됨을 지적한 표현이다. Viviana A. Zelizer, *The Purchase of Intimacy*, Princeton, NJ: Princeton University Press, 2005. (비비아나 A. 젤라이저, 《친밀성의 거래》, 숙명여대 아시아여성연구소 옮김, 에코리브르, 2008.)

17) 우에노 지즈코,《여성 혐오를 혐오한다》(2판), 나일등 옮김, 은행나무, 2015.

18) 가네지카 사다후미,〈성매매를 하는 신체 생산〉, 다자키 히데아키 엮음,《노동하는 섹슈얼리티: 자본주의 사회의 성 상품화와 성노동》, 김경자 옮김, 삼인, 2006, 49~64쪽.

19) 우에노 지즈코, 위의 책, 246쪽.

20) 관련한 내용은 변혜정, 앞의 글, 109~149쪽 참조.

21) 오구라 도시마루,〈성매매와 자본주의적 일부다처제〉, 다자키 히데아키 엮음,《노동하는 섹슈얼리티: 자본주의 사회의 성 상품화와 성노동》, 김경자 옮김, 삼인, 2006, 65~126쪽.

22) 김주희,《레이디 크레딧: 성매매, 금융의 얼굴을 하다》, 현실문화, 2020.

23) 민가영,〈성매매 운영 대중화에 따른 개별화, 후기 게시판 시스템에 대한 연구: 인터넷 연계형 성매매를 중심으로〉,《여성학논집》 36권 1호, 이화여자대학교 한국여성연구원, 2019, 93~120쪽.

24) 황유나, 《남자들의 방: 남자-되기, 유흥업소, 아가씨노동》, 오월의봄, 2022.

09 '성매매는 성폭력이다' 그러나 그 말만으로는 충분하지 않다

1) 박정미, 〈한국 성매매정책에 관한 연구: '묵인-관리 체제'의 변동과 성판매여성의 역사적 구성, 1945~2005년〉, 서울대학교 사회학과 박사학위논문, 2011.

2) 서울대여성연구소, 이재인 엮음, 《성매매의 정치학: 성매매특별법 제정 1년의 시점에서》, 한울아카데미, 2006.

3) 황유나, 〈동의/비동의, 자발/비자발 담론을 넘어〉, 《16세 미만의 '동의': 가해자 처벌과 역량보장 사이에서》 이슈 대응 집담회 자료집, 한국성폭력상담소, 2020.

4) 박혜정, 《성노동, 성매매가 아니라 성착취》, 열다북스, 2020.

5) 이나영·정지혜, 〈성매매 알선·후기 사이트: 변화하는 성착취 유비쿼터스〉, 《젠더와 문화》 12권 2호, 계명대학교 여성학연구소, 2019, 193~230쪽.

6) 민가영, 〈성착취를 통한 수익 창출 대중화 시대의 개별화된 성매매 알선 방식 연구〉, 《한국여성학》 37권 2호, 한국여성학회, 2021, 101~128쪽.

7) 김주희, 《레이디 크레딧: 성매매, 금융의 얼굴을 하다》, 현실문화, 2020.

8) 김주희, 〈"무엇을 더 숨길 게 있나": '위안부' 망언의 본질주의를 넘어〉, 《여성과 역사》 34권, 한국여성사학회, 2021, 34쪽.

10 착취는 어떻게 울타리 없는 여성의 협력을 이끌어내는가

1) 김연주, 〈성매매 경험이 있는 십대 여성들의 사회적 배제에 관한 연구: 폐쇄적인 사회 관계망을 중심으로〉, 《페미니즘 연구》 11권 2호, 한국여성연구소, 2011, 239~273쪽.

2) 김은정, 〈저소득층 십대 여성의 성매매 유입/재유입을 통한 사회화 과정 분석: '구조'와 '행위' 간 이중적 관계를 중심으로〉, 《사회와 이론》 1호, 한국이론사회

학회, 2013, 271~321쪽.

3) 김주희, 〈성산업 공간인 티켓 영업 다방 내 십대 여성의 "일"에 관한 연구〉, 이화여자대학교 여성학과 석사학위논문, 2006; 민가영, 〈신자유주의 질서의 확산에 따른 십대 여성의 성적 주체성 변화에 관한 연구〉, 《한국여성학》 25권 2호, 한국여성학회, 2009, 6~35쪽; 김연주, 〈신빈곤층 십대 여성의 성매매 경험과 자활에 관한 연구〉, 연세대학교 문화학협동과정 박사학위논문, 2010; 김은정, 위의 글; 추주희, 〈'탈가정' 십대의 주거와 이동에 관한 연구〉, 전남대학교 사회학과 박사학위논문, 2015.

4) 민가영, 위의 글.

5) 서보람·김광병, 〈가출 청소년의 가출팸 경험에 대한 연구: 청소년쉼터 이용청소년을 대상으로〉, 《소년보호연구》 18권, 한국소년정책학회, 2012, 1~26쪽.

6) 추주희, 앞의 글.

7) 성매매를 하는 성인 여성에게도 마찬가지의 관계 역동이 존재한다. 경제적 자원이 필요해 성매매 산업으로 유입된 여성들에게 성매매 업주와 관리자는 돈을 빌려주거나 벌게 해주는 유일한 자원이자, 성구매자가 휘두르는 폭력을 어느 정도는 보호해줄 것이라는 기대를 갖게 하는 '보호자'이며, 내가 성매매를 한다는 사실을 알고 있고 숨기지 않아도 되는 '친밀한 자'로 의미화된다.

8) 김은정, 앞의 글.

11 성매매 여성을 동시대 시민으로 사유하기 위하여

1) 반성매매인권행동 이룸, 《2021 이룸토론회 사회적 재난과 성매매: 코로나19 상황에서 성매매여성들이 겪는 어려움》(토론회 자료집), 2021, 28쪽.

2) 2021년 하반기부터는 해촉증명서로도 증빙할 수 없게, 종합소득세 확정 이후 이의제기를 하도록 지침이 개정되었다. 프리랜서 해촉증명서 관행의 부당함에 대한 문제제기가 몇 년간 이뤄지면서, 장혜영 국회의원실이 2021년 건강보험 관련 법률개정안을 제안했다. 하지만 2022년 8월 현재 국회에 상정되지 않은 상태다.

3) 박정미, 〈한국 성매매정책에 관한 연구: '묵인-관리 체제'의 변동과 성판매여성의 역사적 구성, 1945~2005년〉, 서울대학교 사회학과 박사학위논문, 2011; 박정미, 〈발전과 섹스: 한국 정부의 성매매관광정책, 1955-1988년〉, 《한국사회학》 48권 1호, 한국사회학회, 2014, 235~264쪽.

4) 황유나, 《남자들의 방: 남자-되기, 유흥업소, 아가씨노동》, 오월의봄, 2022.

5) "서울 유흥시설 2,100여곳 사실상 무기한 영업중지", 〈연합뉴스TV 뉴스〉, 2020년 5월 9일. https://www.yna.co.kr/view/MYH20200509006900038 (2022년 8월 31일 접속) 보도에 따르면 집합금지 명령이 내려진 서울시내 유흥시설은 모두 2,154곳으로, 룸살롱 1,968개, 클럽 41개, 감성주점 87개, 콜라텍 58개다. 한편 서울시내 스타벅스 매장 수는 2021년 기준 약 563개이고, 초·중·고 학교 수는 각각 607, 389, 320개다. 서울시교육청, "서울시교육청, 2021학년도 학급편성 결과 발표"(보도자료), 2021 참고.

6) '맥양주집'은 술을 판매하나 유흥업소가 아니라 대부분 휴게음식점으로 등록되어 있으며, 간판에 '맥주/양주'라고 쓰여 있어 붙은 이름으로 보인다. 내부에서의 성구매를 가리고 단속을 피하기 위해 창이 아예 없거나 창과 문을 밀폐해 놓은 형태가 많다. 남성 고객이 앉아서 음주와 성적 접대를 한꺼번에 받아 속칭 '방석집'이라고도 불린다. 방석집은 과거 소위 '기생집'이라 불리는 요정과도 그 의미가 연관된 명명이다. 황유나, 앞의 책, 190쪽 각주 참고.

7) 정희진, 〈여성에 대한 폭력과 미투 운동〉, 권김현영·루인·정희진·한채윤, 정희진 엮음, 《미투의 정치학》, 교양인, 2019.

8) 우에노 지즈코, 《여성 혐오를 혐오한다》, 나일등 옮김, 은행나무, 2012.

9) 오김숙이, 〈젠더·노동 프레임과 여/성노동자의 재현: 성매매특별법 제정 후 페미니즘 담론을 중심으로〉, 《여성연구논집》 27권 1호, 부산대학교 여성연구소, 2017, 7~34쪽 참고.

10) 반성매매인권행동 이룸·역사문제연구소 인권위원회, 《청량리: 체계적 망각, 기억으로 연결한 역사》, 반성매매인권행동 이룸, 2018.

11) Ann J. Cahill, *Overcoming Objectification: A Carnal Ethics*, New York, NY: Routledge, 2011.

12) 권김현영, 〈그 남자들의 '여자 문제'〉, 권김현영·루인·정희진·한채윤, 정희진

엮음, 《미투의 정치학》, 교양인, 2019.

13) 후지메 유키, 《성의 역사학: 근대국가는 성을 어떻게 관리하는가》, 김경자·윤경원 옮김, 삼인, 2004, 362쪽.

14) Barbara A. Gutek, Bruce Morasch, "Sex-Ratios, Sex-Role Spillover, and Sexual Harassment of Women at Work", *Journal of Social Issues* Vol. 38, Iss. 4, The Society for the Psychological Study of Social Issues, 1982, pp. 55-74.

15) 유령산업 논의는 염운옥이 인종주의와 노예제의 연관을 설명한 부분을 참고했다. 염운옥, 《낙인찍힌 몸: 흑인부터 난민까지, 인종화된 몸의 역사》, 돌베개, 2019, 110~143쪽.

16) '중화의 기술' 개념은 일탈이나 위법 행동을 정당화하는 사람들의 신념과 행위전략을 나타낸다. 청소년의 비행 행동을 관찰한 사이크스와 마차는 기존의 범죄학 논의가 비행을 저지르는 이와 아닌 이의 차이를 지나치게 강조한다고 비판하면서, 비행 청소년은 일탈이 잘못되었음을 아는 평범한 사람들이며, 사회의 통제로부터 완전히 벗어나기보다는 "비스듬하게 빗나간" 방식으로 일탈에 우호적인 특정한 상황 논리를 이용한다고 주장했다. 중화의 기술은 일탈을 옳지는 않더라도 '받아들일 만한 것'으로 구성하는 실천전략으로서, 지배적 규범으로부터 완전히 새로운 반대 이데올로기가 아니라 사회에 이미 빈번한 생각을 확장한 것이다. 그래서 중화의 기술은 평범한 사람들이 하는 평범한 짓으로, 집단 내에서 다양하고 미묘한 스펙트럼으로 전이될 수 있다. 행위성 관점에서 중화의 기술은 인간이 특이한 괴물이나 악마가 아니어도 일탈과 폭력, 범죄를 저지르거나 그것에 익숙해질 수 있는 이유를 설명해준다. 나는 이 논의가 성매매 여성을 둘러싼 사람들의 반응, 즉 사회적 처벌의 문제에도 적용될 수 있다고 생각한다. Gresham M. Sykes, David Matza, "Techniques of Neutralization: A Theory of Delinquency", *American Sociological Review* Vol. 22, No. 6, American Sociological Association, 1957, pp. 664-670 참고.

17) 이하 내용은 필자가 작성해 2019년 이룸영화제에서 발표한 〈호스트 네이션〉 영화평을 수정·요약한 것이다.

18) '성형대출'은 업주와 브로커의 보증을 통해 성형외과와 연결되어 여성의 성형비용을 대출해주는 상품이다. 성매매 여성됨이 곧 대출의 회수 가능성을 담보하는 일종의 '아가씨 대출'이라고 할 수 있으며, 성산업 안에서 여성의 자기 투

자비용에 자금을 대여해주는 경로다. 최근 성형외과 업계는 '대외사업부' 혹은 '마케팅팀' 등 전담부서까지 두고 성형 브로커와 거래하며 여성을 성형시장으로 끌어들이고 있다. 김주희, 《레이디 크레딧: 성매매, 금융의 얼굴을 하다》, 현실문화, 2020 참고.

19) '예술흥행비자' 혹은 '연예인 비자'로 불리는 E-6 비자는 한국에 장기 거주하며 예술 활동과 출연, 참가를 통한 수익 활동에 참여하는 방송인, 예술가, 체육인에게 주어진다. E-6 비자를 활용해 이주여성이 한국 기지촌의 클럽에 대거 유입되어 착취적 환경에 놓여 있음이 2010년대 본격적으로 문제시되었다. 정은주, "E-6 비자는 성매매 허가증?", 《한겨레》, 2021년 11월 3일.

20) 한나 아렌트, 《인간의 조건》, 이진우·태정호 옮김, 한길사, 1996, 237~240쪽.

21) 2020년 성매매 청소년을 성폭력 피해자와 계도 및 교정처분이 가능한 대상아동·청소년으로 이분화했던 '아동·청소년의 성보호에 관한 법률'이 개정됐다. 이제 일괄적으로 성매매에 유입된 19세 미만의 사람은 폭력 피해자로서 치료와 자활의 대상이 된다.

22) 여기에서 자영업자 비율은 무급가족 종사자를 포함해 집계한 것이다. 한국의 자영업자 비율은 2002년 최고치를 기록한 후 2010년대에는 감소하는 추세라고는 하나, 여타 국가에 비해 높은 편으로 추산된다. e-나라지표 '자영업자 현황' 참조. https://www.index.go.kr/potal/main/EachDtlPageDetail.do?idx_cd=2779 (2022년 8월 31일 접속)

지은이 소개

김대현 | 연세대학교 사학과 박사과정 수료. 역사문제연구소 인권위원회 위원. 여성과 성소수자를 아우르는 한국사회 성적 억압의 역사적·제도적 성격 규명에 관심이 있다. 주요 저서로 《세상과 은둔 사이》, 《원본 없는 판타지》(공저) 등이 있다.

김주희 | 덕성여자대학교 차미리사교양대학 교수. 여성주의 관점에서 성산업과 현대 자본주의 변화에 관한 비판적 연구를 진행 중이다. 주요 저서로 《레이디 크레딧》, 《페미돌로지》(공저), 《코로나 시대의 페미니즘》(공저) 등이 있다.

남승현 | 이화여자대학교 여성학 박사과정 수료. 한국사회에서 성폭력이 상상되고 논의되는 방식에 관심을 가지고 공부하고 있다. 이룸을 통해 성매매 문제를 고민하게 되면서 자본주의 사회의 경제적 거래와 젠더폭력 간의 관계에 대한 생각을 이어나가는 중이다.

노혜진 | 반성매매인권행동 이룸 활동가. 반가부장제 운동이자 반자본주의 운동인 반성매매 운동을 좋아한다. 성산업, 성자본, 여성 빈곤 문제와 이를 타격할 수 있는 활동을 고민하고 있다.

민가영 | 서울여자대학교 교양대학 교수. 여성주의적 관점에서 신자유주의 통치성과 피해의 문제를 다루는 연구를 진행 중이다. 주요 저서로는 《더 나은 논쟁을 할 권리》(공저), 《코로나 시대의 페미니즘》(공저) 등이 있다.

박정미 | 충북대학교 사회학과 교수. 젠더와 법, 정책, 시민권의 관계를 연구해왔다. 지은 책으로 *The State's Sexuality: Prostitution and Postcolonial Nation Building in South Korea*(근간), 《'성'스러운 국민》(공저) 등이 있다.

백소윤 | 공익인권법재단 공감 소속 변호사. 성폭력, 성매매 이슈, 성소수자 혐오와 차별 관련 공익사건을 지원하고 있다. 2019년부터 이룸의 이태원 아웃리치 동행을 계기로, 상담소에 들어오는 다양한 사건을 함께 지원하며 역할을 찾고 있다.

유현미 | 한국방송통신대 강사. 서울대 사회발전연구소 객원연구원. 이룸 공부방 활동으로 성매매 이슈를 만났으며 사회학적 관점에서 젠더폭력, 고등교육의 문제를 연구한다. 박사학위논문으로 〈대학 성폭력의 지속과 성별화된 능력주의〉, 함께 쓴 책으로 《마스크가 말해주는 것들》 등이 있다.

장다혜 | 한국형사·법무정책연구원 연구위원. 페미니스트 관점에서 법학을 연구 중이며 젠더기반 폭력에 관심을 가지고 있다. 저서로는 《미투가 있다/잇다》(공저), 《성폭력에 맞서다》(공저) 등이 있다.

장원아 | 서울대학교 국사학과 박사과정 수료. 역사문제연구소 연구원. 한국 근대 사회변동 속 젠더, 인권 사상과 운동을 연구한다. '청량리' 구술 작업을 통해 이룸과 만나 성매매 이슈를 공부하고 있다. 저서로 《근현대 서울의 공공의료 형성》(공저) 등이 있다.

최별 | 연세대학교 문화인류학과 석사과정 수료. 성매매 집결지 재개발, 대출 이슈 등에 대한 문제의식을 갖고 반성매매인권행동 이룸에서 6년간 활동했다. 여성주의 관점에서 성산업과 약물 문제를 다루는 석사학위논문을 준비 중이다.

황유나 | 반성매매인권행동 이룸 활동가. 성(매매)산업이 당연하게 여겨지는 사회를 변화시키기 위한 활동을 다각도로 모색 중이다. 저서로 《남자들의 방》이 있다.

불처벌

성매매 여성을 처벌하는 사회에 던지는 페미니즘 선언

1판 1쇄 발행일 2022년 9월 26일

기획 반성매매인권행동 이룸
지은이 김대현 김주희 남승현 노혜진 민가영 박정미 백소윤 유현미 장다혜 장원아 최별 황유나

발행인 김학원
발행처 (주)휴머니스트출판그룹
출판등록 제313-2007-000007호(2007년 1월 5일)
주소 (03991) 서울시 마포구 동교로23길 76(연남동)
전화 02-335-4422 **팩스** 02-334-3427
저자·독자 서비스 humanist@humanistbooks.com
홈페이지 www.humanistbooks.com
유튜브 youtube.com/user/humanistma **포스트** post.naver.com/hmcv
페이스북 facebook.com/hmcv2001 **인스타그램** @humanist_insta

편집주간 황서현 **편집** 김주원 전두현 **디자인** 박인규
조판 홍영사 **용지** 화인페이퍼 **인쇄·제본** 정민문화사

ISBN 979-11-6080-895-7 03330